中央党史和文献研究宣传专项引导资金项目资助

U0445602

下川東武装斗争史研究

重庆市万州区党史和地方志研究室 编著

重慶出版集團 重慶出版社

图书在版编目(CIP)数据

下川东武装斗争史研究 / 重庆市万州区党史和地方志研究室编著. —重庆:重庆出版社,2022.11
ISBN 978-7-229-17140-7

Ⅰ.①下… Ⅱ.①重… Ⅲ.①革命史—万州区 Ⅳ.①K297.133

中国版本图书馆CIP数据核字(2022)第173015号

下川东武装斗争史研究
XIACHUANDONG WUZHUANG DOUZHENG SHI YANJIU
重庆市万州区党史和地方志研究室　编著

责任编辑:刘向东　邓　援
责任校对:刘　刚
装帧设计:胡耀尹

重庆出版集团
重庆出版社　出版

重庆市南岸区南滨路162号1幢　邮政编码:400061　http://www.cqph.com
重庆出版社艺术设计有限公司制版
重庆市联谊印务有限公司印刷
重庆出版集团图书发行有限公司发行
E-MAIL:fxchu@cqph.com　邮购电话:023-61520646
全国新华书店经销

开本:787mm×1092mm　1/16　印张:13.5　字数:230千
2022年11月第1版　2022年11月第1次印刷
ISBN 978-7-229-17140-7

定价:58.00元

如有印装质量问题,请向本集团图书发行有限公司调换:023-61520678

版权所有　侵权必究

1926年9月5日,英军舰炮击万县城,制造"九五惨案"。图为英军舰"柯克捷夫"号上的大炮卸去炮衣,准备炮轰万县城。

1926年9月5日,万县"九五惨案"发生,朱德、陈毅在万县领导声势浩大的反帝爱国运动。图为朱德在万县时的住地——宝隆洋行。

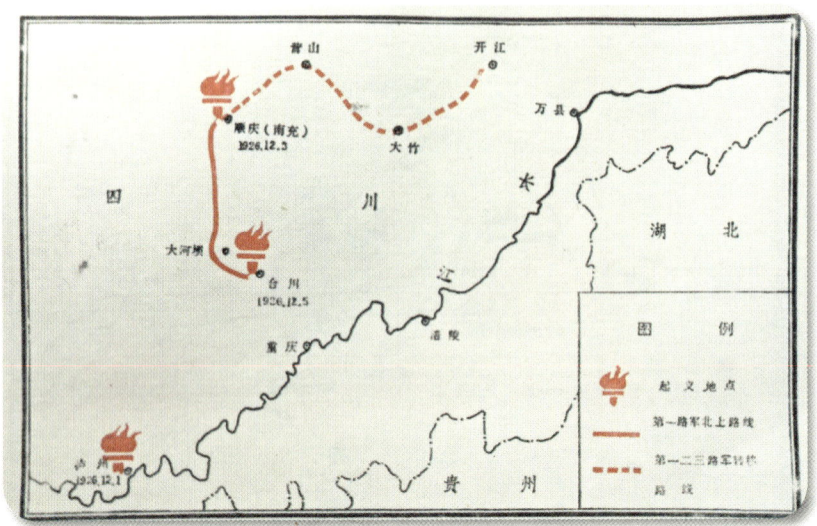

泸(州)顺(庆)起义形势图。

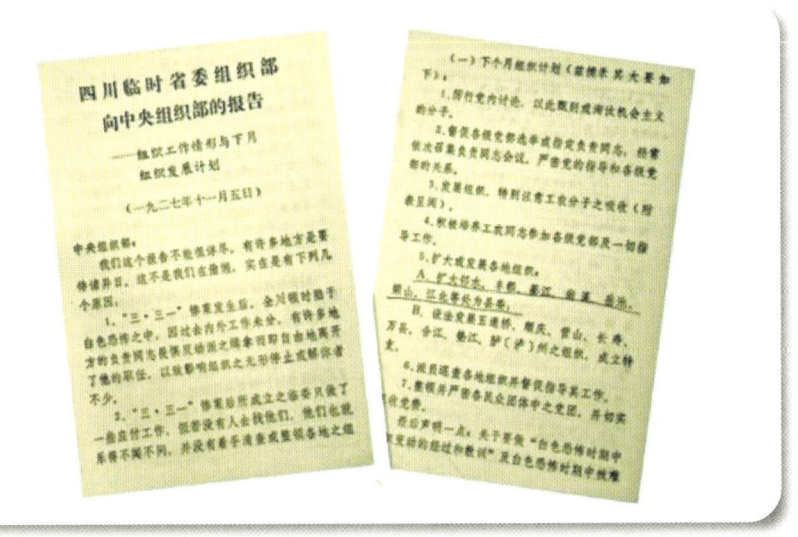

1927年11月5日,四川临时省委组织部向中央组织部的报告。

1928年2月10日至15日，中共四川临时省委在巴县周贡植家召开扩大会议，选举产生正式省委，傅烈任书记。图为会议旧址。

中共万县第一届县委书记曾润百。

1928年6月,万县兵变失败,曾润百等21名革命者被捕牺牲。图为鸡公岭大黄桷树烈士就义处。

位于万州革命烈士陵园内的曾润百等21烈士墓。

1929年4月，川东游击军发动武装起义。图为游击军活动地之一——梁平边界百里槽。

四川红军第一路游击队起义后，建立的万源县农会所在地——龙潭河白家坪。

1930年7月,四川工农红军第三路游击队在忠县黄钦坝成立。图为游击队活动地点之一——梁平猫儿寨。

1926年10月,红四方面军挥师城口,次年9月建立中共城口县委和县苏维埃政府。图为城口县苏维埃政府纪念碑。

1934年，万县第二次兵变失败。图为钟鼓楼江边烈士就义处。

原万县城南门口外江边烈士就义处。

1935年1月,云阳工农武装起义人员牺牲地——云阳老县城新城门。

1936年6月,重庆救国会成立,它所领导的抗日救亡运动为抗战初期重庆党组织的恢复与重建奠定了基础。图为重庆救国会负责人合影,前排右六为重庆救国会总干事,后任中共重庆市工委书记的漆鲁鱼。

1938年5月,中共万县特支改为万县县委,设于国本小学。图为国本小学内的中共万县县委旧址——观音阁。

根据中共中央上海局指示,1947年10月中共川东特别区临时工作委员会在重庆秘密成立。图为川东临委书记王璞。川东临委成立后,分别在广安、万县秘密建立上下川东地工委和重庆市工委,领导各级党组织在艰险中开展斗争。

为组织发动下川东武装起义,党组织建立了奉大巫工作组。图为工作组秘密活动据点——龙溪中学。

下川东地工委副书记彭咏梧。

川东民主联军下川东纵队武装组织序列。

1948年初，奉大巫起义爆发，彭咏梧率领起义军英勇作战，被敌人包围于暗洞包，英勇牺牲。

奉大巫游击队活动地点之一——奉节县青莲乡。

建立在奉节县青莲乡的奉大巫起义纪念碑。

1985年秋,川东游击纵队老战友赵唯、陈汉书(前排右二、右一)、王庸、吴子见、赵学做(前排左一、左二、左三)、陈恒之(后排右三)在奉节县彭咏梧烈士陵园凭吊老战友彭咏梧。

下川东游击队战斗地点之一——开县温塘井。

七南支队成立地——云阳县太平乡(现泥溪乡)泥溪口张惠中家。

七南支队是下川东起义的一支重要力量。这是在起义活动地建立的纪念碑。

1948年,著名红岩英烈江竹筠(江姐)在万县从事革命活动时的住址——万县地方法院旧址。

川鄂边地下党组织培养骨干力量的地址——江池小学。

川鄂边反"围剿"总指挥部地址——丰都五龙后坪。

1948年12月,川鄂边游击队反"围剿"胜利后,会师和召开重要军事会议的地址——曾家院子。

中国人民解放军乘岷江号登陆艇于1949年12月8日9时50分抵万县市。

1949年12月8日,万县解放。图为万县人民欢迎中国人民解放军入城。

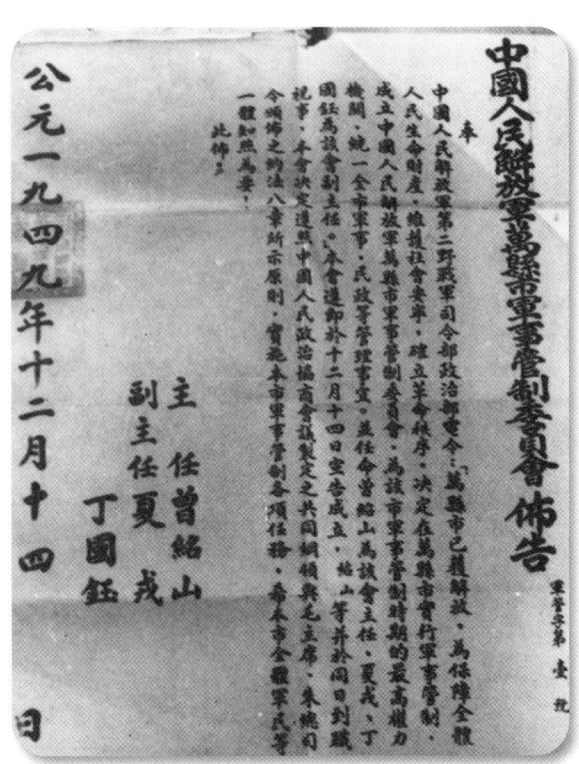

万县市军管会第一号布告。

1949年12月12日,《人民日报》刊登解放重庆、万县等地的消息。

目 录

概 述

一、下川东武装斗争的自然基础和历史条件 …………………………1

二、下川东武装斗争的历史进程 …………………………………………3

三、下川东武装斗争的经验教训 …………………………………………5

第一章 大革命时期的初步探索

一、近代下川东地区的社会状况和政治形势 …………………………8

二、下川东地区人民的反帝反封建斗争 ………………………………11

三、董必武在下川东及鄂西地区策动川军援鄂 ………………………18

四、朱德、陈毅在万县的革命活动 ……………………………………19

五、杨闇公、朱德、刘伯承策划泸顺起义与创建地方党组织 ………27

六、万县党组织领导的第一次农民运动 ………………………………32

第二章 在土地革命中屡仆屡起

一、万县兵变 ……………………………………………………………35

二、平民革命军的武装斗争 ……………………………………………38

三、忠县后乡人民的武装起义 …………………………………………39

四、四川红军第一路游击队的战斗历程 ………………………………43

五、四川红军第三路游击队的战斗历程 ………………………………46

六、共产军转战川鄂边区及其与主力红军会合 ………………………53

七、中共下川东行(特)委领导开展武装斗争 …………………56
八、川东游击军的战斗历程 …………………………………59
九、城口县苏维埃政权的建立 ………………………………61
十、贺龙红军在下川东地区的战斗 …………………………65
十一、万县第二次兵变 ………………………………………67
十二、云阳工农武装起义 ……………………………………69
十三、云阳春荒暴动 …………………………………………74

第三章　党在抗日救亡中积蓄力量

一、中共万县地方组织领导的抗日救亡运动 ………………78
二、中共云阳地方组织积极开展抗日救亡宣传 ……………84
三、中共开县县委的建立与唤醒民众支援前线 ……………88
四、中共巫山地方组织开展舆论宣传和组建进步团体 ……93
五、中共奉节地方组织的建立与抗日救亡运动 ……………100
六、中共梁山地方组织的恢复及推动抗日救亡组织发展 …102
七、中共忠县地方组织的建立及其抗日救亡斗争 …………104

第四章　掀起武装反抗国民党反动派新的高潮

一、奉大巫起义与奉大巫支队的战斗 ………………………107
二、巴北支队的战斗 …………………………………………114
三、七南支队的战斗 …………………………………………117
四、开县支队的战斗 …………………………………………121
五、巴北支队与七南支队联合作战 …………………………123
六、长溪河游击队的战斗 ……………………………………126
七、川鄂边游击队的战斗 ……………………………………131
八、与武装斗争密切配合的革命运动 ………………………143

第五章　配合人民解放军迎来下川东的解放

一、下川东地区解放前夕的形势 ……………………………159

二、重建党组织迎接解放 ……………………………………………… 162

三、川鄂边游击队配合人民解放军解放川鄂边区 ……………… 163

四、万县地区各县相继解放 …………………………………………… 167

五、策反"同心"号军舰起义 …………………………………………… 175

六、达县地区的解放 …………………………………………………… 176

七、清剿匪特,保卫人民政权 ………………………………………… 178

附录:下川东武装斗争大事记

1919年 …………………………………………………………………… 184

1920年 …………………………………………………………………… 184

1921年 …………………………………………………………………… 185

1922年 …………………………………………………………………… 185

1923年 …………………………………………………………………… 185

1924年 …………………………………………………………………… 186

1925年 …………………………………………………………………… 186

1926年 …………………………………………………………………… 187

1927年 …………………………………………………………………… 188

1928年 …………………………………………………………………… 189

1929年 …………………………………………………………………… 189

1930年 …………………………………………………………………… 190

1931年 …………………………………………………………………… 192

1932年 …………………………………………………………………… 193

1933年 …………………………………………………………………… 194

1934年 …………………………………………………………………… 195

1935年 …………………………………………………………………… 196

1936年 …………………………………………………………………… 197

1937年 …………………………………………………………………… 197

1938年 …………………………………………………………………… 198

1939年 …………………………………………………………………… 199

1940年 …………………………………………………………………… 200
1941年 …………………………………………………………………… 200
1942年 …………………………………………………………………… 201
1943年 …………………………………………………………………… 201
1944年 …………………………………………………………………… 202
1945年 …………………………………………………………………… 202
1946年 …………………………………………………………………… 203
1947年 …………………………………………………………………… 204
1948年 …………………………………………………………………… 205
1949年 …………………………………………………………………… 206
1950年 …………………………………………………………………… 208

后　记 ……………………………………………………………… 212

概　述

　　下川东地区,位于现重庆市东北部及四川省东部,其地域范围主要包括重庆市万州区、开州区、梁平区、忠县、云阳县、奉节县、巫山县、巫溪县、城口县及四川省达州市所辖的通川区、达川区、开江县、宣汉县、万源市等地。

　　新民主主义革命时期,下川东地区是反动军阀盘踞地和国民党反动派重要兵源、粮源地之一,也是中国共产党较早领导开展武装斗争的地区之一。开展土地革命和武装反抗国民党反动派,是中共中央八七会议确立的革命中心课题。下川东地方党组织为争取民族独立和人民解放,团结带领下川东人民前仆后继,与反动军阀和国民党反动派进行了艰苦卓绝的武装斗争,为下川东地区的解放作出了重要贡献。

　　《下川东武装斗争史研究》旨在深入研究这一段历史,客观真实地再现新民主主义革命时期,中国共产党领导下川东人民开展武装斗争的历程,系统梳理这些武装斗争发生的基础和条件、历史进程和经验教训,丰富和充实党在四川及重庆的革命史特别是领导开展武装斗争的历史,厘清下川东地方党史的一些重大问题,阐释下川东地区共产党人革命理想高于天的崇高风范。

一、下川东武装斗争的自然基础和历史条件

　　在党的八七会议上,毛泽东指出:"要非常注意军事,须知政权是由枪杆子中取得的。"武装斗争是中国革命的三大法宝之一,也是中国革命的显著特点之一。党在下川东地区领导开展武装斗争,与下川东地区特殊的地理位置和历史条件紧密相关。

　　第一,具有开展游击战争优越的地理条件。下川东地区地处全国地形第二级阶梯东侧、四川盆地东缘,是四川盆地向秦巴山区和云贵高原的过渡地带,群山起伏,沟壑纵横。北部有大巴山、东部有巫山两大山脉高耸入云,南部有七曜山、方斗山纵横阻隔;区内还有众多低山浅丘绵延起伏,开梁山、西山、

温泉山、八台山、铜锣山等横亘其间,山高林密,交通不便,有利于隐蔽突击、迂回作战,为建立农村武装游击区、开展游击战争提供了广阔的天地。

第二,具有较广泛的群众基础。下川东地区是帝国主义列强侵略掠夺和反动军阀横征暴敛严重的地区之一,广大人民群众生活在水深火热之中。帝国主义列强以军舰等军事力量为后盾,控制川江航运权和海关权,先后在万县和奉节县开设独资、合资洋行及公司52家,垄断川江航运和主要商品经营,攫取巨大的超额垄断利润,本地民族资本、民间航运、中小商贩纷纷破产。而反动统治当局苛捐杂税多如牛毛,人民群众负担十分繁重,除田赋、工商各税、契税等税种之外,还有各种"捐税",仅万县先后征收杂税杂捐多达108种,其名目之多,苛杂之重,致有"民国万税"之说,预征借垫甚至达数十年之遥。1934年,万县田赋已预征至1946年,巫溪县田赋已预征至1969年。[①]加之土地集中在少数地主手中,地租、高利贷盘剥十分严重,当时占农村总人口56%的贫雇农,仅占有农村土地的13%;而占农村总人口不足5%的地主,则占有农村土地的50%左右。[②]农民向地主交租的比例为:租种水田分良莠等次交租分别在稻谷年产量的55%～80%,租种土地交租分别在粮食年产量的45%～55%。[③]在重重盘剥之下,广大下川东人民食不果腹,衣不蔽体,生活万分艰难。因此,人民群众的反抗斗争风起云涌,此伏彼起。在民国时期,规模较大的农民起义即有:1913年川东"红灯会"起义,1921年万县"神兵"运动,1923年开县"神兵"暴动,1927年至1930年席卷巫山、巫溪、奉节及湖北西部地区的大规模"神兵"起义。各地农民还自发建立了八德会、袍哥会、大刀会、兄弟会、铺盖会等群众组织,许多走投无路的农民也加入其中,反抗国民党反动政权。这些群众组织,成为下川东武装斗争争取和改造的对象。正如中共川东临委委员、下川东地工委副书记彭咏梧在发动奉大巫起义前指出的那样:"农村如干柴,星火即燎原。民愤已填膺,举义成千军。"[④]

[①] 重庆市万州区地方志编纂委员会编纂,《重庆市万州区志》,西南师范大学出版社2013年版,第1095页。
[②] 重庆市万州区地方志编纂委员会编纂,《重庆市万州区志》,西南师范大学出版社2013年版,第710页。
[③] 重庆市万州区地方志编纂委员会编纂,《重庆市万州区志》,西南师范大学出版社2013年版,第710页。
[④] 卢光特、谭重威著,《江竹筠传》,重庆出版社1982年7月版,第18页。

第三,国民党反动派统治力量相对薄弱。下川东地区处于四川、湖北、陕西三省交界地带,位于巴蜀大地与长江中下游地区的交通要道,西连巴蜀,东接荆吴,北通陕豫,南达湘粤,在军事、政治、经济等方面都具有十分重要的战略意义。由于地域辽阔,群山起伏,地瘠民贫,难以大规模驻扎军队。除大革命时期和土地革命初期军阀在万县、达县等地驻有军部外,绝大多数时间在行署一级驻扎师部,在县一级驻扎团部,在极个别重点场镇驻扎连排级正规部队;广大农村则以民团、乡丁驻守,兵力相对分散,战斗力不强,有利于革命武装各个击破,歼灭边远弱小之敌,发展壮大革命队伍。

第四,中国共产党的坚强领导,是下川东地区武装斗争前赴后继、持续开展的根本原因。在不同历史时期,中共下川东地方组织深入农村、工厂,宣传党的路线方针和土地革命政策,发动广大贫苦群众,打击土豪恶霸,开仓放粮,赈济贫民;开展"减租减息"和"抗丁、抗粮、抗捐"群众运动,给广大群众带来了实实在在的利益,得到了广大群众的衷心拥护,为持续开展下川东武装斗争奠定了良好的组织基础和群众基础。

二、下川东武装斗争的历史进程

下川东武装斗争是党领导下川东人民进行革命的重要组成部分,其发展进程与党在各个时期的路线方针、中心任务和重点工作紧密相关。同时,由于党在下川东地区领导的革命力量是一个逐步积累、逐步发展的过程,党组织在残酷严峻的斗争环境中屡挫屡建,武装斗争也随之屡仆屡起,历经曲折,呈现出"低潮—高潮—低潮—高潮"的发展态势。全书共分为五章:

第一章主要反映大革命时期的初步探索。通过分析近代下川东地区的社会状况、政治经济形势和社会主要矛盾,阐明下川东地区进行新民主主义革命的历史必然性。这一时期,革命先辈董必武、萧楚女、恽代英、朱德、陈毅、刘伯承、杨闇公、贺龙等先后到下川东地区,组织开展革命活动,撒播革命火种,创建发展地方党团组织,使下川东地区人民群众反帝反封建的革命斗争,聚集在党的旗帜下,发展到一个新的阶段;联合国民党左派,策划组织泸顺起义,开展农民运动,为下川东地方党组织进一步领导发动武装反抗国民党反动派的斗争奠定了群众基础。

第二章主要反映在土地革命中屡仆屡起。面对艰险恶劣的斗争环境,中共下川东地方组织坚决贯彻执行中共中央的指示精神,以发动开展武装斗争为中心工作,先后组织万县兵变、忠县后乡人民武装起义、万县第二次兵变、云阳工农武装起义、云阳春荒暴动等革命斗争,相继创建平民革命军、四川红军第一路游击队、四川红军第三路游击队、共产军、川东游击军等革命武装,广泛开展武装斗争,一大批革命战士加入到红军的行列,踏上新的革命征程。但是,由于受到党的领导机关"左"倾冒险和教条主义等错误的影响和干扰,加之敌强我弱、群众发动不够充分等实际情况,致使武装斗争大多遭受挫折和失败。即便如此,却充分体现了下川东地方党组织和共产党人不屈不挠、前赴后继的大无畏革命精神,为人民群众指明了前进的方向,为掀起更大规模的武装斗争积累了宝贵的经验教训。

第三章主要反映党在抗日救亡中积蓄力量。在全民族抗战时期,一批失去组织联系的共产党人,恢复重建和不断发展壮大地方党组织,团结各界人士,广泛发动群众,推动形成了下川东地区抗日民族统一战线,领导开展了轰轰烈烈的抗日救亡运动。中共下川东地方组织通过在报刊连载毛泽东著作《论持久战》、组织歌咏演讲、展演抗日戏剧等方式,激发人民群众的抗日救国热情,坚定日寇必败、抗战必胜的信心;组织革命青年奔赴延安和抗日前线,发动人民群众积极捐钱捐物,开展抗日拥军活动,安置救治前线运回的伤病员,抢运滞留宜昌入川的工厂设备及物资等,下川东地区成为前后方人员及物资中转站,为支援全国抗战和夺取抗战胜利作出了显著贡献。这一时期,下川东地区人民群众的革命觉悟得到空前提高,革命力量不断发展壮大,党员人数由100余人发展到1000余人,工运、农运、学运等积极分子不断聚集团结在党组织周围,为进一步开展新的革命斗争积蓄了大批有生力量。

第四章主要反映掀起武装反抗国民党反动派新的高潮。随着革命形势的发展,党组织发动领导广大群众,广泛开展反内战、反饥饿、反迫害和"吃大户"斗争,推动党领导的革命力量进一步发展壮大,中共万县中心县委领导的县工委、区委、总支、特支达到22个,支部167个,党员发展到2812人。根据中共中央上海局的指示精神,下川东地区党组织以农村武装斗争为重点,组织发动武装起义,广泛开展游击战争,开辟第二战场,掀起了武装反抗国民党反动派的新高潮,牵制削弱敌人兵力,破坏国民党反动派的兵源粮源供给,配合人民解放军的战略进攻。彭咏梧、赵唯、唐虚谷、秦禄廷等组建率领川东民主联军下川东纵队和川鄂边游击队,在下川东地区纵横驰骋两年多时间,毙伤俘敌2800余人,缴获长短枪3500余支。一大批游击队指战员用碧血书写春秋,策应和配合人民解放军正面战场的作战,为下川东地区多数县市的和平解放创造了有利条件。

第五章主要反映配合人民解放军迎来下川东的解放。在人民解放军由川东、鄂西入川之际,中共下川东地方组织和游击队广泛发动群众,积极开展保卫城乡、迎接解放、配合接管的斗争,策反国民党官兵和地方实力派,维持社会秩序,确保地方平安。下川东地区相继解放以后,地方党组织和游击队积极配合接管建政,捍卫巩固新生的人民政权,恢复发展国民经济,开展减租退押和土地改革运动,万县专区为414.32万农民分配土地468.9万亩、房屋108.67万间、耕牛1.25万头[①],充分调动了广大农民的生产积极性;通过开展清匪反霸、镇压反革命、抗美援朝等革命运动,肃清国民党残余势力,为人民安居乐业和完成社会主义改造提供了有力保障。

三、下川东武装斗争的经验教训

通过对下川东武装斗争史的研究,可以得出以下经验教训:

第一,夺取武装斗争的胜利得益于党的坚强领导。新民主主义革命时期,下川东地区长期处于敌强我弱的艰难环境之中。由于反动派控制着地方政权,在人力、物力、财力等各方面都有十分巨大的优势,拥有装备精良的正规部队,加之地主恶霸、土豪劣绅组建的大量地方反动武装的协助配合。因此,面对敌我力量对比十分悬殊的特定历史条件,下川东武装斗争不可避免地历经了一个艰辛曲折、悲壮惨烈、屡仆屡起、百折不挠的过程,一批批优秀的中国共产党人和革命志士先后英勇牺牲。但是,一次又一次的失败,并没有阻挡武装斗争的发展进程。从根本上说,这是由于有了中国工人阶级的先锋队——中国共产党的坚强领导。在不同历史阶段,按照党的统一领导和部署,中共下川东地方组织不断调整斗争策略,不断探索适合下川东情况、符合人民利益的政

[①] 重庆市万州区地方志编纂委员会编纂,《重庆市万州区志》,西南师范大学出版社2013年版,第712—713页。

策措施,为下川东人民指明了武装斗争的方向,领导开展了前赴后继的武装斗争,最终迎来了革命的胜利。

第二,武装斗争必须具有广泛的群众基础。脱离群众的武装斗争,势必成为无源之水、无本之木。各种形式的革命斗争都要围绕着武装斗争来展开,不能脱离武装斗争;而没有各种形式的革命斗争的配合与支持,武装斗争也难以坚持。因此,必须始终坚持党的领导,深入开展工人运动、农民运动、学生运动、妇女运动等群众运动,团结一切可以团结的力量,结成广泛的统一战线,才能推动武装斗争深入持久地开展。在不同历史阶段,下川东地方党组织秘密发动以农民、工人为主体的革命群众,团结开明进步士绅,利用组建民团、自卫队等合法形式,暗地筹建革命武装;积极联系八德会、袍哥会、大刀会、兄弟会、铺盖会等群众组织,宣传革命道理,互相支持配合,壮大革命阵营;积极争取由贫苦群众组建的武装,将其改造成为具有共同理想的革命队伍。广泛的群众基础,为下川东武装斗争提供了不竭的力量源泉。

第三,武装斗争必须坚持正确的战略战术。脱离实际的武装斗争,必将导致挫折和失败。在土地革命时期,由于受到党内"左"倾错误和"城市中心论"的影响干扰,下川东地区举行的一系列武装起义和武装斗争,敌情估计不足,准备不够,匆忙发动,急躁冒进,导致革命力量损失惨重。同时,在下川东武装斗争的实践中,缺乏经过军事院校专门培养、懂军事的业务骨干,广大指战员只能在干中学、在学中干,在战斗中锻炼成长,因而也必然要走更多的弯路,历经更多的曲折。如两次万县兵变、四川红军第三路游击队准备会师武汉的战斗经历、云阳工农武装起义等,虽然充分展现了革命先辈不怕牺牲的大无畏革命精神,但都因决策失当而以失败告终,一大批共产党人和革命志士英勇牺牲。在解放战争时期,虽仍存在着急躁冒进、匆忙发动等问题,但党组织能够及时调整策略,采取正确的战略战术,在山高林密的广大地区组织开展游击战争,机动灵活地打击敌人,使下川东武装斗争能够坚持到胜利到来。

第四,必须不断加强党的组织建设尤其是领导干部队伍建设,纯洁党的组织和干部队伍。在革命斗争中,极少数叛徒、变节分子是党组织屡遭破坏、武装斗争屡遭挫折的又一个重要原因。土地革命时期,两次万县兵变还未正式发动就被镇压,下川东特委和万县县委屡遭破坏导致最终解体,曾润百、邓述明、陈云庵等一大批领导骨干被捕牺牲,叛徒告密和出卖是其直接原因。解放战争时期,下川东地工委和各地党组织一度遭受十分惨重的损失,武装斗争也遭受重大挫折,也是由于革命队伍尤其是领导干部中出现叛徒所致,其中因在家族斗争中遭到打击而混入党内的重庆市委副书记兼组织部部长冉益智,受《挺进报》事件影响被捕后即叛变,出卖了重庆党组织一大批领导骨干。他还带领特务赶赴万县,抓捕了川东临委副书记、下川东地工委书记涂孝文。涂孝文在被捕后很快叛变,出卖了下川东地区党的领导骨干29人,致使唐虚谷、杨虞裳、江竹筠等20多名共产党人先后被捕,除刘德斌侥幸生还外,其余全部壮烈牺牲。"上级出卖下级"是这次"万县大逮捕"的显著特点。因此,根据狱中党员及革命者提供的情况和意见,罗广斌在《关于重庆组织破坏经过和狱中情形的报告》中,十分尖锐地提出了加强领导干部队伍建设和监督的极端重要性,对进一步加强党的建设具有重要的警示作用。2018年3月10日,全国两会期间,习近平总书记参加重庆代表团审议时,把根据红岩英烈《狱中意见》总结提炼的《狱中八条》一一读了出来,并谆谆告诫大家,要珍视这份"血与泪的嘱托,是用生命换来的教训"。

第一章　大革命时期的初步探索

清朝后期,帝国主义列强的侵略魔爪深入下川东地区,逐步攫取了川江航运权、关税征收权和海关行政管理权,以武力为后盾,实施经济掠夺。辛亥革命后,下川东地区又陷入了军阀割据和军阀混战的黑暗时期。生活在水深火热之中的下川东地区人民,在中国共产党的组织领导下,掀起了反帝反封建的革命斗争。

一、近代下川东地区的社会状况和政治形势

(一)下川东地区成为帝国主义列强掠夺的重点地区

下川东,位于现重庆市东北部及四川省达州市部分县市,其地域范围主要包括重庆市的万州区、开州区、梁平区、云阳县、奉节县、巫山县、巫溪县、城口县及四川省达州市所辖的通川区、达川区、开江县、宣汉县、万源市。

自古以来,下川东地区作为巴蜀大地与长江中下游地区的重要通道,西连巴蜀,东接荆吴,北通陕豫,南达湘粤,在军事、政治、经济等各方面都具有十分重要的战略意义,成为历朝历代各种势力争夺的重要通道和征战焦点。唐宋至明清时期,万县成为下川东地区的交通枢纽和商贸中心。清末民初《丁绍棠纪行四种》一书在描写万县商贸繁荣景象时写道,"许多外省工商业者,尤其是南方各省的,都迁来万县开业","灯光闪烁,台榭参差,商贾云集,桅樯缘岸,排二里无隙处,喧声潮涌,梁嘉米船多聚焉",成为川、鄂、陕、湘、黔边区30余县的进出口商品集散中心,故有"万商之城"的美誉,受到帝国主义列强的觊觎。更为突出的是,万县是当时制造战舰所需的战略物资——桐油的最大交易市场,出口总量长期占全国的三分之一左右。

1890年《中英烟台条约续增专条》和1895年《中日马关条约》签订后,帝国主义就攫取了川江航行权。1900年,帝国主义国家的轮船第一次驶入川江,万县逐步成为帝国主义掠夺的重要通商口岸。1902年9月5日,英帝国主义强迫

清政府签订《中英续议通商行船条约》,增辟万县为通商口岸。日、美、英、法、德、意、丹麦等国商人接踵而至,纷纷在万县开洋行、设公司,掠夺原料,倾销商品。至抗日战争前夕,外商在万县和奉节县开设独资、合资洋行及公司52家,其中洋行及公司36家,资本总额达到193万银元,美金、英镑各2万元;另设有金融保险机构10家,航运分支机构6家。主要收购桐油、猪鬃、牛羊皮、生丝等农林特产品,倾销棉纱、棉布、煤油、烟卷等商品。①

1917年,外交部电令重庆海关开设万县分关,直接办理进出口经营业务。1925年,万县正式开埠,物资集散和商品交易规模进一步扩大。1928年11月15日,驻万军阀杨森以万县城区设置万县市。

列强入侵,以军舰等军事力量为后盾,控制川江航运权和海关权,垄断主要商品经营,攫取巨大的超额利润,本地民族商业资本被迫向为洋行提供进出口商品购销加工和服务业转变。列强资本还勾结胁迫封建军阀和土豪劣绅,压制民族资本主义的发展,镇压人民群众的反抗活动。帝国主义和中华民族的矛盾,封建主义和人民大众的矛盾,成为下川东地区近代社会的主要矛盾。

(二)辛亥革命后下川东地区的军阀割据

清末,同盟会即在下川东地区开展反清活动。各县同盟会员在知识分子和工商界人士中宣传同盟会纲领,秘密散发《革命军》《警世钟》《猛回头》《民报》等书报,使人们逐渐摆脱君主立宪派的影响,站到革命派一边。

光绪三十二年(1906年),孙中山派同盟会评议部评议员熊克武回川策动反清起义,委任在评议部工作的云阳籍会员张知竞为军事特派员回川开展反清活动。下川东地区同盟会工作重点逐步转向联络会党、准备发动反清武装起义。次年,熊克武在巫山县吸收宋春庭为革命党人,发给"护友票",令其在巫山、宜昌一带开展革命活动。

宣统三年(1911年),忠州同盟会员吴恩洪联络城关团练队长杨国琛、柳仁炳及州署警备队长梁用庭等人,站到革命派一边。开县同盟会员蔡鹏程、雷国栋等人,联络会党万余人,作为革命的依靠力量。5月,清廷宣布铁路国有政策,向帝国主义国家出卖铁路权益,激起了全国人民的反对,川渝地区人民群

---

① 重庆市万州区地方志编纂委员会编纂,《重庆市万州区志》,西南师范大学出版社2013年版,第898页。

众的反抗风潮尤为炽烈。七月,四川总督赵尔丰下令开枪镇压成都保路同志会的请愿活动,进一步引发了广大人民的反清怒火。下川东地区各州、县、厅同盟会组织,在同盟会重庆支部的领导下,与君主立宪派邓孝可、刘声元等合作开展合法保路宣传活动。同时,同盟会员胡铮、吴恩洪、张知竞等积极联络会党、策动军警、组织同志军,准备武装起义。

农历八月十九日(10月10日),武昌起义爆发,各地奋起响应。下川东地区同盟会员策动地方军政官员反正,组织武装起义,迅速推翻清廷的统治。农历十月初五(11月25日),在同盟会员熊晔、潘大道策动下,驻万县巡防军管带刘汉卿宣布脱离清廷,成立下川东蜀军政府,自称驻万夔属总司令长。随即派员到开县、奉节、云阳、巫山、绥定(今达州市)等地策动起义,仅两周时间,夔州府和绥定府所属各县先后光复,相继成立军政府。农历十月十八日(12月8日),夔绥两府所属万县、奉节、大宁(今巫溪县)、云阳、巫山、开县、绥定、大竹、太平(今万源市)、城口、梁山、渠县、新宁(今开江县)、东乡(今宣汉县)等14个府县的代表齐集万县,召开会议,宣告成立四川省下川东蜀军政府。推举刘汉卿任军政府都督,旋改称副都督;曾锦棠任副都督,旋改称夔绥总司令。军政府设于万县县城环城路,下设军政部、参谋部、财政部、民政部、交通部,[①]统辖陆军15个营,水师、盐务各1个营,有士卒5000余人。

1912年1月,下川东蜀军政府隶属重庆蜀军政府。2月,蜀军总司令熊克武率军入川,收编刘汉卿所属部队。4月,接四川都督府通谕,改下川东蜀军政府为万县行政公署。1914年6月,下川东各县划归东川道(治巴县)管辖。时值军阀混战,东川道管辖有名无实。

1918年7月,熊克武以"四川靖国军总司令"名义,发布《四川靖国各军卫戍及清乡区域表》;1919年4月又发布《四川靖国各军驻防区域表》,规定各军就地驻防,就防划饷,开启了四川军阀割据和军阀混战的防区制时期,道的建置名存实亡。1919年划定的驻防区域为:开县、梁山、奉节、巫山、巫溪、城口属四川靖国军第七师(师长颜德基)的防区;忠县属四川靖国援鄂军(总司令黄复生)的防区,万县为四川江防军和四川靖国援鄂军共同驻守。防区制时期,下川东地区先后有北洋军卢金山及川军唐式遵、杨森、王陵基、田颂尧等部驻守,

---

① 刘乙青、熊特生、刘孟伉、施雨苍等编纂,民国《万县志》,1935年第23卷,第12页。

县政为军阀把持。军阀混战此伏彼起,少有间断,规模较大的有川滇之战、熊(克武)杨(森)之战、倒杨(森)之战、刘(湘)杨(森)之战等战事。各地驻军把持当地财政而自成系统,自行敛财扩军,以维持庞大的军费开支,致苛捐杂税纷繁,附加日益畸重,预征借垫达数十年之遥。1934年,万县田赋已预征至1946年,巫溪县田赋已预征至1969年。[①]

1935年初,借"追剿"红军之名,国民党中央军入川,川政统一,四川防区制终结。6月,四川省第九行政督察区在万县市设立,辖万县市(同年10月并入万县)、万县、开县、忠县、云阳、奉节、巫山、巫溪、城口等1市8县。

二、下川东地区人民的反帝反封建斗争

(一)万县人民反对美孚洋行强占聚鱼沱的斗争

美孚洋行是美帝国主义在中国实施经济侵略的重要据点。1916年,美孚洋行经理濮瑟德秘密与万县土豪劣绅刘聘侯、陈尔梅等勾结,租得陈家坝附近大片土地,拟违约修筑油池,并暗订为期15年的租约。后因该地靠船不便,即行放弃,另图攫得聚鱼沱一带的土地作为建池基地。

聚鱼沱紧临长江,距万县县城仅1.5公里,这一带的土地为地主庞成林、庞成材、丰云集等所有。濮瑟德碍于外国人不能在中国内地取得土地所有权的通例,便先同该行职员中国人刘子原密谋,嘱其充当承买人,并串通当地土豪劣绅冉炳南作中证人,与地主庞成林等人秘密说合,于1917年初暗订契约,用高价将聚鱼沱土地买了下来,在地契上画押的承买人是刘子原。万县知事张仲友明知濮瑟德弄虚作假,由于畏惧洋人,便装聋作哑,将美孚洋行要求在该地建筑油池的申请,转呈重庆海关监督和四川省长公署立案。

美孚洋行将聚鱼沱土地骗买到手之后,即外用竹篱、内用铁丝网将该地圈围起来。圈地内有来往行人必经的道路,还有庙宇、坟墓等,群众上坡种地、上街赶场,以及拜佛、扫墓等活动皆受阻拦。美孚洋行骗买土地之事被人揭穿后,更加激起了群众的义愤,大家纷起反对。由刁松樵作原告首名,向万县衙门控告。但是,万县知事不敢向美孚洋行追还原地,仅判令美孚洋行在铁丝网原有门户之外,新开一门,专供群众扫墓及寺庙人员出入之用;并将私与美孚

[①] 重庆市万州区地方志编纂委员会编纂,《重庆市万州区志》,西南师范大学出版社2013年版,第1095页。

洋行勾结的不法中证人冉炳南等略加责罚,以平息民愤。

这次诉讼活动,未能撤销美孚洋行暗地托人代签的购地契约。洋行便派人在圈地内挖坟、毁路,动工修建房屋和油池,还擅自在长江边安设趸船、悬挂美国旗,公然不准民船靠岸停泊。因政府软弱可欺,广大群众虽群情激愤,但也无济于事。一天,美孚洋行派工在圈地内古老的弥陀禅院附近开凿石头。该寺方丈慧诚和尚原已对美孚洋行骗占中国土地的行为愤慨不平,此时又严重威胁到寺院安全,便出面制止。濮瑟德闻讯赶来,不但不制止越界取石的错误行为,反而恃强逞威,挥杖蛮干。慧诚和尚深通拳术,挥拳将濮瑟德打倒在地,其眼镜也被打碎了。濮瑟德到县衙告状,县知事查知此事由濮瑟德强横无理而起,但不敢得罪,又不好公然责备有理的慧诚和尚。便将弥陀禅院小和尚传来,处以戒尺打手板数次,再由县衙出钱,赔偿濮瑟德的眼镜,以便大事化小,不了了之。群众对慧诚和尚怒打濮瑟德一事,无不交口称快,而县衙判决结果却不尽如人意。于是,群众相约,同美孚洋行断绝往来,举凡蔬菜、煤炭等有关生活必需品,皆不向其供应。万县知事见众怒难犯,只好建议美孚洋行把江边趸船移往他处,略示让步。但美孚洋行仍恃强不理。

濮瑟德见事态扩大,遂向美国驻重庆领事捏词谎报,企图从上面施压。美国驻重庆领事麦尔思接濮瑟德电报后,即于1917年2月22日致函川东道,提出蛮横无理的要求:

> 闻万县知事接有转令该行现泊河边坐船移往他处之函,但本领事对此案尚未得到有他种报告,用先函请贵道尹令行该县知事,注意本国所享条约权利。且办理此等事情,亦必须商由美国领事官转饬,至于该船所泊河边土地之所有权,本署虽未深悉,第逆料该行必已立有永租契约,其地契不久当呈由本署送请税印也。特此布闻,即祈查照转饬,并希见复为盼。

美国领事此函,完全蔑视中国领土主权,简直是在给川东道下命令。万县知事见事态扩大,如再模棱两可,自身难辞其咎,始将美孚洋行骗买土地的情况,呈复重庆海关监督陈同纪:

>"遵查本县美孚洋行,前在聚鱼沱江边购地一段,采用该行经理华人刘子原名义立约投税。迨后接奉大函,饬嘱让泊分关趸船。知事当与该行交涉,始则允将跨船挪开;地让分关;次则推称须函知上海总行,接复再退。又称信知再复(?),地系刘子原所买,现刘已赴上海,必俟回时商办等语。一味支吾,延不退让。于此支吾期间,竟于跨船悬挂美旗,并在江边起盖房屋,开筑油池。知事迭次援引条约,嘱其撤去旗牌,作为华工分售处,该行洋商仍面允背违,并不撤去。而出名购地之刘子原,亦未回县。除签传该地业主到案,严讯当日售地情形外,合无仰恳钧署速与美国领事严重交涉,以杜后衅。

陈同纪接到呈报,知是美商违约,又闻美国驻重庆领事已将此事向川东道提出交涉,因即致函川东道尹聂凤阶:

>现时按约,外人不能在万县内地置产,如美国领事函到贵署时,即请驳复拒绝为盼。

聂凤阶慑于万县人民的反对怒潮,又见重庆海关监督提出按条约办事的主张,遂函复美领事:

>按照现时约章,外人不能在内地置产。谈知事饬令该洋行将坐船移往他处,想系依据条约办理。承嘱查照转饬之处,碍难照办。

美驻重庆领事知其理屈,转而采取两面手法:表面上答应嘱美孚洋行"将所有计划,另行改组";暗中却支持美孚洋行继续修筑油池,以便造成既成事实。而川东道道尹、海关监督、万县知事等各级官吏,虽然在口头和书面上说"依据条约""拒绝置产",但并未采取制止美孚洋行修筑油池的行动。接着,美孚洋行的"美滩"号轮船载运大量煤油到达万县。1917年11月12日,濮瑟德请求万县知事允美孚洋行注油入池。群众闻讯,表示坚决反对,不允许搬运"美滩"轮所载煤油上岸。万县知事见事情步步紧逼,急函重庆海关监督陈同纪请示。11月18日,陈复函称:"万县内地,断难准其洋商名义建筑油池,致悖条约。"并指出:"切勿准其装油入池。"

濮瑟德见群情激愤,不敢强行注油入池,只好将"美滩"轮开往重庆。而盗买聚鱼沱土地之事为条约所不允,便伪造声明:美孚在聚鱼沱所圈土地,是刘子原所买,美孚系在刘子原手中租佃,用来筑池。同时,暗自在圈地四周埋设刻写"刘子原"字样的界石,表示主权不属于美孚,美孚并没有违约置产。12月15日,濮瑟德又致函万县知事,请予明文承认。这种欺骗蛮横伎俩,更加激怒了当地群众。这时,万县部分士绅虽对美孚洋行的骗买行为有所不满,表示反对,但又害怕群众"逞忿暴动",扩大事态,危及自身利益。1918年初,万县部分士绅相约组建"万县维持领土公民联合会",希图用和平斗争的方式收回聚鱼沱土地所有权。联合会成立后,一面劝慰群众"勿得暴动";一面推举代表何森德、陈策三、熊应和等十余人,连续三次呈文新任知事陈尧祖,提出禁阻美孚洋行购地筑池理由,指出:

> 以国际条约论,假名购置土地,绝对不能许可。以重庆火油试办章程论,他处建设油池亦属绝对不能许可。以妨害人民论,所建油池距城仅三里之遥,建筑阔大,逾治城数倍,将来危险,人民生命财产何堪设想。况近江岸本为向日泊船码头,今初建筑即不许船舟停泊,其阻碍交通为害尤大。且油池地立于江边,若铅桶漏泄,滚溢河中,则南北两岸沿江数十里居民之饮料,妨害匪轻。该美孚始则捏造假名,窃买领土,继不请求政府,遽悬旗挂牌,设立油池,建筑房屋。经重庆关监督察觉,往返交涉禁阻数次之后,始以假名目,蒙呈立案,便仿造租界,大兴工作,地阔数十亩,附近居民住宅及坟墓数百家,强迫挖毁,均系逐渐乘势使行强硬手段,蔑视我国人民……县人民,因此均怀危惧,咸抱忿怒,率欲以粗暴禁阻。代表等恐一般之民,逞忿暴动,公成不虞(?),贻祸国家,曾经迭次劝慰,……以美孚使行强硬手段,侵国家领土权,固当死力抵御,不达到收回领土目的,誓不罢休。

呈文还提出：

> 禁阻美孚建筑工程，撤去旗牌，抄毁新基，纳归旧土；并请一面转呈省长公署暨重庆关监督兼交涉公署，严重与美领交涉，取消油池，收回国权，以平众忿而杜后患。

陈尧祖迫于民众压力，将原业主庞成林等拿案审讯，并请重庆海关监督同美领事交涉，勒令美孚洋行停工。濮瑟德自知众怒难犯，被迫停止修筑油池，随即向美驻重庆领事求援。领事麦尔思即由重庆乘坐军舰到达万县，意欲施压地方政府。当他看到当地群众群情激愤、坚决反对时，只好作罢，随军舰返回重庆。不久，美孚洋行将濮瑟德调离万县。[①]

(二)万县事件与戏剧《怒吼吧！中国》

清同治十三年(1874年)，英、法洋行雇用69艘民船私运洋货闯入川江，途经万县，被四川夔关扣留。英、法以武力威胁，迫使清政府归还货物。此后，英、美、法、德、日侵入川江的轮船增至10艘，军舰16艘，长江三峡屏障洞开。随后，帝国主义列强强迫清政府相继签订了《马关条约》《中英通商条约》《中英续议通商行船条约》等一系列不平等条约，攫取了川江内河航行权和海关主权。从此，各国舰船便在川江横冲直闯，随意在万县港口停泊。自1912年日本商人在万县设立武陵洋行开始，列强在下川东地区设立公司、洋行及分支机构达50余家。1917年，由英国人、日本人控制的重庆海关在万县设立分关。从此，万县便同重庆、汉口、上海等沿江商埠一样，成为货物直接运输出口的口岸。各国的公司、洋行为了大量储运桐油，纷纷利用他们手中的特权，在万县建仓库，造油池，修码头，设据点，攫取巨额垄断利润。

列强先进的轮船载货量大、速度快，使万县的木帆船航运业遭到毁灭性打击。据1928年《交通部统计年报》载：1928年进出万县港的轮船1805艘次，其中外国船只1262艘次，占69.92%；中国船只543艘次，占30.08%。据万县海关统计，1928年进出万县港的木帆船，由1922年的629艘次降至3艘次。因此，

[①] 重庆市万州移民开发区直属机关老干部革命传统教育协会编，《渝东壮歌——万州革命传统教育资料》，2000年，第18—22页。

依靠木帆船航运业生活的一万余名民众衣食无着,生活十分艰难。

列强的侵略和掠夺,激起了人民群众的强烈愤慨。1924年6月17日,根据川楚木船帮与英国安利英洋行签订的运输合同,川楚木船帮组织30只木船、300余名船工,到江南陈家坝码头装运约100吨桐油(共952篓)。但安利英洋行大班、美国人郝莱(又译华雷)突然宣称,这批桐油全部改由英国轮船"万流"轮装运。川楚船帮的代表当即出面与郝莱交涉,要求按照合同执行,郝莱拒不接受。船帮代表又作出让步,提出留一部分桐油由木船装运。郝莱不但置之不理,反而亲自督催力夫将桐油搬上"万流"轮。一批船工上前阻拦继续搬运的力夫,郝莱竟抡起手杖毒打船工,一些船工被打得鲜血直流。船工们起而抗争,有的拿起桨脚还击郝莱。在斗殴中,郝莱失足落入长江之中,被及时救起后人已昏迷不醒,经送医院抢救仍不治身亡。

事故发生后,长期停泊在南岸陈家坝码头的英国军舰"柯克捷夫"号随即将炮口对准县城,要求军政当局处决船帮两个船工"偿命"。同时还提出:郝莱下葬时,万县军政当局必须亲自送葬以表示敬意,还要给郝莱家属大笔抚恤金。英国军舰舰长槐提洪宣称:"若不照办,军舰就要开炮轰击万县城。"与此同时,英国政府向北洋政府提出抗议。一贯软弱媚外的北洋政府,便饬令四川善后督办严惩"凶手"。英国政府还派其驻渝领事到万县督判此案。驻万军阀对英领事百依百顺,不顾全国人民的坚决反对,于6月22日将川楚木船帮船工向国源、崔邦兴处决于陈家坝江边。更为可耻的是,万县军政长官竟屈服接受英方的无理要求,披麻戴孝为郝莱送葬,步行于郝莱的棺材之后,三跪九叩,直至城郊太白岩下基督教会坟山下葬。而英国军舰舰长槐提洪,因这次施行炮舰政策有功,被英国授予勋章一枚。

万县事件发生后,全国舆论哗然,纷纷谴责英帝国主义残暴野蛮的罪恶行径。中国共产党中央执行委员会机关刊物《向导》于7月16日出刊的第74期周报,发表了著名革命家萧楚女撰写的《万县事件与中国青年》一文,愤恨之情,跃然纸上。他大声疾呼:"在外资垄断之下的四川船户,根本已没有人类的生存权了。"文章叙述了万县知事杀害两个船工偿洋人一命及万县军务长官随洋人棺材送葬等丧失主权侮国侮民的事实后,愤恨地写道:"自然,我们的那所谓政府,对于此事,更是落得了结,以图省事,以献洋媚!"接着,他笔锋一转,批评万县青年未能组织起来与列强开展坚决斗争的现状:"独不解万县的青年,对于英美帝国主义如此强横地联合起来,欺压四川百姓,侮辱中国正式命官的举动,也就这样做了缄口的金人,而一任那帝国主义的彰明罪过如此消沉下去。"

在7月23日出刊的《向导》第75期周报上,又刊登了国民抗英外交联席会议、北京学生联合会等京内外50多个团体联名发表的《万县案之京内外各团体致领袖公使公函》,要求各国驻中国公使领袖荷兰使臣欧登科先生将《公函》转达美、英、日、法各国公使。《公函》陈述了万县事件的经过,明确指出了是非曲直之后,严厉斥责英方"一味捏造事实,完全诿罪华人,如威迫知事,斩首船户,勒令绅民,厚优抚恤之种种要挟,实为代表帝国主义者之一种蛮不讲理之举动,英国自命会恪守国际公法之文明国家,何竟屡次发生此等灭义绝信之事也!"《公函》还明确提出:"务望贵公使等将贵国等所泊扬子江一带兵轮,于最短时间内开赴他处,凡扬子江一带,以后不得再泊外国兵轮,以免滋生事端,危及国际感情。"最后,《公函》警告各帝国主义国家:"此次开衅,实在英美,而英美公使应向敝国外交部道歉,被害船户家族,亦应由英美负抚恤赔偿之责,不然,敝国有四万万人民之众,又为深知夫帝国主义之痛苦者,一息尚存,宁能忍此,且三户足以亡秦,一旅独能复国,敝国岂能尽无人耶?!"

万县事件激起了全国人民的反帝怒火。当时,正在北京大学讲学的苏联剧作家铁捷克,在游历万县时目睹了人民群众对帝国主义暴行的愤慨之情,并在报刊上详细搜集了万县事件的有关资料,以此题材创作了著名的戏剧《怒吼吧!中国》。20世纪20年代末至30年代,该剧在国内各大城市上演,激发了全国人民的爱国热情。同时,该剧还在美、英、德及北欧国家上演,引起了强烈的国际反响。

万县事件发生后,在一批进步人士的组织下,当地群众团结一心,不给安利英洋行提供劳务服务,不提供生活必需品,不向其出售桐油。安利英洋行在万县难以立足,随即撤离。①

这一时期,萧楚女、恽代英等共产党人虽一度到万县开展革命活动,发展吴毅等10余名社会主义青年团员,但中共地方组织尚未创建。因此,人民群

---

① 重庆市万州区龙宝移民开发区地方志编纂委员会编纂,《万县市志》,重庆出版社2001年版,第903页。

众的反帝反封建斗争,基本上处于自发状态,缺乏强有力的组织领导,难以动摇帝国主义和封建主义在下川东地区的反动统治。

三、董必武在下川东及鄂西地区策动川军援鄂

1921年5月,孙中山就任非常大总统后,决定联合湘军和川军,讨伐驻鄂的直系军阀王占元、肖耀南部。8月初,董必武参加中共"一大"返回武汉后,与中共武汉地委书记陈潭秋商定,全力投入这一斗争。为引领川军入鄂,董必武以"湖北全省自治筹备处"代表的身份准备启程前往联络。适逢返粤复命的潘怡如再奉孙中山之命,由沪转汉,第二次赴川督促川军出师。于是,董必武和潘怡如、朱旭东一道去四川[①]。船抵奉节,方知援鄂川军已集结巫山,乃乘船东下,到达巫山。

8月10日,川军总司令刘湘急电川军各将领:"川湘与鄂地域相接,援助鄂人自治,固为义不容辞,本吾川应尽天职,大局如斯,更难坐视。"[②]刘湘将其警卫团和独立第一旅汤子模等部组成"鄂西自治军",委任潘正道任总司令,潘怡如任参谋长,董必武任幕僚长。鄂西自治军及援鄂川军共5个混成旅1万余人分为两路,一路由张冲、喻华伟两部组成,第二混成旅第一团团长刘伯承任先遣支队指挥官;另一路为唐式遵率领的川军第二师。董必武协同指挥鄂西自治军,配合张冲、刘伯承所部作战,经万县龙驹坝攻击前进,先后取得万县谋道乡(1955年划归利川县管辖)、七曜山和利川软耳箐等战斗的胜利,8月21日攻克利川,随后攻占恩施,进逼宜昌。

9月1日,援鄂川军总指挥唐式遵下达总攻命令,各路军队向宜昌发起攻击。在宜昌三游洞,潘正道将军队交董必武负责。董必武亲临前线指挥作战。激战数日,宜昌未能攻克。日、英、美领事出面干涉,要求双方于9月5日休战,协商和平条件,以缓兵之计让吴佩孚击败湘军后再进攻川军。9月13日,吴佩孚率3个师及炮舰5艘抵宜昌增援督战。日、英、美领事见缓兵之计已达成,即宣布调解无效。9月23日,北洋军在军舰重炮火力掩护下,向北岸发起总攻。至27日,川军、鄂西军全线溃退。10月17日,援鄂川军各部退守恩施、利川、巴

[①] 胡传章、哈经雄著,《董必武传记》,湖北人民出版社2006年版,第54页。
[②] 恩施市史志办公室编著,《中国共产党恩施市历史(第一卷)》,中共党史出版社2008年版,第21页。

东野三关一线,董必武率部固守恩施,负责指挥鄂西自治军和管理地方行政事务。

1922年春,鄂西自治军司令部撤销。5月,遵照党组织指示,董必武离开恩施,返回武汉。在总结这次军事行动失败的主要原因时,董必武指出:"当时革命意识很含糊,只知道要解放民众,要革命,实不知唤起民众参加革命。"[①]

董必武策动川军援鄂活动,是中国共产党人开展军事斗争最早的历史记录,是中国共产党与以孙中山为代表的资产阶级革命派武装反抗北洋军阀的初次军事合作,也是中国共产党争取军队、参与武装斗争的首次尝试,对下川东地区和鄂西地区的革命斗争产生了深远的影响。

四、朱德、陈毅在万县的革命活动

(一)策动四川地方军阀支援北伐战争成为党的工作重点之一

1926年1月,中共重庆支部、中国国民党四川省临时执行委员会负责人吴玉章在国民党第二次全国代表大会上所作《四川省党部党务报告》中指出:"四川居长江的上游,人口有七千万,地大物博,实居南北最重要的地位。现在北方军阀正在内溃的时候,我们革命军要往北展,要同西北革命军联合,四川实为一大关键。"[②]

7月12日至18日,中国共产党第四届中央执行委员会第二次扩大会议通过的《中央政治报告》指出:"军阀之致命伤要算是内部分化,最显著的如冯玉祥及郭松龄之倒戈,此外如方振武、唐生智均已归到革命旗帜之下,甚至于杨森、王天培等许许多多小军阀,都有离开军阀归到革命,离开帝国主义者接近苏俄之倾向。这种新发生的现象,在中国民族革命运动中,有非常重要的意义:一是表现军阀势力之崩溃,一是表现民族资产阶级的武装之开始形成。"[③]会议还通过了中共中央正式作出的第一个关于军事问题的决议——《军事运动议决案》,决议指出:"本党是无产阶级革命的党,随时都须准备武装暴动的党,在民族革命的进程中,应该参加武装斗争的工作,助长进步的军事势力,摧

---

① 恩施市史志办公室编著,《中国共产党恩施市历史(第一卷)》,中共党史出版社2008年版,第22页。
② 《吴玉章文集》,重庆出版社1987年版,第87页。
③ 人民网,中共中央文件选集二(1926),[DB/OL]. http://cpc. people. com. cn/GB/64184/64186/66628/,2020. 5. 16。

毁反动的军阀势力,并渐次发展工农群众的武装势力。同时此项工作就是使本党获得有条理的准备武装暴动的经验。""此后应设法在反动军阀的军队中,组织能受我们指挥的兵士支部,并与士兵群众发生关系,利用军队中日常事故,口头的或文字的宣传兵士群众。"①

8月23日,中共中央对中共重庆地委8月3日来信《四川各派军阀动态》作出回复,在《中央致重庆信——对四川军阀之态度及工作方针》中指出:"虽然他们是投机的不是真革命的,然只要他们这样做,是可以分裂军阀的势力,可以加速军阀政治之崩坏,我们自然不当拒绝而当接受。我们且可乘此机会中逐渐培植出一种新的力量来。""对于反动的刘湘,他来接洽亦可以不拒绝;对于口上言论非常革命的刘〔何〕光烈、杨森也不要过于信赖。我们自然很希望在川中发生一个左派军队,发生自己的武力,但这不是勉强能够速成的。"②

这些文件表明,中共中央和重庆地委十分重视在四川开展军运工作。党组织先后派遣朱德、陈毅、刘伯承等共产党人到达万县,动员杨森支持北伐战争,发动了轰轰烈烈的革命运动。

(二)朱德、陈毅在万县领导的反帝抗英运动

北伐军出师以后,只两个星期就攻克了湖南长沙,逼近北洋军阀吴佩孚盘踞的武汉。此时,杨森驻守在长江上游的军事重镇万县,随时准备投机钻营:一方面勾结吴佩孚,接受吴佩孚所封"讨贼联军川军第二路军总司令"和"四川省省长"职务,以此作为进退的"资本";另一方面则密切注视北伐军动向,派人到广东国民政府输诚,表示要加入国民革命军,还派人到北京找中共北方区委负责人李大钊,请派员到万县协助工作。

1926年7月,朱德与秦青川等在莫斯科秘密军事训练班学习的同学返回上海。朱德向中共中央总书记陈独秀建议,到川军开展工作,争取杨森易帜,支持北伐战争。中央决定,对杨森开展统战工作,使北伐军减少来自西边的军事威胁,更可切断吴佩孚往长江上游的退路。由于朱德在云南护国军中曾与

---

① 人民网,中共中央文件选集二(1926),[DB/OL]. http://cpc. people. com. cn/GB/64184/64186/66628/,2020. 5. 16。
② 人民网,中共中央文件选集二(1926),[DB/OL]. http://cpc. people. com. cn/GB/64184/64186/66628/,2020. 5. 16。

杨森共事,朱德离开昆明时,杨森还以"师长"的职位邀请他到军中任职,但被朱德以出国留学为由婉言谢绝。于是,中央便派遣朱德和秦青川赴万县,负责开展军运工作。

8月11日,朱德以国民政府代表的身份,抵达万县,杨森率军政官员到码头迎接,安排他们住在军部招待所王家花园(今重庆市万州第三中学校园内),礼如上宾。杨森逢人便说:朱德是我杨森最老的朋友。针对杨森索要军饷、四面迎合的态度,朱德明确指出:"国民政府在目前情况下不可能提供钱和枪。但是,北伐革命是会胜利的,如果同国民革命军对抗,注定是要失败的。"①

8月25日,陈毅受中共北方区委派遣,以李大钊特使的身份到达万县,与他一同抵达的还有清华大学研究院毕业的杜刚百(与杨森是广安同乡)。当陈毅把李大钊的介绍信递给杨森,要求杨森投入革命阵营时,杨森却吞吞吐吐,态度暧昧。陈毅于1960年在回忆文章中写道:

> 杨森在万县接待我,他说:"李大钊是我的知交,要我参加国民革命是可以的,但我是吴佩孚提拔起来的,不便背信弃义去反对他。"我说:"你最好将部队改造好,协助北伐军解决云贵问题。"他吹牛说,要出十万兵去援助北伐军。他还说,第三国际也派代表来和他接洽,要他参加世界革命。我对他这种说法有怀疑。第二天,杨森介绍我认识了所谓的第三国际的代表,原来是朱德同志。②

朱德与陈毅相互表明了身份,二人一见如故,决定共同做杨森易帜的工作。朱德还告诉陈毅:已派同到万县的秦青川赴重庆找中共重庆地方执行委员会接组织关系去了。他们一起分析情况后提出:要动员群众力量,迫使杨森转向广东政府,割断他和北洋军阀的联系。此时,黄埔军校学生段远谋返广安探亲,路过万县,与朱德、陈毅会面。大家商定,段远谋以同乡之谊,一同去见杨森。段远谋列举种种事实现身说法:10多万北伐军不但训练有素,还得到几十万农民和工人的支援,人心所向,吴佩孚势力再大,孙传芳兵力再多,也敌不住北伐军。杨森开始动摇了。但当着朱德、陈毅的面,对易帜一事仍不明确

---

① 中共中央文献研究室编,《朱德传》,中央文献出版社1993年版,第64页。
② 陈毅撰稿,《陈毅早年的回忆和文稿》,四川人民出版社1981年版,第25页。

表态。

　　朱德向杨森提出,要求做军队的政治工作,杨森不便拒绝,但又提出两个条件:只能讲三民主义,不能讲三大政策;只能在教导队讲,不能在部队讲。朱德却随时深入连队同士兵谈话,杨森怕他"煽动军心",便派一些手枪队队员渗入连队故意接近朱德,然后把他的讲话内容报告杨森。由于朱德讲的都是革命道理,杨森始终没有发现对自己不利的言行。通过朱德、陈毅深入细致地开展工作,加上革命形势快速发展,促使杨森的态度略有转变,在革命与反革命的两军对垒中,暂时稳定下来,未派军去支援吴佩孚。

　　朱德不仅深入连队,还特别注意做部队中高级军官的工作。万县宪兵司令于渊出身佃农,曾给地主当过雇工,为人正直。北伐战争爆发后,国民革命的洪流使于渊的思想受到巨大冲击。朱德一到万县,他便和朱德交朋友,过从甚密。朱德给于渊讲革命道理,分析革命的形势和前途。于渊的思想认识不断提高,十分赞成反帝反封建的革命主张,表示要积极参加到国民革命的行列中去。

　　8月29日,英"万流"轮在云阳浪沉杨森第四师载有士兵和饷银的木船3只,淹死连长1人、排长1人、兵士56名,损失枪支56支、子弹5500发、饷款(银元)85000元。得知这一情况后,朱德便把陈毅、杜刚百约到寓所,一起商议对策。杜刚百在1981年回忆道:

　　　　朱德和陈毅同志分析说:北洋军阀的背后,都有帝国主义的靠山,所以反帝与反军阀是一致的。人民痛恨帝国主义,我们就要动员群众力量,迫使杨森转向广东政府,割断他和北洋军阀的联系。我们要促使军人跟着群众走,这就是我们要作的工作。现在杨森既然说英国兵船浪沉了他八万多银元的军饷,淹毙了他的士兵,我们就要抓住这个事件对杨森和他的部下进行反帝爱国的宣传教育。最重要的是我们要广泛发动群众,领导群众,造成声势,掀起一个像"五卅"那样的群众反帝政治运动。①

---

① 中共四川省委党史工作委员会主编,《万县九五惨案》,四川省社会科学院出版社1986年版,第388页。

接着，三人进行了分工：由朱德出面做杨森的工作，陈毅负责动员民众，杜刚百持朱德的亲笔信赴重庆，向中共重庆地委书记杨闇公汇报情况。这时，杨森到王家花园找朱德和陈毅商量。朱德和陈毅建议：扣留该公司船只，要求"惩祸首、赔损失"。朱德说："只要是事实，就应该向英国太古公司提出赔偿，它不承认是不行的。因为轮船的航行，都是有航行记录可查，真相就应该问清楚，沿江的船夫，当地的保甲可证明，完全可凭。如果英帝国主义蛮横不讲理，那就对它不客气，把船扣留起来。"他还强调指出：在与英方交涉的同时，必须充分做好应对英国动用武力的准备，"老实说，近百年来，敢同帝国主义打一仗，不论胜负，都是光荣的！"

杨森回到位于高笋塘李家花园的司令部，立即命令宪兵司令于渊进行查处。"万流"轮在云阳肇事后，驶抵万县长江南岸，停泊在英舰"柯克捷夫"号侧边，舰上水兵驻扎该轮。于渊派轮船检查长率宪兵8名，去查问"万流"轮肇事的情况。当宪兵登上"万流"轮时，英舰水兵强迫解除了宪兵的武装，还开枪重伤两人，并把"万流"轮放走，上驶重庆。随即，"柯克捷夫"舰卸下炮衣，将炮口对准南津街一带做射击状，这更加激起了万县民众的无比愤怒。

8月30日，杨森派宪兵司令于渊率部扣留停泊在陈家坝码头的太古公司"万县"号和"万通"号轮船，要求太古公司赔偿损失。一方面，英方通过其驻华公使麻克类向北京政府施压，并请示英国首相鲍尔温及国会批准，可以动用武力夺船；另一方面，英方派其驻重庆总领事卢思德赴万县谈判，暗中却调派驻扎在重庆的军舰"威警"号和驻扎在宜昌由商轮改装成军舰的"嘉禾"号，开赴万县，与长期停泊在万县长江南岸陈家坝码头的军舰"柯克捷夫"号会合，准备实施武力夺船计划。

9月1日，卢思德乘船到万县后，与杨森举行谈判。杨森根据陈毅、朱德的建议，提出"惩祸首、偿损失"的具体方案。卢思德只字不提惩凶、赔偿一事，却蛮横要求立即释放被扣英轮，谈判毫无结果。随后，英帝国主义调派军舰准备武力夺船的嚣张行径被报刊披露出来，广大群众十分愤慨。

9月2日，由朱德、陈毅与万县日报社社长、共产党员秦正树共同拟定的《万县日报社之电告》①向全国发出，电文提出：

---

① 《向导》周报"万县惨案专号"，1926年10月10日出版。

谨恳全国人士一致愤起:(一)组织全国抗英大同盟;(二)不购英货,不为英人服役;不供给英人食料,完全对英经济绝交;(三)收回英人在华内河航行权;(四)取消中英间一切不平等条约;(五)责令赔偿此次生命财产之损失,不达目的,誓不休止。

同日,在万县图书馆阅览室,由陈毅主持召开万县各界代表预备会。朱德担任会议主席,他在讲话中指出:帝国主义列强无视中国人民的生命财产,在我内河肆意横行,浪沉我船只,这不是一件小事,而是关系到国家主权的大事,只有把帝国主义赶出中国,国家才会有真正的独立,人民才有真正的自由。各界民众必须联合起来,行动起来,抗议帝国主义的罪行。会议决定,成立"万县英轮惨毙同胞雪耻会",由陈毅负责,起草雪耻会宣言。

9月4日,万县各界群众数万人在西较场召开抗英大会,宣布成立"万县英轮惨毙同胞雪耻会",会后举行声势浩大的反英游行示威活动,并向全国发出由陈毅起草的《万县雪耻会宣言》通电,全文如下:

万县雪耻会宣言①

中国今日国体受辱,国权丧失,亡国之祸,迫于眉睫。推源祸始,讵非首先肇衅横暴无理之英国乎?中国今日大开海禁,启欧西列强竞争之机,使莽莽神州,有瓜分之祸;芸芸华胄,有灭种之虞者,讵非始于英人以毒品输入中国酿成鸦片战争之祸首乎?试读东亚近百年来外交史,英吉利之对我中国,始则抉破我门户,如占广州,陷厦门;渐至舟山、镇海、宁波、乍浦以次失守,继则直陷我腹地,由吴淞以犯长江之镇江、南京,伤心华人,死亡无数;毕竟哀怜乞和,缔结南京条约,由中国政府赔偿二千一百万元,并允割让香港,通商五口。自兹以还,日、俄、德、美对我国之要求利益均沾及割地、租借与其他苛刻无理之条件者,遂效英人之故伎,纷至沓来,不可抵御。联军之役,英国东洋舰队司令西摩亚率领八国联军,进攻北京,捣毁我首都,动摇

---

① 中共四川省委党史工作委员会主编,《万县九五惨案》,四川省社会科学院出版社1986年版,第96—97页。

我根本，俾我国创钜痛深，不堪回首。尤复攘夺我缅甸，垂涎我西藏，撤毁我藩篱，并逼订种种不平等条约，以压迫我同胞，侮辱我国体。如天津条约，以领事裁判权及协定税率、内河开放等无理要求，逼我画诺，不惜违反国际公法，牺牲两国感情，必欲以待安南、印度手段对付我五千年古国之华族。嗟我同胞，宁堪忍此！

夫入我疆土而不服从我法律，尊重我主权，使我长江各埠及内河流域门户洞开，军舰直驶，何莫非英人之苛刻条约之所作俑者乎？乃查比年来，英轮在长江上游，违章蔑理，逞凶肆虐，以浪沉木船溺毙华人为儿戏。如今年"万流"轮船，于七月八日在丰都立石镇浪沉木船溺毙军民四人。"嘉禾轮"于八月二日在万县白水溪浪毙官兵损失枪款二千元；又同日在涪滩浪沉民船淹毙士兵、损失饷款四千八百余元；"滇光"轮船于六月十三日在万县箱子石浪沉民船，溺毙船夫五人。均系事实确凿，惨无人道。案尚未结，复于八月二十九日驻万杨总司令部宪兵，由云阳运款搭英"万流"轮船回万，将及该轮，而该轮忽加快驶，致浪沉木船二只，划子一只，溺毙官佐七人，士兵五十八人，民夫十余名，枪支辎重暨盐款八万元，全数损失。及该轮抵万，又被英军舰"柯克捷夫"勒提枪支，击伤士兵二名，以大炮移向沿河两岸民房，发发欲轰。以致群情惶骇，军民共愤，势将激成非常事变。万县人民目睹惨状，心忧外交，爰特发起英轮惨毙同胞雪耻会，订于九月四日开成立大会，集群众之策力，作政府之后盾，庶几众志成城，共同救亡，敢以六不主义及六大要求宣告同胞。自今日雪耻会成立之日始，敦劝国人不达要求目的，誓不让步；不实行抵制办法，誓不为人。皇天后土，鉴兹悃忱；邦人诸友，勉旃无释。言念国耻，无泪可挥，谨此宣言，伏维公鉴。

附录六不主义及六大要求：

（甲）六不主义：一、不供给英人的油盐米炭；二、不作英买办水手领江及一切雇工；三、不与英人贸易往来，断绝经济关系；四、不装运英人货物及接送英轮客货；五、不买英人输出品货物，亦不卖货物与英人；六、不搭英国商轮。

（乙）六大要求：一、废除中国与英国国际间缔结的一切不平等条约；二、要求在中国内河不得行驶英国军舰，并取消英国在华内河航行权；三、惩办肇事各英轮祸首；四、抚恤历年英轮浪沉民船死亡之商民、官兵及家属；五、要求英人为历年英轮溺沉同胞立纪念碑；六、英国政府须向中国政府表示道歉。

广大群众的反帝怒潮，丝毫没有阻止帝国主义的野蛮行径。9月5日下午4时许，"嘉禾"号抵达万县，与"柯克捷夫"号、"威警"号军舰会合，开始武力夺船行动。英军先派出20余名水兵到"万县""万通"两船上驱赶杨森派驻船上的守兵。在冲突中，英军首先向守兵开枪，停泊在两边的军舰随即用机枪对守兵进行扫射。中国官兵在于渊的率领下奋勇还击，于渊身负重伤，英军被击退。

下午5时许，英军夺船未果，3艘军舰便用大炮对县城两岸进行疯狂炮击，城区顿时烽烟四起，无辜民众死伤遍地，男女老幼啼哭哀号，惊慌逃生。杨森部驻岸炮兵被迫实施还击，在隆隆的炮战声中，英舰相继中弹，方停止炮击，向下游逃离。此次英舰炮击，历时两个多小时，南岸陈家坝和北岸南津街、杨家街口、鞍子坝、鸡公岭、倒碑黄桷树等33处居民点被炮弹击中，大火烧至午夜两点半方被扑灭，造成民众死伤1000余人，炸毁房屋及商铺1000余间，财产损失2000余万银元，史称"九五"惨案或万县惨案。

"九五"惨案是北伐战争时期英帝国主义制造的三大惨案中（另有五卅惨案、沙基惨案）中国军民死伤人数最多的一次惨案。惨案发生后，朱德、陈毅受杨森之邀到司令部商议对策，拟定并立即向全国发出《通电》。在朱德、陈毅等共产党人的连夜筹备和组织领导下，各界群众于9月6日召开"万县人民抗英大会"，成立"万县惨案雪耻会""万县九五惨案后援会"，各机关、社团、行业协会纷纷成立相应组织，掀起声势浩大的反帝抗英运动。面对英帝国主义企图调集军舰再行动武的迹象，万县各界群众还先后成立"万县惨案复仇大同盟""万县惨案锄奸团""万县惨案决死队"等组织，表明万县人民誓死抵抗侵略者的决心。9月8日，陈毅赶赴重庆，向中共重庆地委和莲花池左派国民党临时省党部，汇报万县惨案的详细经过，并请求声援万县人民的反帝抗英运动。

"九五"反帝抗英运动为促进万县人民的反帝反封建革命斗争、推动中共万县地方组织的建立奠定了广泛的群众基础,具有深远的历史意义。正如朱德在武汉"旅鄂川人万县惨案后援会"讲话所指出的那样:"此次开炮,兄弟亲与此役,(英人)强横可笑,亦复可怜,他以为他的枪可以杀人,我们川军这一回也不客气,为正当防卫,还他几枪,彼此都有伤亡。不过人民无辜,为他杀害太多了。这次万县的人,虽属不幸,为他的大炮轰得可怜,但是,我们四万万民众为他打醒了!尽都知道对帝国主义者,非打不可,望军民一致,团结起来。"

万县人民的"九五"反帝抗英运动得到了全国人民的有力支持。重庆、成都等川内各地的中共组织和共产党员,纷纷组织声势浩大的声援活动。中共重庆地委联合国民党左派临时省党部组成"万县惨案四川国民雪耻会",发动3万余人召开大会,组织示威游行。在四川各地掀起大规模的反帝抗英运动。

9月23日,中共中央发出紧急通告,号召各级党组织紧急行动起来,声援万县人民的反帝斗争,并将10月5日至10月10日定为"万县死难同胞追悼周",组织领导和推动形成全国范围波澜壮阔的反帝抗英运动高潮。10月5日,中共中央发出《中国共产党中央执行委员会为英国帝国主义屠杀万县同胞告民众书》。全国人民在各地共产党人的组织领导下,纷纷投入反帝抗英运动的洪流。上海、北京、天津、广东、香港、山东、湖南、湖北、安徽、江苏、福建等地的活动开展得有声有色,许多城市组织开展"罢工、罢市、罢课"的"三罢"斗争,海外华侨也纷纷声援,给英帝国主义以沉重打击,也有效阻止了英帝国主义调集军舰进一步动武的企图。

在反帝抗英运动中,中国共产党领导罢工工人于1927年1月先后收回汉口、九江的英租界,这是中国工人阶级的伟大壮举,也是中国近百年反帝斗争史上的光辉一页。万县"九五"反帝抗英运动一直持续到1927年3月才基本结束。

五、杨闇公、朱德、刘伯承策划泸顺起义与创建地方党组织

1926年9月中旬,朱德从万县乘船到达汉口,向中共湖北地委和国民革命军总政治部主任邓演达汇报工作情况。9月24日,国民革命军总司令部委任杨森为第二十军军长兼川鄂边防督办,朱德为党代表;由于第二十军政治部主

任陈启修尚在汉口,国民革命军总政治部主任邓演达委任朱德暂代二十军政治部主任一职。

9月28日,朱德率30余名政工人员由武汉奔赴万县,住在兴隆街昙花寺宝隆洋行,并将政治部设在此楼。这些政工人员,三分之二以上是共产党员,其余为国民党左派;其中有黄埔军校学生25名,还有在德国、日本或法国勤工俭学回国的留学生。朱德将政工人员编为4个小组,由共产党员卢振纲、文强、胡文华、张亚良担任小组长。随后,成立二十军国民党党部,在军队里发展国民党党员。朱德还在二十军秘密建立中共支部并兼任支部书记,卢振纲负责组织,文强负责宣传。文强在回忆文章中写道:

> 朱德不愧为开路先锋和领导者。他深知在万县开展革命活动的艰辛,时时告诫我们:"如果不搞好党团组织的建立,便等于将革命活动视为儿戏,有如浮萍浮在水面上飘一样,经不起一阵风就吹跑了。"①

11月初,中共重庆地委书记杨闇公到达万县,与朱德在宝隆洋行同住一间居室。文强参加了杨闇公在万县为期3天的活动,他在回忆文章中写道:

> 杨闇公那次到万县,要求朱德大力支持地方党团组织的建立。还明确提出,凡在万县建立起来的党团组织,采取地方党组织和二十军以朱德作中心的党组织两层两线领导,等到县级党团组织较健全时,再分开独立的领导方式。②

根据朱德、杨闇公的指示,由二十军党部秘书杨逸棠和滕代顺作介绍人,发展"万县九五惨案后援会"积极分子牟偶仁入党,随后在"后援会"中又发展两人入党,成立党小组,隶属军内党组织领导。牟偶仁党小组在万县的青年中十分活跃,做了大量工作。接着,朱德又指示在有学运基础的四川省立第四师范学校、万县女中等学校发展党员、团员,建立党团基层组织。

---

① 中共万县地委党史研究室编,《万县地区党史资料》1990年第1期,第5页。
② 中共万县地委党史研究室编,《万县地区党史资料》1990年第1期,第6页。

同时，在朱德的领导下，二十军政治部的政工人员，深入驻军连队，教唱革命歌曲，激发官兵的革命热情。万县大街小巷和军营处处都响起了"打倒列强，除军阀！国民革命成功，齐欢唱！"的歌声，张贴着革命标语，宝隆洋行成为"赤化川东的大本营"。文强在回忆文章中还写道：

> "赤化窝子"，大致是在1926年9月底出刊了八开《壁报》时反动派取的。要说《壁报》是高举宣传北伐的一面旗帜，不如说在万县是一门大炮，它从"赤化窝子"里打出来，惊天动地，振聋发聩，引导着革命群众，开始团结到"赤化窝子"的周围。特别是青年学生，国民党员中的左派分子，以及自川外归来的共产党员、青年团员等等，纷纷集合到"赤化窝子"来了。这时的"赤化窝子"真可说得上是风云际会人才济济，好一派革命新气象。①
>
> 万县党团组织有如雨后春笋，群众工作也蓬勃开展起来。宝隆洋行"赤化窝子"开始成为下川东真正公开的革命中心。特别是黄埔学生出身的军官，已敢于以国民革命军的仪容着装，剑佩轩昂，出头露面，真也是好不容易争取来的光荣。②

为了培养军事人才、壮大革命队伍，朱德以提高部队素质、求得军事上有更大发展为由，征得杨森同意，在杜家花园创办第二十军军事政治学校，被誉为"下川东的小黄埔"。一批有志青年纷纷从梁山（今梁平）、达县、涪陵、重庆等地赶至万县投考。11月20日，400余名学员聚集一堂，军校正式开学。该校政工人员大部分是朱德带到万县的共产党员，包括教育长卢振纲，政治总教官秦青川（后任副校长），担任一至五大队大队长的文强、熊荫寰、江亚中、滕代顺、谌杰等。学习期间，朱德到该校讲话，他勉励全体学员："一个军人要有崇高品德的修养，要有坚强的革命方向，要为国家为人民做一些光辉事业。"通过开展卓有成效的思想政治工作，积极追求进步的学员不断增多，卢振纲、文强先后发展蔡奎、徐灵渊、张用武、牟仲宇、胡洪疆、沈天泽等10余名学员加入中国共产党，并建立支部，受军内党组织领导。

---

① 中共万县地委党史研究室编，《万县地区党史资料》1990年第1期，第4页。
② 中共万县地委党史研究室编，《万县地区党史资料》1990年第1期，第7页。

朱德虽然担任二十军党代表兼代政治部主任,但生活仍十分俭朴。"每天到杨森总部办公、汇报,都是身着布军服,手拿公文包,胸前佩着总部出入证,与一个普通的工作人员一样,徒步来去。""他总是和蔼可亲地与人接谈,当面圆满地解决问题,使人心悦诚服地离去。"①

11月上旬,受中共中央派遣,刘伯承以国民党中央特派员身份,回川领导开展军事斗争。他与共产党员欧阳钦一同到达万县,朱德安排他们住进宝隆洋行。在朱德住所,刘伯承详细传达了中央关于在川军中组织起义的指示,大家一起分析四川及万县的形势。三人还一同前往李家花园杨森军部,与杨森会谈。然后,在朱德办公处召开秘密会议。朱德指出:试图用较为和平的方式建立革命武装的设想极不现实。大家讨论后认为,应利用川军矛盾,组织泸顺起义,建立革命武装。会后,欧阳钦返回武汉向中共中央汇报。11月中旬,刘伯承、朱德先后到达重庆,会同杨闇公在浮图关六店子刘伯承家中召开紧急会议。会议决定,成立中共重庆地委军事委员会,由地委书记杨闇公兼任军委书记,朱德、刘伯承任委员,领导开展军事斗争。

12月1日、3日,在中共重庆地委领导下,以刘伯承为总指挥,泸州起义、顺庆(今南充市)起义相继爆发。12月22日,由于受到军阀部队的"围剿",刘伯承率顺庆起义军到达杨森的防区开江县。朱德说服杨森,派共产党员、二十军党部秘书牟炼先等人,携款到开江慰问部队,并迎接刘伯承及军事骨干8人于12月26日到达万县,住在宝隆洋行西厢房。随后,杨闇公受杨森邀请到万县主持党务,陈毅也到了万县,仍住在宝隆洋行西厢房。文强在回忆文章中记述了这次聚会:

> 杨、刘都下榻于宝隆洋行。这次更巧遇的是陈毅因公经过万县,也下榻于宝隆洋行。他与朱、刘、杨谈了许多话,一宿后即到重庆去了。②

随后,杨闇公、朱德、刘伯承在宝隆洋行召开重庆地委军委会议。刘伯承在总结顺庆起义失败的教训时指出:"总的说来,我们对革命事业当时都非常

---

① 中共中央文献研究室编著,《朱德传》,中央文献出版社1993年版,第69页。
② 中共万县地委党史研究室编,《万县地区党史资料》1990年第1期,第6页。

缺乏经验。对革命形势的发展都认识不够,热情有余,经验不足。"①会议作出了三项决定:"一、刘伯承即刻赶到泸州,全权指挥泸州起义军;二、布置李蔚如到涪陵等地搞团运和农运工作;三、驻开江的顺庆起义军由黄慕颜代行总指挥权。这是革命紧要关头召开的一次重要会议,其中派刘伯承去泸州的决定,是一个事关泸州起义军命运前途的重大决策。"②会议还决定,派中共重庆地委候补委员李嘉仲等人赴万县,接收朱德创建的军内党组织和发展的城区党员,建立万县地方党组织。

1926年年末,李嘉仲在武汉向中共中央和国民政府汇报泸顺起义情况后抵达万县,向杨闇公、朱德、刘伯承汇报了去武汉的有关情况。李嘉仲在《我在万县的工作情况》的回忆材料中写道:

> 闇公即命我留万县,担任万县省立第四师范校长职务,兼(国民党)川东党务特派员,发展各县(国民党)左派党部组织及与杨森直接联系之任务。为了便于与杨森联系,我在二十军党部任一个名誉干事,不作具体工作。③

李嘉仲、牟炼先、雷德沛接收军内党组织移交的牟偶仁党小组,正式组建万县第一个地方党组织,同时负责联系开县、云阳党的工作。至1927年春,万县的共产党员发展到33人,开县的共产党员发展到5人。

由于杨森知道朱德是共产党人,十分担心二十军被共产党"赤化",便决定找借口"礼送"朱德离开万县。他对朱德说:"本军原是旧部队改编成的国民革命军,我和全体官兵对国民革命军的一套都不懂,请党代表你带一百名青年军官,组成参观团,到武汉总部去参观学习,回来后好把二十军建设成真正的国民革命军!"同时还说:"参观团的旅费也已准备好!"1927年1月,朱德率领由武汉赴万的部分政工人员,以及由杨森所部80余名中下级军官组成的军事政治考察团,乘"永丰"号江轮离开万县,东下武汉,踏上新的革命征途。

中共万县地方党组织,是朱德、陈毅、刘伯承、杨闇公等共产党人在四川及

---

① 《刘伯承回忆录》,上海文艺出版社1981年版,第71页。
② 匡珊吉、郭全、刘邦成编著,《顺泸起义》,四川大学出版社1988年版,第147页。
③ 李嘉仲手稿,《我在万县的工作情况》,1970年,第32—33页。

万县开展军运工作中创建的,对下川东地区的革命斗争产生了深远的影响。从此,下川东地区的广大人民群众,在党的领导下,开展了前赴后继的英勇斗争。

六、万县党组织领导的第一次农民运动

1926年大革命时期,国民革命的浪潮汹涌澎湃,激荡着中国大地。位于长江岸边的千年古镇——万县武陵乡,领略到这股强劲的东风,人民已开始觉醒了。在万县党组织的领导下,爆发了斗倒反动团总向春山的农民运动。

在四川省立第四师范学校学习的万县武陵籍青年学生江琬、李冋、李允(李信甫)加入中国共产主义青年团后,受组织派遣,利用放寒假的时间,回到家乡开展革命活动。在武陵乡组建农民协会、搬运工人协会、海员工人协会,开展农民运动和工人运动。

武陵乡团总向春山,仗着自己有权有势,横行乡里,名团暗匪,欺压民众,巧取豪夺,霸占田地,作恶多端,民愤极大,广大群众义愤填膺。江琬等带领乡农民协会会员,与反动势力展开针锋相对的斗争。最初,农民协会准备以武装突袭的方式,打垮向春山的反动势力,便向中共万县地方组织领导成员、县团委书记、国民党万县党部(左派)负责人雷德沛请示。雷德沛和农会负责人研究认为,用武力与向春山展开斗争,虽可能成功,但有牺牲同志的可能。如果斗争不顺利,还会挫伤农民参加斗争的积极性。最后决定:不搞流血斗争,而是把农会会员组织起来,进城到县政府请愿,要求惩办向春山。

江琬、李允、李冋得知县政府要召开全县团总会议的消息后,便根据雷德沛的部署,立即动员寒假回家的青年学生到农民中去,支持农民的行动。又以乡农民协会的名义,组织召开骨干会议,布置游行示威的具体行动。各地来的骨干抓紧做农民群众的组织工作。尽管参加进城的农民要自备伙食、船费,但自愿参加的人还是很多,很快就组织了300多人的队伍。为了便于统一指挥,他们将整个队伍以10人编为一小组,每小组设组长1人;3个小组编为1个小分队,设分队长1人;3个小分队编为1个中队,设中队长1人;共组织了4个中队,凡参加游行的人,每人佩戴红袖章一个,上面书写"农协"二字,还盖有农民协会的印章。每人手拿纸做的三角小红旗,上面写着:"打倒土皇帝向春山"

"将向春山法办"等标语。乡农协会还备有红布大旗一面,上面书写"万县武陵乡农协会"8个大字。每个中队和小队都有布做的队旗。武陵到县城有90里水路,船只由武陵海员工人协会负责提供。

在党组织的领导和支持下,农民协会以"快邮代电"的形式把《请愿书》送交县政府,检举揭发向春山的种种罪行,要求县政府予以撤职查办。由于县政府的个别官员接受了向春山的贿赂,对农民协会的要求置之不理。这更加激起了广大农民群众的愤恨,他们到处张贴标语,散发请愿书。党组织通过万县日报社社长、共产党员秦正树等人,将《请愿书》的主要内容登载在下川东最有影响力的《万县日报》,同时发表社论,支持农民的正义行动。在舆论的压力下,县政府出面,请国民党万县党部商议,决定联合发出通知,召开全县团总会议,来解决这一问题。

全县团总会召开的那天,江琬、李允、李冋等组织参加游行示威的群众、农协会员,清晨在武陵码头集中乘船,沿长江东下。中午,满载游行群众的木船到达县城码头沙嘴河坝。声势浩大的游行队伍由南门口进城,沿城游行一圈,并在沿途大街上贴标语,呼喊口号,散发传单,然后再冲进县政府大院,由江琬、李冋2人为代表,到县政府找到县长,要求解决农民协会提出的问题。在大堂等待的队伍,由李允负责统一指挥,高呼"打倒土豪劣绅""打倒土皇帝向春山""将向春山撤职查办""把向春山交给我们处理"等口号,又高声歌唱革命歌曲"打倒劣绅,打倒劣绅,除土豪,除土豪。国民革命成功,世界革命成功,齐欢唱、齐欢唱"。

在农民进城游行之前,雷德沛秘密召集城内党员开会,布置声援行动。当农民群众进城游行时,城内共产党员便组织搬运工人、店员、市民约六七百人,手执红旗,潮水般地涌向县政府。一时间,县府大院内外,人头攒动。大家一起振臂高呼口号,为武陵农民的正义行动摇旗呐喊。

面对声势浩大的群众运动的压力,县政府不得不把武陵团总向春山押上大堂审讯。在大堂上,县府知事(相当于县长)张廷鉴作审判官,雷德沛以国民党县党部负责人身份作陪审员,各乡的团总站立两侧听审。开庭后,先由原告、乡农民协会代表江琬,揭发向春山敲诈勒索、剥削农民、打米抽头、摆摊抽税、借打土匪找农民摊派损失、侵占农民田地、欺压毒打农民等10多条罪状。

紧接着,李冏揭发向春山名团暗匪的斑斑劣迹,如抢劫石宝寨木船上的财物、谋财害命、暗杀商人等罪行。由于罪恶昭彰,向春山听后吓得抖抖颤颤,面如土色。在回答问题时又百般抵赖,低声说"冤枉""冤枉"。接着,受害农民一个个站出来,声泪俱下,控诉向春山作恶的种种罪证,并提出:如果县长不秉公处理,把向春山放了,那后果一定是不堪设想的。

面对武陵农民和城市工人、市民团结产生的巨大力量,张廷鉴不得不接受群众的要求,当场宣布:撤销向春山武陵乡团总职务,关进监狱,待彻底查清其罪行后依法判处。结果刚宣布,县府大院内外火炮齐鸣,人声鼎沸,聚集在院内外的一千余群众尽情欢呼,庆祝团结斗争的胜利。

第二天,《万县日报》对此次农民游行活动和县政府审理武陵乡团总向春山一事作了详尽报道。同时发表社论,对农民运动的胜利表示祝贺,并严词警告其他乡镇的劣绅恶霸,不要欺压百姓。

此次党领导的农民斗争的胜利,惩治了恶霸,震慑了贪官,打击了官府的反动势力,鼓舞了群众的斗争热情,更为深远的是揭开了万县党组织领导的工农运动的序幕。[①]随后,在万县学生联合会成立时,江琬被选为主席。学联组织歌咏队、讲演队、话剧队等,到城乡开展宣传活动,宣传反帝反封建的革命理论,宣传国共合作,宣传孙中山"联俄、联共、扶助农工"三大政策。

近代以来,以万县为中心的下川东地区因其便利的交通和繁荣的商贸,成为帝国主义压榨剥削和封建军阀横征暴敛的重灾地。哪里有压迫,哪里就有反抗。辛亥革命后,下川东地区人民的思想觉悟逐步提高,开始进行针对外国侵略者及地方封建统治者的斗争。然而由于未能形成有组织的、持久的群众运动,加之对革命对象的模糊认识,致使斗争收效甚微。随着中国共产党的成立,一批具有先进思想的革命先驱,如董必武、朱德、陈毅、刘伯承、杨闇公、萧楚女、恽代英等,先后来到下川东撒播革命火种,传播革命理念,积极带领下川东人民开展和策动初期的革命武装斗争,团结争取革命力量,有力地反抗帝国主义和封建军阀。在此过程中,党的组织在下川东地区得以建立和发展,并在大革命的洪流中领导了第一次农民运动,为以后的武装斗争积累了初步经验。

[①] 中共万县县委党史研究室编著,《万县风云》,成都科技大学出版社1992年版,第34—37页。

第二章 在土地革命中屡仆屡起

从1926年冬中共重庆地委派李嘉仲、雷德沛、牟炼先到万县创建地方党组织后,下川东地区的党团组织获得了较快发展。1927年3月,四川军阀制造了"三三一"惨案,地委书记杨闇公惨遭杀害,地委机关遭到彻底破坏。李嘉仲、雷德沛、牟炼先等在万县无法立足,先后撤离转移,万县地方党组织的工作由牟偶仁临时负责。1927年中共中央八七会议召开以后,中共四川临时省委先后派人分赴万县、梁山、忠县等地清理组织,在工农群众及地方武装中建立党组织;上海党组织、中共川陕省委分别在下川东地区建立党组织。万县、梁山、开县、忠县、万源、宣汉、城口等地党组织迅速建立,并在斗争中曲折发展,呈现出"低潮—高潮—低潮"的态势。根据党的八七会议精神,党在下川东先后组织发动了万县兵变、平民革命军的武装斗争、忠县后乡人民的武装起义、万源固军坝起义、梁(山)达(县)虎南农民暴动、川东游击队起义、万县第二次兵变、云阳工农武装起义等8次规模较大的武装斗争。1936年以后,党组织遭受十分严重的破坏,但仍有一批共产党员继续坚持斗争,开展革命活动。

一、万县兵变

1927年8月12日,中共中央派遣傅烈、周贡植、钟梦侠等共产党员从武汉回川,组建中共四川省临时委员会(简称省临委),傅烈任省委书记。省临委调刘宗沛到万县组建中共万县特支,时有党员4人,刘宗沛任特支负责人,这是下川东地区建立的第一个县级党组织。9月中旬,刘宗沛调任省委监察委员,负责人由任志云(任天衢)接任,万县党组织改设通讯员。随后,省临委常委、宣传部部长兼秘书长刘愿庵到万县,清理党组织,传达八七会议精神,动员党团员开展"实行土地革命,武装反抗国民党反动派"的斗争。11月,为了加强万县党组织的工作,省委派遣原泸州党组织负责人曾润百赴万县,组建第一届中共万县县委。

曾润百从重庆到达万县后,住在三马路一家旅栈内。他和共产党员周伯仕取得了联系。周伯仕于1925年在上海参加五卅运动时入党,1926年到《万县日报》作编辑。1927年1月同王维舟赴武汉,在吴玉章领导下开展统战工作。1927年6月受党组织派遣,同王维舟从武汉撤回川东,王维舟经万县回到宣汉去组织武装起义。周伯仕留在万县,仍到共产党员秦正树任社长的《万县日报》作编辑。曾润百、周伯仕与杨森部手枪连连长、共产党员雷震寰等人取得联系,又联系上共产党员任志云等人,秘密开展革命活动。1928年春,第一届中共万县县委正式成立,曾润百任书记,周伯仕、雷震寰、李文孚任委员。

根据中共四川省委"限期在万县组织暴动,集小暴动成大暴动,大暴动成功就夺取政权"的指示,万县县委决定,广泛发动群众,举行武装暴动。暴动以手枪连为基本力量,由雷震寰任暴动部队总指挥。雷震寰随即秘密召集手枪连10余名骨干,在太白岩纯阳洞秘密集会,以结拜弟兄形式,宣传"打倒军阀、劳工当家"的革命道理,到会者表示坚决跟随雷震寰走革命道路。同时,县委还派原四川省立第四师范学校学生、原校团委书记任志云回到母校,组织进步学生,准备参加起义。

5月下旬,县委制订暴动计划,拟成立"川东苏维埃暴动部队",曾润百任政委,秦正树(时任军部秘书)任司令,雷震寰任总指挥,计划于6月22日端午节起事。县委草拟了暴动部队的布告,落款为:"政治委员曾润百,司令秦正树,总指挥雷震寰"。如果暴动成功,便正式宣布成立"川东苏维埃"。暴动的具体办法是,首先从杨森的长江银行下手,先占领长江银行,查抄杨森的金融机关;接着由雷震寰出面,以"荆轲刺秦"的办法,逼杨森就范。然后,一切行动由党组织进行决策,再令杨森出面执行。

6月13日下午,曾润百、秦正树、雷震寰、周伯仕等组织20余名暴动骨干,在长江边盘盘石下的一间茅草屋开会。会议全面汇总了起义的准备工作情况,对暴动的各种细节进行研究部署。会议一直开到傍晚才结束,秦正树、雷震寰等先后离开盘盘石,曾润百到上一间茅草屋内,继续思考暴动的有关事宜。负责交通的牟炽昌对曾润百说:"事情马上就要搞起来了。今天的会时间太长,参加会的人是不是都靠得住?这几天风声紧,你是不是转移一下?"曾润百说:"暴动时间迫在眉睫,我决不能走。转移的事,以后再说吧!"他催牟炽昌快回书院街的联络点去,留下另一个交通员邱陵野。

对万县党组织开展的革命活动,杨森已有觉察。在一次朝会上,杨森号召部属对一切"不法分子"要进行检举,立功的加封受奖。会后,曾参加雷震寰在纯阳洞拜把仪式的手枪连文书,向杨森密告雷震寰等人"图谋不轨"。杨森立即布置执法队进行周密侦察。盘盘石会议结束当晚,曾润百、雷震寰被捕,秦正树闻讯逃脱。6月14日,周伯仕与起义骨干18人被捕。

杨森亲自审讯曾润百,并试图劝降。他对曾润百说:"你是川南早就闻名的共产党人,年纪很轻,又有才华。只要你反共,跟着我干,保管你有高官做。"曾润百答道:"我只知道革命,打倒军阀,为劳工谋幸福。"面对严刑拷打,曾润百毫不屈服。杨森在其案卷上批示:"其才可贵,其人可恶,该杀!"在"润百写于死前数小时""润百写于死前一小时"给家人的信中,曾润百写道:"我现在处于脚镣手铐之下,受过闻所未闻的惨刑……我之死是为革命而死,我们的革命事业将来一定会成功的。请家里的人,不要因为我之死抱悲观。"[①]

在审讯周伯仕时,军法处审讯官提出,只要供出党组织名单,便可让其担任万州日报社社长、军部秘书长等职,遭到周伯仕严词拒绝。审讯官见诱降不成,便指挥打手对周伯仕施以"烧八团花""鸭儿浮水""坐老虎凳"等酷刑,都未能使他屈服。最后,审讯人员竟对周伯仕施行"钉活门神"的酷刑,即用一颗颗大铁钉将他的手脚钉在门板上,铁钉穿肉刺骨,痛彻肺腑。但周伯仕仍然没有丝毫的屈服,他高喊道:"我是共产党,你们要杀就杀!革命总有一天要成功,你们总有一天逃不脱人民的法网。"

雷震寰曾参加过杨森举办的讲武堂学习,可算与杨森有师生之谊。杨森便以"师生之谊"软硬兼施,企图劝说雷震寰"悔过自新",投诚反共。雷震寰掷地有声地回答道:"头可断,共不可反!"杨森恼羞成怒,下令施以酷刑,但仍无效果。雷震寰自知即将罹难,便给曾是同盟会员的父亲写了一封绝笔信,其中写道:"父亲!你也是革命者,你是晓得革命是要牺牲的,不能成功。亦当成仁!""我的死是很光荣的,在将来的革命史上,也是很光荣的。"

6月16日上午,曾润百、周伯仕、雷震寰等21名革命者被集体枪杀于鸡公岭大黄桷树下,刑前大家一齐高呼"打倒军阀!""打倒国民党反动派!""共产党

---

① 曾良图,《曾润百烈士简介》,《川南师范校史资料选辑》第一辑(内部发行),1981年,第128页。

万岁!"在曾润百烈士写给家里的第二封信的信封上,军法处写了两句话:"1. 此人临刑时高呼'共产党万岁'数声,可恶。2. 此人临刑时不认家庭,不知者可怜。"

21名烈士英勇就义后,军阀将烈士们的遗体暴之荒野。未遭逮捕的党员不便直接出面掩埋忠骨,便暗地动员万县慈善组织"浮尸会"出面与军阀交涉,将烈士们的尸体全部收殓,埋于太白岩下。[①]烈士墓位于今万州革命烈士陵园内。

二、平民革命军的武装斗争

1928年,川鄂边区遭受大旱,人民生活极端困苦,各地饥民纷纷揭竿而起。在中共忠县县委的领导下,共产党员秦正树在忠县石宝乡秘密组建革命武装。

秦正树1898年出生于石宝乡一个富绅家庭。1914年中学毕业后东渡日本,先后在东亚同文学校、东京明治大学学习,结识李大钊、王佑木等人,积极参加爱国革命活动。1920年大学毕业后回到忠县,与同盟会员马仁庵创办《忠县旬刊》,宣传新思想。1921年赴成都参加王佑木组织的马克思主义读书会,1923年5月加入中国社会主义青年团。1924年加入吴玉章、杨闇公等组建的赤心社、中国青年共产党。不久,吴玉章、杨闇公等得知中国共产党已经成立,便解散中国青年共产党,其多数成员重新申请入党,秦正树申请加入中国共产党。当年,秦正树到杨森督理署任秘书。1925年,杨森败退出川,秦正树转到邓锡侯部陈离旅部工作。1926年,受杨闇公委派,秦正树赴万县,再次到杨森军部任秘书,密切配合朱德、陈毅开展工作。11月,杨森部改编为国民革命军第二十军,秦正树任军党部秘书、军事政治学校总教官。次年,兼任《万州日报》社社长。1928年6月,秦正树在万县参加组织兵变失败后,只身逃回家乡,改名秦伯卿。在与当地党组织取得联系后,继续开展革命活动。

1928年8月,中共四川省委派秘书朱挹清到万县清理、重建党组织[②],共有党员10人,改设万县特支,负责人由任志云担任。朱挹清专程到忠县石宝寨,

---

[①] 杜之祥著,《三峡风雷——下川东中共党史采珍》,四川民族出版社1992年版,第54—58页。

[②] 中共万县地委党史工作委员会编,《碧血丹心——下川东英烈》,四川人民出版社1989年版,第36页。

向秦伯卿传达省委关于积聚武装力量、开展武装斗争的指示。忠县县委决定,由秦伯卿领导组织一支革命武装。秦伯卿遂变卖家中田产,先以组织"大同社"为名,结交拜把,联络群众,组建起20余人的队伍。继而借口筹办团防,以"大刀会"、练"神兵"之名为掩护,扩大队伍。接着,又收编万县郭村乡、忠县赶场乡等地的绿林武装。再经过党组织的秘密发动,当地哥老会、"神兵"及附近石柱县八德会的一些成员,纷纷加入队伍。

至1929年初,队伍扩大到700余人,正式打出"平民革命军"的旗号,游击于忠县、万县、石柱、利川交界的山区。秦伯卿率军两次袭占西沱镇,攻克武陵镇,重创前来"围剿"的谭栋安团,公开喊出"团结工农""打富济贫"的口号。平民革命军拦截长江官粮船,没收土豪劣绅的财物,把米粮分给贫苦农民。队伍威震峡江,深得民心,附近的青年踊跃报名入伍,队伍很快发展到1000余人。

1929年10月13日出版的《万州日报》,即刊发《秦伯卿揭出平民革命军旗帜,国庆日劫场掳去百余人》一文:"万县武陵被劫。劫该场者,系石宝寨之秦伯卿,闻系共匪,有枪支百支。劫该场时,揭出平民革命军旗帜,焚掠一空,并掳去100余人。"报道反映了平民革命军于10月10日袭占西沱的情况,"掳去百余人"实际上是指有100余名青年加入了秦伯卿的队伍。

随即,军阀刘湘电令驻丰都的川军二十军第三师师长陈兰亭,派两个团"清剿"平民革命军。10月13日,在西界沱后面方斗山的楠木垭、胡家大湾一带,双方激战4小时,平民革命军重创敌军,陈部损兵折将,落荒而逃。10月14日,《万州日报》随即报道:"陈部伤亡排长三名,士兵五十余名。"[①]

平民革命军揭竿而起,拉开了下川东地区党领导武装斗争的战斗序幕。[②]

三、忠县后乡人民的武装起义

1928年1月,驻防万县的国民革命军二十军军长杨森因收留吴佩孚,被南京国民政府免去其军长职务,委任驻防涪陵、倾向进步的第三师师长郭汝栋为二十军军长。遵照四川省委的指示,中共忠县县委利用军阀之间的矛盾,开展"反杨拥郭"活动,在《忠州报》上发表文章,揭露杨森的种种罪行。杨森恼羞成

---

① 中共万县地委党史工作委员会编,《碧血丹心——下川东英烈》,四川人民出版社1989年版,第38页。
② 杜之祥著,《三峡风雷——下川东中共党史采珍》,四川民族出版社1992年版,第45页。

怒,于9月30日密令忠县驻军旅长刘治国查封《忠州报》,逮捕《忠州报》主编、县委书记范新畤,以及县委委员关大恕、崔之淦等人,忠县党组织遭到严重破坏。同年冬,范新畤被杨森枪杀于万县县城。

1928年12月,军阀杨森与刘湘发生混战,杨森败走安岳,郭汝栋升为军长,忠县划归涪陵郭部管辖。关大恕、崔之淦等人获释,外逃和隐匿乡间的党员也先后回城,继续工作。1929年1月,中共四川省委派方明到忠县,整顿党组织。2月,恢复重建中共忠县县委,陈云庵任书记,周若梦、戴士昆、谭蜀贫、饶衡峰任委员。根据党的"六大"制定的争取群众准备武装暴动的方针,县委第一次会议决定:夺取县政权,控制一城十三乡,掌握地方民团,准备武装起义。并派关大恕、方兴成前往涪陵郭汝栋部,向共产党员胡成杰(二十军政治部主任)、饶绘丰(二十军政治部副主任)、肖兆翔(二十军会计主任),汇报忠县党组织两次遭到破坏的情况和县委决议,并征求意见。即随,饶绘丰同关大恕、方兴成到达忠县,与县委商议。经研究决定:第一步,委任思想进步、拥护共产党的陈希桓为团练局长,掌握全县武装;委任统战对象何筑云为财务局长,控制全县财权。第二步,委任县有关部门和各乡负责人。

会后,饶绘丰将县委决议带回政治部,完备手续,下达委任状。陈希桓、何筑云到职后,遵照县委决议,立即委任全县各部门负责人、督练长,以及乡团总、团正。谢锡九(后脱党)任国民党县党务指导委员会指导员,周运鸿任该会干事,方友廉任《忠州报》编辑,代世焜(后脱党)任实业局长,肖兆翔任市镇公所所长,何福圻任县中校长,陈云庵任女师校长,周成才任北区中学校长,吴逸僧、牟弗荪任东区中学教员,沈仲元(后叛党)任西区督练长,吴福畤任北区督练长,周必麟、崔之淦任城厢正、副团总,金焕若任拔山乡团总,饶继云(国民党左派)任花桥乡团总,梁竹西(国民党左派)任永丰乡团总,方兴成、吴正冠任三汇乡正、副团总,邹发权任官坝乡团总,范云章(进步人士)任马灌乡团总,赵朝美任汝溪乡团总,谭蜀贫任石宝乡副团总。至此,全县党、政、军、财、文大权基本上掌握在共产党人手中。

随后,北、西两区督练部分别在阳武寺、行知中学成立,兵源从各乡团丁和农村青年中抽调组成。督练部的建制是3个排9个班90人。为了加强督练队伍的领导、训练和教育,中共忠县县委先后派张俊岩、杨勃、张野南、李叔昭、周忠益、刘应碧、岳茂清等人到两个督练部工作。特别是杨勃主张"废除打骂士兵,官兵一律平等,同吃同住"①,并以身作则,对士兵影响很大。各乡亦有30人的团丁。全县团练和乡丁武装,基本上为共产党人所控制。

陈希桓任团练局长不久,郭汝栋部陈兰亭师大肆扩军,旨在招兵买马,扩充实力,拉拢统战人士何筑云为第二路游击司令。何筑云到各方游说,意欲收夺团练部的人和枪。按照县委的意见,陈希桓公开发表声明,坚决反对,禁止何筑云的非法行为。何筑云密告陈兰亭,陈遂密令忠县驻军旅长黄楹梅,于4月2日逮捕陈希桓,收缴团练局步枪数十支。随即,城内出现忠县反赤大同盟会、快邮代电称"忠县以前所委各员尽属共党,尤其陈希桓所委各乡团总,亦皆赤化,现欲串通各团总集中团枪,意图暴动,阐明主义"等②。对此,县委讨论认为,如立即起义,武力营救,为时过早,条件不成熟,但又必须诉诸武力,迫使其放人。决定由西区督练沈仲元负责调集拔山、花桥、永丰乡的团丁和督练武装共500余人枪,火速集结驻扎岩口、大风门、巴扎营三处,威逼驻军释放陈希桓。

4月13日,《万州日报》以"惊天动地危机四伏之忠县,军团双方戒严准备恶战"为题,报道了忠县当时的形势:"而现各乡团总自希桓被扣留后,岌岌调集民团,驻扎距忠县城四五十里之岩口、巴扎营一带,连营数十里,向驻军警戒,要求郭军长以正式解决。而驻军亦向团练戒严,必有一触即发之势,以致往来梗阻。"在相互对峙的情况下,县长罗海航派政客陈宜生(饶绘丰的姨襟)前往花桥与沈仲元、饶恒丰(饶绘丰的兄长)谈判,妄图以旧情,说服沈仲元、饶恒丰退让。谈判毫无结果,当陈宜生返回走到永丰乡竹洞坎时,饶恒丰派人将他处决。同时,县委进一步采取断粮的办法,在岩口等地劝阻粮商,不向县城运粮,威逼驻军和县政府。不数日,城内大米奇缺,米价猛涨一倍,人心惶惶。在党组织的发动下,城内居民纷纷要求政府和驻军解决粮荒。经过半个月的斗争,陈希桓获得释放,给予反动派以沉重打击。随后,驻军旅长黄楹梅遭到陈兰亭的训斥,不久即调防。月底,另派旅长郑瀛洲驻防忠县。

在陈希桓被捕后,吴泽三继任团练局长,他与军阀勾结,撤换共产党所控制的乡团总。将官坝乡团总换成付尚清,拔山乡团总换成黄锡九、黎兴武。7

---

① 中共万县地委党史工作委员会编,《万县地区党史资料》1984年第1期,第14页。
② 中共万县地委党史工作委员会编,《万县地区党史资料》1984年第1期,第14页。

月,北区督练长吴福畴派第三排长谢贤举等人,埋伏在官坝乡团总付尚清回家的必经之道黑龙门,将其击毙。8月,吴泽三命令解散西、北两区督练部。忠县县委决定,由西区督练长沈仲元与拔山、花桥、永丰三乡团总金焕若、饶继云、梁祝西和当地共产党员饶恒丰、金泣儒等商讨,要将督练武装保存下来,还应扩大武装,军饷由三乡自筹解决。队伍命名为"冬防游击队",队部设在拔山场上王宫祠,于9月初正式成立,共有300余人,步枪200余支,短枪10余支,还有部分刀矛。收编改造垫江神兵郑大菩萨等20多人,驻军四团团长郑许吾(共产党员,后叛党)也派去副官易觉先、张远达、代宣梅等8人,加强游击队的训练,中共忠县县委派来的政工人员杨勃、张野菊、李叔昭、刘应碧等人亦留队工作,以加强领导。①

吴泽三企图解散督练部的阴谋落空,便将情况上报陈兰亭。此时,土豪劣绅陈香珊等8人向刘湘告密称:"呈为具实密报共匪过去罪恶及最近阴谋叛乱之情形。忠县自郭部接防,因政治主任系共产党把持,故委我县著名匪首何筑云、关大恕、陈希桓、何福圻、陈云庵、谢锡九等充当财务、教育、团务局长,中学、女师各校长既党务指导员等职。伊等委其党徒梁祝西、金泣儒、沈仲元、吴福畴、金良凡、金良琼、饶继云、邹发权、吴正官、方兴成、张碧清、郭金邦、范云章等充当各乡团总、团正、正副督练长,于是全县一度赤化,凭其穷凶极恶。"又有土豪劣绅陈大吉等12人向刘湘密呈:"各乡团务为共产党徒金泣儒、沈仲元、饶绘丰、陈云庵、崔子淦、何福圻、关体仁等所把持,正欲组织红军。"刘湘遂密令驻军旅长郑瀛洲对拔山冬防游击队进行"围剿"。其作战方案是:四团(系中共党员控制)从忠县出发,直抵拔山主攻,五团绕道夹击拔山。

在此危急关头,县委开会决定,必须组织武装,进行反"围剿"。冬防游击队和驻军四团乘机起义,开往涪陵小河,与红军会合,由县委书记陈云庵亲临指挥。在花桥乡沈仲元家,陈云庵召集沈仲元、吴福畴、饶恒丰、金泣儒、金焕若等四团派去的指挥员、中共忠县县委派去的政工人员开会,成立起义指挥部,陈云庵任总指挥,沈仲元、吴福畴任副总指挥。②只要与四团一接火,四团就佯败,全部缴械,再合力解决五团,正式宣布起义。

起义前夕,指挥部除调集拔山、花桥、永丰三乡团丁外,还从三汇乡调来一

---

① 中共万县地委党史工作委员会编,《万县地区党史资料》1984年第1期,第15页。
② 中共万县地委党史工作委员会编,《万县地区党史资料》1984年第1期,第16页。

排40余人,参加战斗。12月1日(农历冬月初一)下午,从邮差口中得知,正面主攻拔山的已改为五团,夜宿永丰场上。指挥部立即研究应变措施,采用夜袭的办法。以神兵、四团指挥员、精干的游击队员组成先头部队,由沈仲元率领,晚上12点出发,拂晓前赶到永丰,围歼五团,然后同四团宣布起义。不料,部队出发至张家店子处,骤遭大雨阻行,天黑路滑,战士要求暂躲风雨。雨后继续前进,天已快亮了。先头部队行至上观音桥,就与五团尖兵相碰接火。游击队凭借有利地形,向五团发起进攻,将五团先头部队击退。五团团长罗行之见游击队人数不多,装备也较差,除令少部分武力阻击外,大部分军力向白杨坪迂回围抄,将游击队包围在观音桥沟内。游击队指战员英勇战斗,多次突围,终因寡不敌众而告失败。

陈云庵、沈仲元、杨勃、张野南、李叔昭、刘应碧等共产党员,只好由小南路转移到梁山县(今梁平区)一带,开展隐蔽斗争活动。

四、四川红军第一路游击队的战斗历程

1927年,宣汉、万源、梁山、大竹等地建立了党的支部、特支以至县委。是年秋,共产党员王维舟、唐伯壮、张鹏翥(戴重)、吴会治等先后由武汉、广州回到家乡。[①]根据中共中央八七会议精神,王维舟决定以万源为中心,在川东北发动群众并筹建革命武装,得到了唐伯壮、李家俊等人的赞同和支持。

1928年冬,在国民革命军二十军杨森部任下级军官的徐永士、胡洪疆等返回家乡万源县,投入了李家俊等领导的革命斗争。万源一带地势险要,山深林茂,河谷纵横,进可以攻,退可以守。此时为老牌军阀刘存厚的防区,反动统治力量较为薄弱,团防武装多数又与李家俊、吴会治(民团队长)、徐永士、胡洪疆等有各方面的联系。因而,这里有着武装起义的良好条件。为此,党组织决定以固军坝为中心,在达县、宣汉、万源、城口、开江、梁山等地,积极发动反对苛捐杂税、反对军阀团阀、反对帝国主义的斗争,响亮提出"宣达城万,四县联合,一起反抗,共享太平"的革命口号。在广泛发动群众的基础上,组织起农民协会,为固军坝起义作准备。

1929年4月27日,按照王维舟、李家俊的部署,来自宣汉、开江、达县、大竹

---

① 中共四川省委党史工作委员会主编,《川东红军游击队》,四川大学出版社1993年版,第4页。

等地的80余名革命骨干,由宣汉清溪经官渡分两路进入起义地区:一路40余人在雷玉书的率领下,经三汪坝、金莲山、厚坪、白羊庙到山深林茂的龙潭河,与胡洪疆在旧院坝一带组织的革命群众会合;另一路40余人在唐伯壮的率领下,由官渡上山,经方家院子到井溪,与吴会治、徐永士组织的革命群众会合。两支部队会合后,李家俊庄严宣告,川东游击军第一军正式成立,司令李家俊,副司令雷玉书,党代表唐伯壮,参谋长周鲲。[①]

5月7日,游击军第一路小分队在干坝子截获万源县收款委员张全五,没收其所携税款400余元。5月11日,川陕边防军第九团团长刘志超派兵赴白羊庙"查缉清乡"。12日深夜,李家俊调动各地起义军,从井溪、白羊、固军等地分三路向白羊庙的敌军发起进攻。敌军猝不及防,战斗不到一个小时,即溃败逃散。起义军缴枪57支,俘虏30余人。不幸的是,游击军副司令雷玉书在战斗中身负重伤,于5月18日牺牲。两个月后,党代表唐伯壮在达县黄都场被军阀刘存厚部俘获,于9月下旬被杀害于达县城监狱。

固军坝起义爆发后,刘存厚急令驻渠县的团长廖雨辰为代理司令,统领刘志超等三团部队,星夜赶赴万源县,对川东游击军第一路军进行"清剿"。廖雨辰在白沙镇召集会议,决定采取"刑乱用重,剿抚兼施",纵兵在起义军活动的固军坝、白羊庙、井溪等地大肆烧杀掠劫。

为对抗强敌进攻,李家俊等将川东游击军第一路改称"城万红军"[②],下辖三个支队,分别由吴会治、徐永士、胡洪疆任支队长,分头对付敌人。与此同时,起义军积极进行筹建游击根据地的工作。根据当地群众迷信神权的情况,以广泛设立"佛堂"为掩护,积极建立农民协会,组织农民参加武装斗争,扩充起义队伍。农民白天生产,晚上训练,平时生产,战时作战。城万红军采取灵活机动的漂浮战术和夜袭、奔袭等战法,把深入敌后作战与诱敌深入作战结合起来,充分运用熟悉地理环境等有利条件,狠狠打击敌人。同时,积极开展统战工作,争取开明士绅、团局官员及团丁的同情支持,参加抗税、抗捐等斗争。通过深入细致的工作,游击军在根据地内迅速建立起1个县农会、4个区农会、

---

① 中共四川省委党史工作委员会主编,《川东红军游击队》,四川大学出版社1993年版,第5页。

② 中共四川省委党史工作委员会主编,《川东红军游击队》,四川大学出版社1993年版,第6页。

20多个场农会的革命组织。游击区域发展到东至开县的满月漕、白马庙,南至宣汉的官渡、厂溪、虾耙口,西至万源的白沙、石塘,北至城口,方圆百余里的广大地区,人口达6万以上。在根据地和游击区域,实行"打富济贫"政策,没收土豪劣绅的财物分给贫困农民。实行自种自收政策:贫苦农民佃种地主的田地,实行谁种谁收,不再向地主交租。由于战事频繁,虽然未能将土地正式分给群众,而以"打富济贫"和"自种自收"办法,实行党的土地革命政策,但仍然不失为发动群众参加土地革命的一种较好形式。因而,革命根据地发展较快。

1929年8月,城万红军先后组织了五爪垭伏击战、白沙镇和白羊庙奇袭战,击退了廖雨辰部的进攻。廖雨辰率部在下令烧毁白羊、固军坝等地民房400余间后,龟缩于万源县城。城万红军胜利地粉碎了敌人的第一次"围剿"。

围攻固军坝失利后,刘存厚除令廖雨辰继续向城万红军进攻外,急调驻宣汉的吴占荣团从宣汉向万源的固军、井溪等地合围。吴占荣派出两营人马,深入到距离团部四五十里的龙潭河、井溪坝等地"进剿"起义军。李家俊及时派支队长胡洪疆前往重庆向省委汇报情况。在作战方略上,对廖雨辰部取守势,对吴占荣部取攻势。先后发起十字溪火攻战和龙潭河战斗,击溃民团武装300余人,打退吴占荣团的进攻,迫使其龟缩在井溪场。

龙潭河战斗结束后,中共四川省委派李哲生(原名文强,时任江巴兵委书记)、王国梁,同胡洪疆一起,到达城万红军指挥部,传达上级指示,成立四县行动委员会和军事指挥部,李家俊任总指挥,李哲生任党代表,徐永士任参谋长。下设三个支队:吴会治为第一支队长,向城口县境发展;胡洪疆为第二支队长,向万源县境发展;张鹏翥为第三支队长,向宣汉县方向发展。王国梁为政治保卫处处长,负责全军及地方保卫工作。支队下设分队、小队,还有"神兵"先锋队和持刀技术队。三个支队共计2000余人,800余枪。

不久,王维舟在宣汉县七里峡策动刘存厚部两个连起义后到达根据地,更壮大了起义军的声威。随后,城万红军组织发动了大堰坝和井溪坝战斗,将吴占荣团赶回固军坝困守。

1930年1月下旬,中共四川省委根据中共中央六届二中全会关于建立红军的指示精神,正式将川东游击军第一路命名为"四川红军第一路游击队"[①]。

---

① 中共四川省委党史工作委员会主编,《川东红军游击队》,四川大学出版社1993年版,第8页。

游击队指挥部决定,在原有建制及活动区域的基础上,又任命杨金成为四川红军第一路军先锋大队长,傅有明为大队副,率军在城、万、宣边境数百里的山岭中开展革命活动,扩大队伍。同时,任命吴长才为宣边特派员,周德盛为城口特派员,向宣汉县的土黄、樊哙和城口方向发展。不久,吴会治率领的一支队被陕西军阀王光宗改编,游击队遭受重大损失。李家俊采取果断措施:在组织上,把原一支队活动的城口地区划归第二支队胡洪疆领导,防止地方组织溃散,派参谋长徐永士到城、宣、万、开(县)四县边境改造招编谭春廷、白长益、王举安等绿林队伍200余人枪,以壮大实力;在军事上,利用刘存厚、颜德基、王光宗在达县、万源等地互相火并的矛盾,开展游击战争。但在"左"倾错误方针的指导下,游击队拒绝与颜德基、王光宗等部联合进攻刘存厚,失去了有利的发展时机,处境愈来愈困难。

1930年5月,中共四川省委书记刘愿庵等党组织领导成员相继被军阀刘湘杀害。王维舟亦因远在开江,无法直接指挥游击队。李家俊等不得不决定"埋下武器,保存实力,分头活动"。[①]5月中旬,第二支队长胡洪疆率部分队员,在石板坡马家院子被反动民团数百人包围。在与敌人进行殊死的战斗后,胡洪疆以剩下的最后一颗子弹,从容自尽。6月,李家俊、徐永士等分别撤离固军坝游击根据地,坚持了一年零两个月的武装斗争,至此结束。

五、四川红军第三路游击队的战斗历程

1930年7月,为了贯彻中共中央政治局《新的革命高潮与一省或几省的首先胜利》的决议,以及以武汉为中心的全国总暴动并集中红军"会师武汉"的计划,中共四川省委军委决定,将全省划为5个军区,组织17路红军游击队,进攻武汉。

下川东地区为第一军区,以梁(山)万(县)为中心,组织一、二、三路红军游击队。一路红军游击队早已活动在万源、城口、宣汉、达县一带;二路红军游击队已于当年4月7日在丰都、涪陵交界的铜矿山成立,并积极开展斗争;三路红军游击队于7月29日在忠县黄钦坝宣告成立。

三路红军游击队全称为"四川红军第三路游击队",是在虎南游击队、太平

[①] 中共四川省委党史工作委员会主编,《川东红军游击队》,四川大学出版社1993年版,第10页。

和龙沙民团武装、平民革命军的基础上组建起来的。

(一)虎南游击队的组建与战斗

虎南游击队以梁山县虎城乡及其相邻的达县南岳乡一带为基地,长期战斗在梁达边境地区。1927年,梁山县共产党员石子安、许彬、王炎离、李聚奎等,在省委领导下,建立党的组织,深入农村发动群众,开展武装斗争。12月,第一届中共梁山县委成立,石子安任委员,分管组织工作,负责虎城和毗邻的达县南岳、大树、黄都一带的工作。

梁山县是军阀刘湘的防地,达县是军阀刘存厚的辖区。1927年10月,垫江县一股土匪到达县南岳旋顶山抢劫,梁山虎城壮丁大队长曹德斋带领壮丁队清剿,被军阀刘存厚部误作土匪清剿,并捉去壮丁10余人,以此敲诈钱财。1928年2月,虎城党组织发动壮丁家属向曹德斋要人。曹德斋不但不设法营救被捉壮丁,反而破口大骂,愤怒的家属抓住曹德斋暴打一顿。团总胡映堂指定石子安去处理此事,石子安趁机建议,由豪绅筹款赎回壮丁,团总和壮丁大队长由群众选举产生。胡映堂迫于形势,不得不表示同意。经过选举,共产党员石卫卿任团总、刘相臣任副团总,石怀安、石轻尘任壮丁大队正副大队长。[①]壮丁大队下设4个中队,分别由共产党员金治平、蔡奎、李云程、袁树森担任中队长。此后,党组织以加强冬防为名,把全乡富绅的武装集中到团局,计手枪20余支、步枪400余支。于是,党组织完全掌握了虎城乡的政权和武装力量,在虎南地区开展了轰轰烈烈的革命斗争。

1929年5月,蔡奎作为梁山县党组织的代表,赴成都参加中共四川省委扩大会议。返回后,积极贯彻省委"加紧争取群众,准备武装斗争"的决定。6月底,由旷继勋任总指挥、罗世文任党代表的"中国工农红军四川第一路军"在遂宁、蓬溪宣布成立后,挥师东进,打算经虎南大地区开往大巴山腹地,建立红色革命根据地。省委指示梁山县委迎接和掩护第一路军,县委将这一重任交给在虎南大地区开展革命斗争的蔡奎。同时,蔡奎还接到军阀部队"堵截红军"的命令。

蔡奎以执行"上峰命令"为由,召集虎城壮丁大队的骨干分子开会,秘密进

[①] 中共四川省委党史工作委员会主编,《川东红军游击队》,四川大学出版社1993年版,第17页。

行动员。随即，布置壮丁们找当地的地主和豪绅送粮、送猪到前线，犒劳设防的壮丁，违者以"通红罪"论处。7月中旬，四川红军第一路军到达梁山、大竹、达县交界的旋顶山，蔡奎等人即秘密前往联系，商定由蔡奎率领虎城壮丁大队以"堵截"为名、行接应之实的方案。于是，蔡奎和共产党员金致平率领壮丁大队，在虎城乡的跳磴河一线"设防"，公开扬言"堵截红军"。但他们既不挖战壕，也不筑碉堡，却在上百个农家小院里杀猪宰鸡、煮饭办菜。7月18日，夜幕降临时分，跳磴河两岸突然枪声大作。不到一袋烟的工夫，壮丁大队就"土崩瓦解"，迅速后撤。河对岸的红军随即攻过河来，"交战"双方便握手言欢，搭肩挽臂，有序地走进一个个农家小院，举杯畅饮，共进晚餐。次日，根据蔡奎拟定的里应外合计划，红军开始攻打猫儿寨。当红军进攻时，内应打开第一道寨门，只要第二道寨门一开，红军就可攻进寨去。红军的进攻意图被恶霸寨主石文蛟察觉，立即命令手枪队堵住未开的第二道寨门，红军进攻受阻，遂按原计划转移。

1930年1月26日（农历腊月二十七），正逢虎城场春节前最后一个赶场天。蔡奎率领神枪手张野南和杨敦两人，各带双枪进入虎城场，在文昌宫将石文蛟击毙。事后，反动当局调动大批军警围攻虎城场和猫儿寨。为保存革命力量，党组织于1月28日决定，壮丁大队暂时撤离虎城场和猫儿寨。至此，壮丁大队公开打出共产党游击队的旗号，开展武装斗争。这时，王维舟在开江县组织建立了有1000多人参加的"川东游击军广福支队"[①]，从中抽调100余名队员，加强虎南游击队的武装力量。

4月23日，共产党员、壮丁大队长石轻尘被豪绅石玉楼率领的反动武装枪杀于虎城西门外。党组织决定公开为石轻尘召开追悼大会，并组织千人送葬，动员全乡武装包围虎城寨数日。随后，邻近虎城的南岳场党组织成立"南岳人民抗捐大同盟"，组织农民举行声势浩大的示威游行，与虎城、大树坝武装斗争相互配合。

6月，经中共四川省委批准，在梁山百里槽陈克农家召开了达县、开江、大竹、梁山等县代表参加的党团活动分子代表会，出席会议的有四川省委派来的覃文，梁山县委书记王炎离、县委组织部长李维、宣传部长陈克农，虎南区委书

[①] 中共达州市委党史研究室著，《中国共产党达州历史》第一卷（1921—1949），中共党史出版社2009年版，第57页。

记蔡奎以及王维舟、乔典丰、蒋群麟等100余人。会议决定,以楚家乡、孔家沟为中心,由蔡奎领导发展武装力量,在梁达边境开展游击战争。此后,蔡奎领导南岳乡场农民开展"反苛捐分积谷""停场罢市"等斗争,还导演了一场"蔡奎吆鸭儿下河"的故事,在虎南大地区民间广为流传。

7月中旬,军阀刘存厚所部一个连,荷枪实弹,到旱田坝一带"围剿"游击队。中午时分,天气格外炎热,酷暑难当。参与"围剿"的官兵把枪支架在河岸,纷纷跳入河里洗澡。此时,蔡奎率领游击队员正在附近的小山头上严密监视敌军,见敌军只在河岸上留下几名哨兵,便风趣对战友们说:"你们看着,等我把'鸭儿'吆下河!"("吆"为地方土语,在此意为"赶"。)经过周密部署,蔡奎带领两名骨干队员,头戴草帽,身背竹篓,沿河岸隐蔽迅速地接近敌军。敌军哨兵发现河岸上有人,便慌张地问道:"干什么的?""割草的。"蔡奎一边回答,一边举枪射击,埋伏在周围的游击队员一齐开火,瞬间便击毙敌兵20余人。其余的敌兵来不及上岸、穿衣、拿枪,顾头不顾尾地纷纷钻进河边的树林,仓皇而逃。游击队大获全胜,缴获100多条枪支及一批弹药。

随后,蔡奎、金治平带着数十名游击队员,在梁达边境施家河与刘存厚部徐营遭遇。由于敌众我寡,蔡奎等撤入联升寨与敌对抗,敌人放火烧毁联升寨四周民房,并调集3个营的兵力将寨子团团围住。寨上水源断绝,情况万分危急。7月26日,为解联升寨之围,梁山县委调集农民武装300多人,步枪105支、手枪10多支和战刀30多把前往救援。同时,集合四周上千农民于联升寨附近各山头助威。利用敌人害怕"神兵"的胆怯心理,游击队员化装成"神兵"展开猛攻,很快击溃敌军,顺利地解了联升寨之围。接着,根据四川省委决定,虎南游击队前往忠县,参与组建四川工农红军第三路游击队。

(二)太平、龙沙民团武装的建立和发展

太平、龙沙民团武装是共产党员李光华、王一贯等人组建的。四一二反革命政变后,在军阀郭汝栋部任团长的李光华,对军阀镇压共产党人和革命群众的行径十分愤慨。1928年初,李光华毅然辞去团长职务回乡,与从日本留学回国的三弟、共产党员李次华,以及从武汉返乡的共产党员李维、王一贯等人一起,在家乡太平、龙沙一带农村传播革命真理,组织农民武装。随后,李光华加入了中国共产党。

适逢县政府奉命组织民团,李光华、王一贯以合法形式分别组建并担任龙沙乡团总、太平乡团总,并被推荐为县团务委员会委员。他们以筹措经费的名义,向富绅摊派钱粮,购买枪支、弹药、服装,收缴土匪和社会上的零星武器以扩充兵力,并在姚家湾设立地下兵工厂修造枪支。不到半年,龙沙乡民团拥有400余人、300多支枪,编为3个中队、9个分队,进行军事训练。第一、二中队中队长分别由共产党员曾又新、王联瑜担任。他们组织开办平民识字班,自编自印《平民千字课》和广为流传的《庄稼佬歌》。队伍训练有素,在县里检阅时夺冠,被誉为"带兵有方"。太平乡民团发展到300余人,组织开展贫民教育,提高群众的觉悟,开展"三升捐"活动,即每户捐3升粮食交公保管,遭到饥荒时分给贫困户度荒的活动,济贫度荒;又强令富绅捐钱粮装备民团;还严惩土匪,为民除害,很受群众拥护。

(三)东征历程

1930年7月28日,蔡奎、石怀安等率领虎城游击队员600余人,从虎城腊树沟、牛栏沟出发,前往龙沙乡。途中,游击队在龚家箭滩打死地主龚树之、唐廷耀,在马家场缴获子弹6箱,同时将团局收款、收粮的单据和账簿烧毁。当天下午,虎南游击队与龙沙民团会合后,又赶赴太平场。晚上,游击队领导人在太平乡李光华家中举行紧急会议,参加会议的有四川省委派来的牛大鸣、覃文和王维舟、李光华、李次华、石怀安、王一贯等,会议讨论研究了龙沙、太平的壮丁队与虎南游击队联合组建游击队,执行省委指示、东征"会师武汉"的有关问题。鉴于龙沙、太平壮丁队都是以"办民团""训练壮丁"的名义组织的,没有经过实际斗争的锻炼,对革命认识不足,缺乏离乡远征的思想基础,决定以打土匪的名义出征,在途中进行再动员,宣布起义。

29日凌晨,太平乡民团与虎南和龙沙的民团会齐,负责人宣布"到忠县打土匪"。三路人马冒雨经过火连、榨子门,浩浩荡荡向忠县进发。傍晚,虎南、龙沙、太平的三支农民武装1300多人到达忠县黄钦坝宿营。晚上,在文昌宫召开全体人员大会,李光华宣布:正式组成"四川红军第三路游击队"[①](简称三

---

① 中共四川省委党史工作委员会主编,《川东红军游击队》,四川大学出版社1993年版,第19页。

路红军游击队),李光华任总指挥,王维舟任副总指挥,覃文任政治部主任,王炎离任政治部副主任。下设3个大队,虎南游击队为第一大队,大队长石怀宝,副大队长袁树森,政治委员蔡奎;太平民团为第二大队,大队长李次华;龙沙民团为第三大队,大队长王一贯,政治委员李维。三路红军游击队党的领导机构为前敌委员会,由牛大鸣、覃文负责,王炎离、蔡奎、李维参加前委工作,并竖起有镰刀斧头的大红旗。由于太平、龙沙民团队员的乡土观念特别强,刚宣布成立三路红军游击队后就走掉不少。总指挥部及时加强了政治思想工作,才将部队混乱的思想情绪逐渐稳定下来。

7月30日晨,三路红军游击队在黄钦坝场上和附近山头向广大群众宣传政策,然后向花桥寺进发。在花桥寺驻留整顿3日,打开了3户土豪劣绅的粮仓,把粮食分给穷人,处死欺压群众的恶霸富绅潘锡九、饶达三,群众无不拍手称快。此时,二路红军游击队部分干部来到三路红军游击队,饶绘丰参加总指挥部工作,任前委委员;潘元楷在总指挥部任参谋、省委军事干部、二路红军游击队教导队长邓止戈在二大队任大队副。[①]

总指挥部在花桥寺召开了一次重要会议,专门讨论"打不打忠州城"和是否东征"会师武汉"等问题。四川省委代表牛大鸣、覃文认为:打忠州政治影响大。王维舟、邓止戈则认为:忠州城敌人虽然只驻有1个营的兵力,但游击队刚刚组建,没有经过训练,战斗力不强;而驻扎忠州上游高家镇的敌军,顺流而下,只需两三个小时即可驰援忠州,那就会陷游击队于被动。经过讨论,决定不打忠州城。但对王维舟等提出的不宜远征去执行"会师武汉,饮马长江"的意见,未引起重视,而且对王维舟等人同时提出的"选拔部分精干武力东征,留一部分武装力量回本地农村打游击,这样既执行了省委的命令,又可保存革命实力"的正确意见予以否决。经过争论,会议决定按上级的命令,由石宝寨过江,执行"会师武汉,饮马长江"的东征任务。

8月3日,三路红军游击队从花桥寺出发东征,途经马灌、高洞、三汇、石庙、三元、九亭等乡,在九亭乡黄岭垭击溃了当地民团的阻击,再过汝溪,历时3天2夜的急行军,于8月6日到达石宝寨。原二路红军游击队的赵启民、官才等人在石宝寨参加了三路红军游击队,赵启民任副大队长。在石宝寨,红军游

---

① 中共四川省委党史工作委员会主编,《川东红军游击队》,四川大学出版社1993年版,第20页。

击队得到中共忠县县委的大力支持和帮助,准备了给养和船只,使1300多人的部队,顺利渡过长江,到达石柱县西界沱,与这一带活动近两年的平民革命军会合。平民革命军司令秦伯卿率部参加三路红军游击队,任副总指挥。在部队渡江前,副总指挥王维舟因不同意东征,率部分队员返回开江、宣汉、梁山一带,继续发动群众,开展武装斗争。

8月11日,三路红军游击队到达石柱县王家坝西乐坪驻扎。西乐坪是王家坝突起的一块台地。西边是陡坡,东面是小山,坪上有地两千余亩,四周树林茂密,地势十分险要。游击队将总指挥部设在坪上的回龙寺,各大队分别驻在坪上云集寺、老湾、油房、水竹林等地。部队一面宣传动员群众,一面进行整训。

在三路红军游击队从忠县石宝寨渡江东进的同时,军阀陈兰亭部张晓平团即尾随追击。8月11日,当红军游击队到达西乐坪时,张晓平团绕道赶到前面,于12日、13日在当地大团阀王家太家中,召开附近2个区6个乡主要团阀参加的军事会议,决定组织军团联队,分数路包围西乐坪上的红军游击队。王家太的胞弟王家滋是共产党员,得知敌人的"围剿"部署后,立即函告游击队。三路红军游击队总指挥部马上研究对策,决定不论胜败都向东到黎家坝靠拢,那里是同情革命的群众武装组织"八德会"的活动中心。在西乐坪激战前,石柱县党组织对"八德会"做工作,以策应掩护红军游击队。

8月15日凌晨,在地方民团的配合下,张晓平团从西乐坪南边菱角塘向山坪垭口猛攻。红军游击队据险坚守,数次打退敌军。随后,敌军绕过山林小径,从西侧进攻,目的是插入西乐坪腹心地即三路红军游击队总指挥部回龙寺。由于第二大队中队长金克杰动摇后退,牵动第三大队后撤,致使敌军长驱直入,包围回龙寺总指挥部,总指挥李光华身负重伤被俘,前敌委员饶绘丰、第一大队长李次华也同时被俘。不久,李光华、李次华先后牺牲于军阀陈兰亭部驻地丰都县城。

分驻在西乐坪上各点的红军游击队,在敌强我弱的战斗中伤亡惨重,被压到西乐坪东侧一狭小地带。情势万分危急,忽然从东南高地杀出一队人马,高喊:"游击队弟兄们!快到这边来。我们是'八德会'派来支援你们的。"三路红军游击队见到了援军,重振士气,且战且退,终于撤退到黎家坝"八德会"驻地,才脱离险境。第一大队约400人在蔡奎的带领下,突围到黎家坝一带,然后返回虎南游击区,继续坚持斗争。

撤至黎家坝的三路红军游击队主要领导人牛大鸣、覃文、王炎离、秦伯卿等决定将游击队所有枪械交与"八德会"保存,给每位队员发放路费,陆续分散出境。撤到西界沱的游击队员,将枪支交给设在石宝寨的中共忠县县委,人员分别返回梁山。至此,三路红军游击队的武装斗争便告结束。

四川红军第三路游击队东征失败有多方面的原因:一是受"城市中心论"指导思想的影响,执行"会师武汉、饮马长江"的"左"倾冒险主义路线。主要领导牛大鸣、覃文等人,虽有革命热情,但缺乏实际的武装斗争经验。二是队伍仓促组建,思想准备不足,甚至以"打土匪"为号召,导致中途部分人员离队。三是敌强我弱。游击队缺乏系统的军事训练和战斗经验,装备低劣,难以正面抗击装备精良的正规部队。四是民主作风不够,没有采纳有丰富武装斗争经验的王维舟等人的正确意见,导致轻敌冒进。五是党的力量薄弱,全军有指战员1300余人,而共产党员不足20人,党员的先锋模范作用没有得到充分体现。但是,东征积累了斗争经验,锻炼了干部和群众,更重要的是在下川东正式打出了"四川红军游击队"的旗帜,这是"工农武装割据"在下川东具体的革命实践,为后来的武装斗争,开辟了道路。①

六、共产军转战川鄂边区及其与主力红军会合

1930年8月,四川红军第三路游击队在西乐坪战斗失败后,副总指挥秦伯卿在当地农民武装"八德会"的掩护下,率旧部辗转回到西界沱后山驻扎,采取办兄弟会、练神兵等办法聚集力量,继续开展武装斗争。根据中共四川省委指示,中共忠县县委指派西界沱支部党员熊明炳、梁国华等,动员40名青壮年,带上三路红军游击队遗留下的枪支,加入秦伯卿的队伍;中共忠县县委书记吴逸僧(系黄埔军校第五期毕业生)也带领一批政工人员,充实到部队中来。部队很快发展到400余人,在西界沱胡家大湾万顺坡成立"人民自卫军",秦伯卿任司令,中共忠县县委书记吴逸僧任政委,下设一个大队,三个中队,由金盛全任大队长,李叔昭、熊明炳、邓学尧任中队长。队伍利用西界沱位于石柱、忠

---

① 重庆市万州移民开发区直属机关老干部革命传统教育协会编,《渝东壮歌——万州革命传统教育资料》,2000年,第75页。

县、万县三县交界的有利地势,频繁活动在石、万、忠、利等县边境,先后攻打了杨卓安、王南志等富绅民团。不久,又收编鲁崇龙、刘安邦、刘国辉、袁海清、范海等团防武装和绿林武装,部队扩大到1000余人。中共四川省委派特派员、省委秘书长牛大鸣到部队视察,宣布省军委命令:"秦伯卿部为四川工农红军56师。"秦伯卿任师长,吴逸僧任政治委员,受红二军团领导(由于与红二军团相距较远,未发生实际的联系)。

10月初,秦伯卿正式打出"共产军"旗号,由秦伯卿任司令,吴逸僧任政委,潘元楷任参谋长。下设三路军:第一路军司令金克杰,政委严振;第二路军司令鲁崇龙,政委李叔昭;第三路军司令刘安邦,副司令刘国辉,政委张成碧;警卫营营长熊明炳,政委金玉凡。[①]

驻扎万县的军阀、国民革命军第二十一军第三师师长王陵基,派参谋长王万象任石柱县务委员会督练长,坐镇西界沱,数次派兵追剿,均未得逞。10月中旬,当王万象到西界沱召集团总、豪绅开会时,李叔昭、熊明炳率军包围了西界沱,捣毁了反动派的会场,经过一场激战,将王万象等人当场击毙,缴枪100余支,出师告捷。许多饥民和土著武装、绿林武装,纷纷前来投奔。由于队伍发展很快,成员混杂,其中一些人的土匪恶习难改,胡作非为。为了加强武装部队的政治思想工作,秦伯卿先后向中共四川省委、下川东特委请求,派政工干部到部队工作,以加强思想教育和政治领导。下川东特委便派出冯庆曦、吴季侠、廖时敏去共产军开展工作。11月,秦伯卿率军转战利川,在箭竹溪消灭了盘剥群众、屠杀饥民的保安团团总陈三继。部队整编后,活动的地区扩大到酉阳、秀山、彭水、黔江、湖北的咸丰、来凤等川鄂边区。[②]部队四面出击,打击土豪劣绅,开仓分粮;没收钱财,救济贫民,深受群众拥戴。

当地军阀在多次开展武装进剿都失败后,又采用许以高官的方式,企图招安共产军。驻万军阀王陵基、湖北军阀徐源泉,先后派人到秦伯卿处,许以旅长、师长之职,对他进行招安,都遭到秦伯卿的坚决拒绝。

1930年12月,由于军阀频繁"围剿",中共四川省委决定,共产军开往鄂

[①] 中共四川省万县地委组织部、地委党史研究室、地区档案馆编,《中国共产党万县地区组织史资料》,成都科技大学出版社1994年版,第34页。

[②] 中共四川省委党史工作委员会编,《土地革命战争时期四川党领导的武装斗争》(上),四川大学出版社1987年版,第374页。

西,与贺龙领导的红军会合。出发前,秦伯卿与政委吴逸僧在如何改造利用土匪武装问题上发生分歧,以至二人公开决裂。吴逸僧带着一批政工干部和数十名武装人员离队。

12月7日,秦伯卿率领部队,从西界沱胡家大湾出发,向鄂西挺进。沿途机智地与敌人周旋,避强打弱。在龙沙,土匪头子秦天直率1000余名土匪,四处抢劫百姓。秦伯卿指挥部队,激战3个小时,予以全歼,缴获枪支数百支,吸收部分贫苦农民加入队伍。同时,不断地动员群众参军,接纳和改造一部分农民武装和土著武装,壮大自己的队伍,使部队在行军中扩充到3000多人枪。①12月12日,当部队到达湖北利川鹞子城时,从杨森部队哗变出来占山为王的甘占元,迫于军阀王陵基的追剿,主动要求与共产军联合行动,得到秦伯卿的批准,队伍进一步壮大。

12月中旬,秦伯卿率部到达湖北省宣恩县沙道沟一带。这里距红二军团驻地不远,秦伯卿便主动派人去鹤峰与贺龙部队联系,因当时贺龙出征,由贺英接洽。通过谈判,达成"部队进入鹤峰必须听从红军的指挥,给养由苏区政府安排"的协议。12月20日,根据安排,共产军开至鹤峰县境的毛坝地区,后又奉命移驻五里坪,等待和红二军团会师。贺龙征战回鹤峰后,驻走马坪,与共产军仅一山之隔,相距30多里,便立即派人与共产军谈判,提出如同意收编,则仍保留秦伯卿、甘占元、张轩的地位,部队编为"中国工农红军第二军团第二路军",秦伯卿等同意照办。

随后,贺龙派去5名代表谈判具体收编事宜时,由于甘占元驻扎在秦伯卿、张轩队伍之前。甘占元部竟违反协议,不服整编,致使谈判破裂,还杀害了其中2名代表。于是,红二军团出兵攻打甘占元部,秦伯卿率共产军从后面堵截甘占元部。甘占元部全部缴械,甘占元被擒。但秦伯卿却被误认为是假共产党,遭到扣押。而执行"左"倾路线的中央代表,不顾正确的"秦伯卿是共产党员留着有用"的意见,1931年1月1日以"土匪""改组派""假共产党"的罪名,不但不加区别地处决了甘占元和张轩,同时还错误地杀害了对革命有功的秦

---

① 中共四川省委党史工作委员会编,《土地革命战争时期四川党领导的武装斗争》(上),四川大学出版社1987年版,第375页。

伯卿。①秦伯卿遇害时仍高呼:"拥护中国共产党!拥护工农红军!拥护贺龙!"

随后,共产军加入红军,在走马坪进行改编,编为中国工农红军第二军团第二路军,这是八七会议后中共四川省委领导的武装起义队伍同主力红军会合的第一支部队。

1983年,经曾在秦伯卿领导下参加革命斗争、时任党政军高级领导干部一批人的呼吁,中共四川省委组织部组织专案组,重新复查此案。1985年,经中共四川省委组织部复查,中共中央组织部批准,予以秦伯卿同志平反昭雪,恢复名誉,恢复党籍。

七、中共下川东行(特)委领导开展武装斗争

第一届中共万县县委遭破坏后,万县党组织负责人由任志云接任。1928年8月,中共四川省委派朱挹清到万县清理组织,共有党员10人,改设万县特支,负责人仍由任志云担任。1929年3月,军阀王陵基大肆"清共",因团县委书记李允叛变,党组织再次遭到破坏。7月,特支负责人任志云由于被李允出卖,被迫转移去上海,从此与组织失去联系。1929年8月,中共四川省委派邵平阶任中共万县特支负责人,清理重建组织。邵平阶与隐蔽在四川省立第四师范学校的党员曾忠庆接上关系,发展吴体珂、曹世新等人入党,在省四师建立党支部,由曾忠庆任支部书记。1930年春,中共四川省委派熊羽锋到万县清理组织,5月重建特支。6月,熊羽锋被捕叛变,特支遭破坏。8月,四川第三路红军游击队东征失败,中共四川省委调原在第三路红军游击队工作的汤萍生到万县重建特支,汤萍生任特支书记。这一时期,下川东地区的地方党组织遭到军阀杨森、王陵基的多次破坏,各县党的组织机构很不健全。

1930年9月,根据中共四川省委"全省地方暴动的中心地方,最重要的是川东"的形势判断,为了加强对下川东地区党组织和武装斗争的领导,中共四川省委派省委常委苏幼农(化名苏爱吾、项鼎)到万县,组建下川东执行委员会(简称行委),11月改称下川东特别委员会(简称特委),领导万县、梁山、垫江、长寿、开江、达县(绥定)、宣汉、万源、城口、丰都、忠县、石柱、开县、云阳、奉节、

---

① 中共四川省委党史工作委员会编,《土地革命战争时期四川党领导的武装斗争》(上),四川大学出版社1987年版,第377页。

巫山、巫溪等17个县党的工作。这是下川东地区建立的第一个地区性党组织，承担中共中央长江局与四川省委的文件、指示、信息传递任务，组织开展武装斗争，实现"配合鄂西，会师武汉"的目标。行（特）委机关设在万县市四方井，书记苏幼农，委员冯缉熙（冯庆曦，组织部主任）、陈劲言（陈静思，军事委员会书记）、朱又新（职工运动委员会书记）、杨锡蓉（女，秘书长）、黄曼谷（女，1931年1月接任秘书长）、余治平（团省委特派员）、李忠义（团下川东特委书记）。[①]

下川东行委成立时，有的县党组织在遭受破坏后刚刚恢复重建，有的县党组织还未恢复重建或尚未创建。行委立即紧锣密鼓地开展工作，整顿川东、川北各县党的组织，领导开展武装斗争。先后组建和改组长寿县委、忠县行委、达县县委、垫江县委、万县市委、宣汉县委、开江广福特支和普安特支、大竹特支等党组织，组织领导共产军、虎南游击队等革命武装，开展武装斗争。王维舟、蔡奎领导的游击队武装，活动在纵横数百里的梁山、大竹、开江、达县、宣汉、万源、城口一带的山区，革命运动得到蓬勃发展。

由于秦伯卿在石柱、忠县一带领导的武装部队发展很快，急需干部。下川东特委派冯庆曦、吴季侠、廖时敏等人前往部队，加强纪律教育，讲官兵生活平等、经济民主，不准拿穷人的东西，不准欺压老百姓，不准侮辱妇女，不准伤害穷人。部队纪律大为好转，但因改造时间短，仍有违纪情况发生。当时，受党内"左"倾错误路线的影响，共产军政委吴逸僧与特委干部对从团防和绿林队伍出身的干部极不信任，将绿林武装改编的第二路军司令鲁崇龙诱至江边杀害，逼走第三路军的正、副司令刘安邦和刘国辉，造成了队伍内部人心惶惶的混乱局面。在这危急关头，下川东特委又派军委书记陈劲言，立即赶赴部队，召开紧急会议，平息内讧。会议决定，将冯庆曦、李叔昭、严觉生等一批干部调回特委工作，准备派往下川东其余各县组织武装斗争。为了加强部队的战斗力，对部队编制作出相应调整，派党员担任中层干部。

1931年1月，中共四川省委派余治平到万县，向下川东特委传达省委指示，成立万县市委，迅速建立和发展地方组织。余治平向苏幼农、李忠义、赵鹤仙、朱友仁、聂乃平、吴季侠等传达学习省委文件精神。经特委研究决定，组建

---

① 中共四川省万县地委组织部、地委党史研究室、地区档案馆编，《中国共产党万县地区组织史资料》，成都科技大学出版社1994年版，第22—23页。

中共万县市委,书记李忠义,委员朱友仁(分管组织)、赵鹤仙(分管宣传)、叶乃平(分管工运)、熊曼曦(女,分管妇运)。万县市委建立后,决定在学生、工人中发展组织。赵鹤仙通过其亲戚伪县长的关系,到省四师任教,在学生中发展组织,朱友仁在印刷工人中发展组织,叶乃平在码头、船工、黄包车工人中发展组织,熊曼曦在较场坝火柴厂女工中发展组织。

这时,军阀刘湘调派以叛徒贺蜀筠、邓学荣等为骨干的侦缉组到万县,大肆搜捕共产党员。李叔昭、严觉生先后被捕叛变,特委交通站站长吴季侠主动投敌叛变,出卖下川东特委全体成员。在极其险恶的环境中,特委领导苏幼农、陈劲言将生死置之度外,陆续联络安排有关人员迅速转移。在处理善后问题时,陈劲言在环城路被叛徒李叔昭发现,被捕入狱。

陈劲言被捕后,受尽酷刑,但拒不承认是共产党员,更不承认有党的组织关系。1月27日深夜,军阀王陵基亲自组织审讯。面对毫不屈服的陈劲言,王陵基宣判陈劲言死刑,次日凌晨执行。当问及"还有什么话要说"时,陈劲言历数反动军阀祸国殃民的罪行,最后说道:"为党为民众而死,我是值得的。我不愿做挂羊头卖狗肉的货色,决不向你们屈膝。人生难免一死,死何足畏!"他愤然写下了《陈劲言绝命书》:"江风狂怒号,遍地卷赤潮。万州洒热血,铸我杀敌刀。洒热血鲜红,拼筋骨铁铮,进自由之花,开光明之路!"[①]1月28日黎明,在绑赴刑场途中,陈劲言一路高呼"打倒军阀!""中国共产党万岁!"等口号,在大操坝刑场英勇就义。

2月8日,特委书记苏幼农被捕。叛徒吴季侠前来劝降,苏幼农决定以"假投降"的方式,寻机通知党内同志撤离。他提出两点要求:1.不破坏省委交通处,继续和省委保持联系,以便将来破坏省委;2.用特委名义发信召集各县负责人来万县开会,以便一网打尽。明信写好后,趁特务不注意时,苏幼农急忙用米汤暗地写下密信。特委委员余治平、特委秘书黄梦谷(苏幼农的妻子)及特委交通员王牛儿等得信后,紧急撤离而脱险。随后,在特务押送苏幼农上船去重庆的途中,苏幼农机智地骗过特务,逃离了虎口。

在这次大搜捕中,下川东地区的共产党员、共青团员和革命群众共计70余人被捕,党组织遭到严重破坏,下川东特委解体。但下川东特委领导的武装

---

① 中共万县地委党史工作委员会编著,《碧血丹心——下川东英烈》,四川人民出版社1989年版,第150页。

斗争,仍在持续开展,如派往云阳县警备队担任大队长的共产党员曾莱,转移到重庆后受中共四川省委派遣,在梁山、达县交界的虎南大赤区开展了轰轰烈烈的革命斗争。

八、川东游击军的战斗历程

四川红军第三路游击队失败后,游击队领导人王维舟、蔡奎等先后返回宣汉、开江、梁山一带,继续组织开展武装斗争。

1931年春,中共四川省委调派号称"农王"的曾莱到梁山县工作,恢复重建党组织。4月,中共梁山中心县委在虎城成立,曾莱任书记,常委曾庆云任组织部部长、王西北任宣传部部长,委员杨锡蓉(曾莱的妻子)任妇女部部长、易兴谷任军事委员会书记、蔡奎任游击队长、陈老三任青年部主任。中心县委负责领导梁山、达县、开江、宣汉、万源、大竹等县的党组织和革命斗争,以梁达交界的虎城、南岳、大树一带的百里槽为中心,广泛开展农民运动,组织开展武装斗争,建立游击根据地。在农村,广泛建立农民协会、儿童团、妇女会,组建农民武装赤卫队。组织农民破仓分粮,镇压土豪劣绅,开展游击斗争。经过数月的艰苦工作和激烈斗争,方圆百里的虎南大赤区,农民协会执掌政权,地主豪绅纷纷外逃,不敢收租派款,土匪不敢入内,军阀部队亦不敢贸然进犯。

1931年5月28日,王维舟参加了中共四川省委在成都召开的会议。省委决定:以四川红军第一路、二路、三路游击队的余部为基础,重新组建川东游击军,王维舟任川东军委书记兼游击军总指挥,在川东地区发动更大规模的游击战争。会议结束后,王维舟乔装改扮,经重庆、万县赶回宣汉,在大山坪贺值三家召开军事会议,传达省委的决定,分析四川红军各路游击队失败的原因和教训,并借鉴毛泽东、朱德在井冈山的斗争经验,制定了对敌斗争的新策略。根据省委的决定,将梁山、开江、宣汉、万源、城口一带的游击队组建为川东游击军,由川东军委书记王维舟兼任川东游击军总指挥,蔡奎任政治委员,乔典丰任副总指挥。[1]下辖3个支队,蔡奎兼任第一支队队长,领导游击队活动在虎南大地区;焦长吉任第二支队队长,领导游击队活动在开江一带;王维舟兼任第三支队队长,领导游击队活动在宣汉、万源、城口一带。经过持续不断地开

---

[1] 中共达州市委党史研究室著,《中国共产党达州历史》第一卷(1921—1949),中共党史出版社2009年版,第61页。

展武装斗争,川东游击军迅速发展到2000余人,建立了南起梁山、北迄城口、东至开江、西抵平昌方圆300余里的游击根据地。

9月,中共中央关于"必须坚决的以斗争的方式肃清富农分子"的指示传达到川东。富农出身的梁山中心县委宣传部副部长金方勋(绰号金长毛,南岳场人),原本就土匪习气严重,持枪抢劫民财,受到梁山中心县委的严肃批评。当他得悉党内要开展"肃清富农"的斗争后,先后杀害了中心县委组织部部长王西北和中心县委书记曾莱,公开叛变投敌。四川省委任命蔡奎接任中共梁山中心县委书记,重建梁山县委,清除内奸,发动群众,扩大队伍。游击队武装活动区域纵横百余里,虎南大地区的革命运动又蓬勃开展起来。

蔡奎率领第一支队进行游击活动的区域,纵横达百余里。军阀虽屡屡下令"围剿",但总是打败仗。军阀刘湘的特务巡视员谢孟樵和驻防团长李芳共同给刘湘的报告中,只得如实呈文:"共匪首要蔡奎、汪国清等十余人,勾结绥定王维舟、乔典丰胁迫各场乡民入党……人民入党的几遍乡场,如军队莅临,则此清彼窜,实行破仓分粮,组织游击战争,拟据虎城场组织苏维埃政府。"他们只好在报告中哀叹:"职等俯思再四,因共产党普及过遍,杀不胜杀。"

7月,军阀部队加紧对虎南大地区的"围剿"。因叛徒出卖,游击军两个分队在南岳乡万新寺被敌人包围,蔡奎沉着机智地指挥队员冲出包围圈,分散隐蔽于山林和群众家中。在突围时,蔡奎中弹负伤,隐蔽在山林的一块大石缝里。敌兵没有抓住蔡奎,便举枪威逼群众:"交不出蔡奎,一个也别想活!"蔡奎担心群众受到伤害,便从藏身处走出,怒不可遏地喝道:"蔡老子在这里,狗奴才们,不许伤害群众!"

蔡奎被俘后,先被押解到虎城场上。面对叛徒的劝降,蔡奎骂道:"癞皮狗,你的日子不会长了。共产党一定会成功的。"随后,他被押到大树坝团部。敌军要他下跪,蔡奎理直气壮地说:"堂堂共产党员,哪有向反动派下跪的道理!"驻军团长周建辰气急败坏,命令士兵强行按其下跪。蔡奎两腿挺直,威武不屈。周建辰吼道:"给我打他的腿!"蔡奎虽被打倒在地,但双膝仍挺直不弯。军阀刘存厚下令将蔡奎押至达县监狱,企图通过严酷的刑讯逼供以及威胁利诱等手段,获得川东共产党组织和游击队的情况。经过一段时间的折腾,结果却令其大失所望。7月23日晚,面对手拿绳索前来劝降的典狱官和刽子手,蔡奎毫无惧色地说:"告诉刘存厚,别再打我的主意,落在你们的手里,任剐任杀,死而无憾!"随后,蔡奎被秘密绞杀在狱中,年仅25岁。虎南大地区的党组织遭到极大破坏,农会会员和曾与共产党有联系而被迫登记自首的群众,仅虎城即达1000人以上。1932年9月25日,中共四川省委给中共中央的报告上写道:"虎城区的农民组织全被破坏,残存的干部逃亡邻近区域,一部分武装被同志拖走,一部分被军队缴去。总之,虎城区的游击战争遭受到这样严重的打击。"①

蔡奎牺牲后,中共四川省委决定,将中共梁山中心县委组建为梁达中心县委,由杨克明任书记,负责领导梁山、达县、开江、宣汉、万源的革命工作。杨克明将中心县委由梁山县虎城场迁往达县蒲家场,与王维舟等共产党员一起,继续领导开展武装斗争。

1933年10月,川东游击军配合红四方面军第九军,击退军阀部队8个团的进攻,游击区与川陕苏区连成一片。11月2日,数万人在宣汉城西门操坝召开了庆祝大会。会上,红四方面军政委陈昌浩庄严地宣布:川东游击军改编为中国工农红军第33军,王维舟任军长,杨克明任政委。②这支在川东游击根据地成长起来的革命队伍,汇入中国三大主力红军的洪流,踏上了新的革命征程。

九、城口县苏维埃政权的建立

大革命失败后,中国共产党人举起苏维埃革命的旗帜,进行工农武装割据,发动广大群众,创建苏维埃政权,开展土地革命。红四方面军入川后,根据《中国共产党第六次代表大会决议案》关于"苏维埃与革命委员会"的规定,"在正式的代表会议(苏维埃)未组织前,最初的政权形式是临时的,即革命委员会"③,1932年12月29日在通江县城建立了川陕省临时革命委员会,作为川陕省工农民主政府成立前的最高政权机关。

川陕省临时革命委员会建立以后,立即行使苏维埃政府的职能,组织领导

---

① 重庆市万州移民开发区直属机关老干部革命传统教育协会编,《渝东壮歌——万州革命传统教育资料》,2000年,第78—86页。
② 中共四川省委党史工作委员会主编,《川东红军游击队》,四川大学出版社1993年版,第27页。
③ 中共中央组织部、中共中央党史研究室、中央档案馆编,《中国共产党组织史资料》第二卷(中),中共党史出版社2000年版,第925页。

群众建立各级基层革命政权组织,建立少先队、儿童团、妇女委员会等群众组织和游击队、赤卫军等地方武装组织,通过这些组织广泛发动群众,开展打土豪、分田地的革命斗争[①]。1933年2月中旬,根据中共川陕省委第一次党员代表大会决议,召开了川陕省第一次工农兵代表大会,正式成立了川陕省苏维埃政府。这次大会的召开,标志着川陕省工农民主政府正式成立和川陕革命根据地正式建立起来,意味着在川陕边区建立了以工人阶级为领导、工农联盟为基础的工农民主专政的苏维埃政权。

川陕省苏维埃政府为了进一步推动根据地内各项事业的迅速恢复和发展,于1933年8月1日在巴中召开川陕省苏维埃第二次工农兵代表大会,会议全面讨论了川陕苏区建设的各项工作,制定了省、区、县、乡、村各级苏维埃行政机构设置和编制原则。为了加强对基层苏维埃工作的指导,大会决定建立省苏维埃政府,对基层苏维埃工作进行指导。10月下旬,红军在宣达战役期间攻占城口,解放了城口西部地区。中共川陕省委、川陕省苏维埃政府决定建立城口苏维埃政府。1933年11月,川陕省苏维埃政府建立绥定县苏维埃政府和巴中县苏维埃政府。绥定县苏维埃政府下辖达县、宣汉、万源、城口、渠县、红胜等县苏维埃政府,1934年春,绥定县苏维埃政府撤销,所辖各县苏维埃政府直属川陕省苏维埃政府领导。[②]

红军进入城口后,每占领一个地方,就组织农民建立村苏维埃和贫农团、少先队、儿童团、运输队等群众组织。随着红军根据地的建立和发展,区、乡、村苏维埃政权组织相继建立。到1934年9月,全县共建立了24个乡苏维埃政府和80多个村苏维埃组织。1934年9月15日,城口县第一次工农兵代表大会在大竹河王爷庙召开,会期7天,到会代表80余人(加上上级工作人员共103人)。会议选举产生了26名委员,组成城口县苏维埃政府。会议总结了红军进城口以来苏区的武装斗争、政权建设、土地革命和经济建设等工作,通过了《关于加强土地革命和苏区经济建设》《关于教育文化卫生工作》《关于加强地方武装建设》《关于工会、妇女、共青团工作》等决议。城口县第一次工农兵代表大会的召开,标志着城口苏区已经形成了完整政权组织体系,国民党地方反

---

① 城口县档案局著,《中国共产党重庆历史城口县卷》,重庆出版社2011年版,第30页。
② 城口县档案局著,《中国共产党重庆历史城口县卷》,重庆出版社2011年版,第31页。

动政府在城口地区的统治被动摇和瓦解了。①

城口县第一次工农兵代表大会召开之后,县委、县苏维埃政府领导及成员在红军政治部的配合下,组成工作组,分别到各区苏维埃开展基层政权建设,组织召开各区的工农兵代表大会。1934年9月26日,县委书记王朝禄在坪坝组织召开了坪坝区第一次工农兵代表大会,选举产生了坪坝区苏维埃政府组成人员。红军每解放一个地方,就地建立基层政权组织,如红33军297团解放城口庙坝后,首先建立了乡村苏维埃组织。之后,县委书记王朝禄到庙坝组织建立了庙坝区苏维埃政府,并组织群众成立了游击队、赤卫队和工会等群众组织,动员了一批青年农民参加红军,充实扩大了红军队伍。

1933年底至1935年初,红四方面军在城口的一年多时间里,巩固了城口苏区,发展了川陕革命根据地。红军在城口除打仗外,还积极开展地方工作。

首先是土地革命,城口凡是被红军解放并建立了基层苏维埃政权组织的地方,都按照土地革命的法令和政策,开展了分田分地工作。由乡村苏维埃干部和游击队、贫农团的负责人组成工作队,到农村去宣布将地主、富农(佃主)占有的土地一律没收,分给贫苦农民耕种。据统计,当年城口全县(含大竹、庙坡、白果苏区)共有10多万名农民在土改运动中分得了土地。

农业生产方面,土地分配之后,苏区各级党和政府十分重视农业生产发展,号召农民种好分得的土地,多发展畜禽养殖。城口县、区、乡苏维埃政府都设置了粮食委员会,负责征集储蓄公粮,募捐军粮,支援红军。据不完全统计,1934年底,城口县储蓄红军粮共计2925石(877500公斤)②。

工业和交通运输业方面,在根据地建立之前,城口仅有少量家庭手工业和小手工作坊,城口建立革命根据地以后,苏区工业经济有了新的发展。工业方面,乡村苏维埃建立了粮油加工厂,为红军加工粮油。此外还发展了织布、缝纫、铁器加工等小手工业。红军进入城口后,凡红军部队驻地均设有粮食、油料加工房,由区乡苏维埃政府负责组织工人加工生产。交通运输方面,当时城口的交通极其落后,没有公路,也无水上航运,几乎没有像样的交通运输工具,境内运输全靠人力。红军在城口所需的弹药粮食等一切军用物资,都是由当

---

① 城口县档案局著,《中国共产党重庆历史城口县卷》,重庆出版社2011年版,第32—33页。
② 城口县档案局著,《中国共产党重庆历史城口县卷》,重庆出版社2011年版,第42页。

地群众运送。城口县、区、乡、村组织了陆路运输队,有运输工人350人[1],往返于大竹河、庙坝之间,为红军运送粮食。

商业贸易方面,在城口县财经委员会的组织领导下,大竹河、坪坝等地建立了百货商店和茶叶、药材收购店,并开设了旅馆、饭店。县苏维埃政府经济委员会组织商人将城口土特产用木船运到麻柳坝,以物换物,换取苏区紧缺的布匹、食盐等物资。城口苏维埃政府还设立了工农银行城口分行,由5人组成,直属川陕省工农银行领导[2]。

宣传教育方面,城口县委宣传部在苏区各地设立了宣传队、钻字队、书写队、贴发队、木工组等宣传组织,宣传方式主要有文字宣传、文艺宣传和口头宣传等[3]。1934年城口区、乡苏维埃在红军的帮助下,设立了"列宁小学"和农民夜校,一部分少年儿童相继入学[4]。

医疗卫生方面,红四方面军在通江建立了总医院,在根据地的各个县区乡设立了红军医院和医疗卫生所等医疗机构[5]。坪坝区苏维埃政府成立后在红军和县委工作组的帮助下,在坪坝街上关庙巷子开设了工农药房,免费为贫雇农治病[6]。

红军部队配合地方政府组织群众开展打土豪分田地分浮财等一系列革命斗争,有力地打击了封建统治阶级,大力发展经济建设,根据地的农业、工业、商业都得到一定的恢复和发展,深入开展宣传教育工作,培育和锻炼了根据地人民坚定的革命理想信念。

1935年2月,红军撤离城口,县苏维埃政府大部分工作人员随红军西渡嘉陵江,参加长征,政府工作于3月停止。红军撤走后,城口苏区又沦于国民党的统治之下,区、乡、村苏维埃机关被查封或摧毁,苏维埃干部惨遭杀害或被迫逃离家园,地方武装及群众组织被迫解体、分散活动。红军虽然走了,但红军播下的革命火种长久留在城口人民心中,成为城口人民争取自由、期盼解放的希望。

---

[1] 城口县档案局著,《中国共产党重庆历史城口县卷》,重庆出版社2011年版,第42页。
[2] 城口县档案局著,《中国共产党重庆历史城口县卷》,重庆出版社2011年版,第45页。
[3] 城口县档案局著,《中国共产党重庆历史城口县卷》,重庆出版社2011年版,第46页。
[4] 城口县档案局著,《中国共产党重庆历史城口县卷》,重庆出版社2011年版,第50页。
[5] 城口县档案局著,《中国共产党重庆历史城口县卷》,重庆出版社2011年版,第50页。
[6] 城口县档案局著,《中国共产党重庆历史城口县卷》,重庆出版社2011年版,第51页。

城口是川陕革命根据地的重要组成部分,是重庆市唯一成建制建立了县、区、乡、村苏维埃政权的革命老区。城口苏区是在中国共产党领导下,由广大的红军指战员和城口人民共同建立起来的。苏区人民在党和红军的领导下,积极投入革命斗争,支援和配合红军作战,给四川军阀以沉重打击,开展打土豪分田地斗争,将土地革命不断引向深入,推翻了持续几千年的封建剥削制度,创建了苏维埃红色政权,为以后取得革命的胜利奠定了坚实基础、积累了宝贵经验。

十、贺龙红军在下川东地区的战斗

奉节县柏杨坝,位于奉节、利川、万县、云阳四县交界地带,是川鄂边区的重镇。土地革命战争时期,贺龙率领工农红军于1928年12月和1934年1月,先后两次来到这里,开展革命斗争,掀起红色风暴。

1928年12月14日(农历十一月初三),贺龙率领红四军,在利川县汪家营击毙"神兵"头子李长清,缴获步枪20多支、连枪2支,收编"神兵"40余人。部队增至300余人,枪100余支,编成2个大队和1个特科大队,贺炳南任第一大队队长,文南甫任第二大队队长,杨维藩任特科大队队长。红军打开汪家营大地主潘子珍、潘耀成的粮仓,把粮食分给贫困群众。然后,红军乘胜前进,经野茶、南坪等地,到达柏杨坝,准备收编"神兵"头目黄应昌手下的"神兵"队伍。

12月15日,红军从汪家营出发,经野茶坝宿营于南坪,沿途大力开展宣传鼓动工作。12月16日,红军到达柏杨坝(当时属四川奉节县管辖)。柏杨坝"神兵"首领黄应昌(黄大神)听说贺龙率领队伍开到柏杨坝,便带着10多名手持大刀的"神兵"到柏杨坝街上去阻拦。两人见面后,贺龙耐心向黄应昌解释说:"我带的这支队伍叫工农红军,是专打蒋介石反动派和土豪劣绅的,是替人民大众打天下,谋翻身事业的,希望你们也参加红军,为中国革命作贡献。"黄应昌见红军人多势众,军容严整,而自己的"神兵",根本不是红四军的对手,便顺水推舟地回答说:"行,我回去说服弟兄们一起参加红军。不过,今晚请你们住上街,我们住下街,以街中的石门坎为界,互不越出界线一步。"黄应昌回到驻地后,听说贺龙杀了李长清,心里害怕,当天半夜便悄悄带着"神兵"逃跑了。

红军在街上驻扎了2天,派出战士积极开展宣传活动,向人民群众介绍工农红军是一支什么样的队伍,讲土地革命的意义。还在街上到处刷写"打倒国民狗党""打倒土豪劣绅、穷人当家作主""取消一切苛捐杂税"等标语。12月18日,红四军离开柏杨坝。随后,攻占建始县城,再经恩施崔坝转战,返回鹤峰。

1928年12月,贺龙率领红四军回到湘鄂西,创建革命根据地,成立红二军团。为了适应革命斗争的需要,于1931年4月又改称红三军,贺龙仍任军长。

1933年12月22日,红三军攻克黔江县城。1934年1月3日,红三军攻克利川县城。第二天凌晨,红三军由农民郎德清带路,经岩洞湾、长槽、吊水坝到小青垭。然后,兵分两路:一路到柏杨坝活动,另一路经南坪到汪家营休整。

红军到柏杨坝那天,正逢赶场天,当地群众对5年前红军在柏杨坝的革命活动仍记忆犹新,场镇上的群众代表叶彦轩、孟庆云、胡应美等,走出场口去迎接红军。红军的先头部队一到,群众就在场口放起鞭炮,热烈欢迎红军进驻柏杨坝。军长贺龙骑着一匹大青骡子,同先头部队一起来到柏杨坝场头。

红军到达柏杨坝后,立即向群众展开宣传:工农红军打富济贫,为穷苦人民撑腰作主。大家不用害怕,赶场的照常赶场,做生意的仍旧做生意。同时,从场的上街刷到下街写下多幅宣传标语:"立人立己,革命革新!""打倒蒋介石独裁主义!""推翻国民党!""打倒土豪劣绅!""种田不交租课!"在刷标语的同时,还贴了布告,宣传红军的主张,宣传土地革命的意义,布告署名为"中国工农红军第三军军长贺龙、政治委员关向应"。

红军到柏杨坝时,街上的土豪劣绅范汉平钻进棺材里躲藏,李赐根躲到了茅屎坑,胡必成装扮成"道士",郑联升打扮成女人。后来,柏杨坝弹花匠史宗田编了一首《招魂咒》:"天灵灵,地灵灵,黄大神的法不灵,听说来了贺龙军,吓得跑都跑不赢……"①红军将柏杨坝范章亭、范章锦、范章藻、胡必成、李盘州、李赐根、许正州、谭尚和8家大地主的粮仓打开,将粮食分给贫苦农民。红军还将没收的大地主家的衣物分给贫苦农民,免费为贫苦农民治病。1月6日,红军撤离柏杨坝,向石柱县一带转战。

贺龙红军转战柏杨坝及川鄂边区,对下川东地区的革命斗争产生了重要影响,中共四川省委决定,在下川东地区组织武装起义,迎接红四方面军、红二

---

① 利川市史志办公室编著,《中国共产党利川市历史(第一卷)》,中共党史出版社2008年版,第65页。

军团会师万县。

十一、万县第二次兵变

1932年底,为配合红四方面军进入川北通南巴地区、创建川陕革命根据地,中共四川省委任命邓述明为省委特派员,前往下川东,组织开展兵运工作。邓述明与共产党员朱斌到达万县后,打入军阀王陵基部,邓述明作军医,朱斌任手枪营副营长。随即,二人与司令部军事体育教官、共产党员何超腾取得联系,秘密筹备武装起义。1933年12月,根据省委指示,重新组建县委,由邓述明任书记,何超腾、朱斌、吴体珂、任孟琼(县政府财政科会计)、曹世新(王陵基部特务长)为委员。

1934年初,下川东地区的革命形势如火如荼。四川省军阀刘湘派军到川北"围剿"红四方面军,遭到惨败;盘踞万县的第三师师长王陵基率部赶赴开县、宣汉等地,与红四方面军作战,万县空虚。3月,王陵基因"剿共"失败,被刘湘撤职查办,委派许绍宗代理第三师师长。同时,刘湘请求国民党中央军入川助战,中央军85师、88师在恩施、利川一带被红三军击退。红四方面军在反"六路围剿"战役中,从宣汉县进抵开县杨柳关一带;红三军(后改称红二军团)从恩施、利川进抵万县谋道镇和磨刀溪一带。

在有利的革命形势之下,中共四川省委指示特派员邓述明和中共万县县委:在长寿、开江、万县、开县、云阳、奉节、巫溪等7县组织发动武装起义,封锁夔门,截断长江,迎接红四方面军、红二军团会师万县,在下川东地区开辟革命根据地。同时,省委派原中共万县县委书记陈云庵重返万县,协助邓述明的工作。县委汲取1928年单独依靠军队发动第一次兵变失利的教训,决定由各委员分头发动工、农、兵、学等各方面的力量,共同行动。邓述明、何超腾、朱斌、曹世新负责组织发动士兵起义;吴体珂负责发动四川省立第四师范学校学生及附近农民,大周、三正区委负责发动当地农民,参加起义;任孟琼负责发动大垭口煤厂工人参加起义。

邓述明还以省委特派员的身份,在万县环城路附近的杨柳嘴、棉花地、听涛茶馆等处,多次组织召开长寿、开江、万县、开县、云阳、奉节、巫溪等7县党的负责人会议,传达省委"封锁夔门、截断长江"的战略部署,研究布置各县党组织开展武装斗争的准备工作。邓述明、朱斌系开江老乡,两人还一同返回开江县,指导重建中共开江县委;召集覃伯镛、覃承永、张铎、周伯通等中共党员,在开江县长岭乡何大铸家中开会,研究决定在长岭乡举行暴动,建立革命武装,扩大起义队伍,策应万县兵变。

为确保武装起义的成功,邓述明、朱斌还发展封启速、雷夏电(王陵基部营长)等人入党,并于1934年2月在万县南岸陈家坝驻军中建立党支部,由封启速任书记,雷夏电为组织委员,薛齐禄(化名徐云)为宣传委员。党支部的任务是,动员陈家坝驻军起义,作为封锁夔门、截断长江的一支重要力量。

起义时间定在6月初,由手枪营率先起义。当时,军阀王陵基率部仍在开县、宣汉一带,只留副官金叔蘅在万县处理事务,这是发动起义的有利时机。然而,在准备起义的过程中,手枪营中队长、共产党员张超凡在吹号取枪准备行动时,引起了手枪营大队长张家琪的怀疑。张超凡翻围墙逃脱,其弟手枪队军事教官、共产党员张占云被捕,在果园路被枪杀示众。第一次起义还未开始就被迫中止了。

7月,中共四川省委再次催促万县县委,尽快组织起义,邓述明与朱斌策动雷夏电准备起义。不料,在执行任务时,曹世新、龙国璋因携带武器被发现后被捕。龙国璋经不住敌人威逼利诱叛党投敌,供出了全部起义计划。叛徒龙国璋带着便衣特务和手枪队,在一个月的时间内共逮捕了党员和进步群众80多人。①县委领导邓述明、何超腾、朱斌、吴体珂、任孟琼、曹世新等6人,全部被捕入狱。

面对军警特务的严刑逼供,6人均坚贞不屈;除任孟琼由其在二马路益新绸缎庄任经理的二哥献之以银元500元保释出狱外,其余5人均被判处死刑。被捕的官兵,除个别人员由亲属花钱保释出狱或判处有期徒刑(如大周区委副书记任天钧被判8年有期徒刑)外,其余全部被捆绑着沉入钟鼓楼附近的长江之中。

7月31日,军警特务在大操坝刑场召开公审大会,公开审讯县委领导邓述明、何超腾、朱斌、吴体珂、曹世新。5人被五花大绑绑进刑场,走出军队营门时,大家就不断高呼口号,痛骂军阀祸国殃民。在刑场上,面对"你们哪个是共

---

① 中共四川省委党史工作委员会主编,《土地革命战争时期四川党领导的武装斗争》(下),四川大学出版社1987年版,第233页。

产党"的询问,大家齐声回答:"我们都是共产党!"大家一起高呼"打倒军阀!""中国共产党万岁!"的口号,从容就义。

万县第二次兵变的失败,导致党在万县驻军中的党员及其联系的进步官兵损失殆尽。直到抗日战争全面爆发后,才逐步在驻军中秘密发展党员。

十二、云阳工农武装起义

1935年1月19日,震惊下川东地区的云阳工农武装起义爆发了,这是土地革命战争时期党组织在下川东地区领导的8次武装起义的最后一次。

1927年大革命失败后,在上海、南京等地加入中国共产党的云阳籍青年学生赵唯、进步青年陶闇等人,受党组织派遣,先后回到家乡,宣传革命,发展组织,积极开展革命活动。1932年冬,赵唯在农坝乡组建起云阳县第一个中共组织农坝支部。农坝支部经过一年多的艰苦工作,控制了农坝乡政权及所属24间(保),同时还通过三友社、白云小学、民团指挥部和民丁干部训练所等,培养了一批积极分子,又争取改造了部分绿林武装,集结了四川红军第一路游击队从川北万源转到云阳、开县边境的一些武装力量,还准备与红四方面军取得联系,以便在云阳开展武装斗争。

当时,红四方面军与红二军团分别活动于川北的宣汉、达县、城口、万源和鄂西的利川、咸丰一带。1933年10月,红四方面军曾打到距云阳仅两三百里的开县杨柳关。随后,红二军团也进军到万县、云阳边境的谋道溪一带,形成了两支红军会师、饮马长江的态势。

此时,驻上海的中共中央军委,指派上海美专学生、共产党员谭林(谭佑铭,云阳人)、邓友民(奉节人)、孔繁祜(垫江人)立即回到川东开展工作,并确定美专党员朱明与谭林秘密取得联络;如形势发展需要,还可继续派人回川协助工作。其主要任务是:抓住当前有利时机,广泛发动群众,在川军和民团中,积极开展兵运与策反工作,动员一切可以动员的力量,组织武装起义,为红四方面军和红二军团会师创造有利条件。

11月初,当谭林等回到万县后,川东地区形势已发生变化,已不存在红四方面军与红二、六军团会师之势,组织武装起义的主客观条件均不成熟。谭林、邓友民、孔繁祜等3人便到谭林家乡盘石镇开展工作,组建了盘石支部。

谭林任书记,邓友民任组织委员,孔繁祜任宣传委员①,着手开展工作。首先选定具有进步思想的谭端生(曾任云阳凤鸣区区长)、张建威(盘石镇民团中队长)作为工作对象,经过多次教育考察,发展成为党员。同时,在农村和民团中,发展了党的外围组织——云阳青年反帝大同盟,吸收了王仲德、邹隆恩、邹功升等10余人为盟员。支部还交给谭端生、张建威一个重要任务,即利用现有的社会关系,尽力收集、购买、储存枪支弹药,以备武装起义之用。

1934年1月,谭林、邓友民、孔繁祜分析认为,不可能在短时间内组织武装起义,支部决定:谭林在春节后住进云阳城内,最好找到公开职业作掩护,并尽快与赵唯、陶闿等取得联系;邓友民、孔繁祜在春节前分别回到家乡奉节、垫江,利用自己的社会关系,独立开展工作;互通情报,确定以云阳县城为联络中心,密切联系。2月,谭林介绍陶闿加入中国共产党。通过上层关系,陶闿进入云阳女子师范学校任教务主任,后又任县府教育科长;谭林任县立图书馆馆长,以此为掩护,秘密开展革命活动。随后,谭林、陶闿、谭端生等在县城建立党支部兼管南岸工作。先后发展教师温作民、许仲德、魏佐才、曾稚三、杨正武、温子白、朱文光等入党。支部分设东城和西城两个小组,组织社交活动,开展对部分上层人士的统战及发动群众等工作。谭林、温作民等人又分别组织"七九篮球队""十十球队"和"德字球队",开展革命活动。

5月初,邓友民由奉节到达云阳,向谭林汇报奉节的工作情况:在城内发展了奉节师范学校一个负责教务的教师入党,建立了青年反帝大同盟小组;在邓友民所在的乡也发展了党员,并准备在奉节建立党支部。邓友民家中除原有的4支步枪外,又买了2支手枪,同时又将《云阳日报》作编辑兼校对的党员甘子祥(奉节人)的组织关系交给了谭林。在这次交谈中,二人认为,原有的党支部已不适应工作发展的需要,谭林、邓友民、孔繁祜分散在云阳、奉节、垫江三个县城,无法随时碰头研究解决问题,难以及时进行工作指导。谭林提出,在与赵唯取得联系后,准备在云阳建立党的县一级工作委员会,邓友民表示赞同。

经过艰苦的工作,在云阳北岸的农坝、城关和南岸的盘石等地,党组织领导的青年反帝大同盟积极开展革命活动,继而影响到云安的盐场工人、船工、

---

① 中共云阳县委党史研究室著,《中国共产党重庆历史云阳县卷》,重庆出版社2013年版,第9页。

学生以及驻盐场的地方武装中下级军官和士兵。为了加强党的领导,推动革命斗争的开展,1934年8月,中共云阳工作委员会成立,谭林任书记,赵唯任副书记分管农村,陶闿、邓友民(负责奉节工作)、赵禹(兼管交通联络)任委员。工委决定,加强党组织的建设和发展,搞好统战关系,摸清地形、地物和敌人动向,积极准备进行武装斗争;派孔繁祜赴上海向党组织汇报请示工作;在国民党地方部队中做下层官兵的策反工作,积极争取改造李龙学等绿林武装。这时,除谭端生、张建威控制的地方武装外,驻高阳、云安一带的民团区团长张功武也受到影响,倾向革命,参加了反帝大同盟。赵唯还利用政府委任给自己的碉堡委员会主任职务之便,将政府拨来修筑碉堡"防共"的部分经费,通过关系购买了一批枪支弹药。

通过积极开展工作,全县已组建党支部、党小组10个,党员近百名。工委决定,成立云阳工农武装暴动委员会,吸收了拥护共产党的非党进步人士裘方伯、张功武等人参加,积极筹备武装起义。暴动委员会相继召开两次会议,研究武装起义的具体事项,成立工农武装暴动指挥部,由谭林任总指挥,赵唯、陶闿任副总指挥,并确定了起义日期。如果起义成功,就占领云阳,利用报纸扩大宣传,奉节等地积极响应;如果起义失败了,就向北面的农坝、尖山一带转移,打游击或建立根据地,因为北部靠近川陕苏区和红四方面军,向北撤退就有依靠。

1935年1月上旬,警察局拘捕了从万县到云阳女子师范学校教书的进步教师李英才。虽然李英才与起义没有直接关系,但引起了党组织的警觉。此时,红四方面军准备撤离川陕革命根据地,接应中央红军。若云阳工农武装起义再不举行,就会失去靠拢红四方面军的机会;如果敌人抢先下手,还会被动挨打。而原来表示愿意参加起义的张功武等,又对起义缺乏信心。谭林、陶闿等在研究分析了情况之后,决定提前举行起义,并派袁方伯星夜到农坝传达决定,要赵唯火速率队到云阳县城,举行起义。

1月18日晚,赵唯和王家均赶到云阳县城。谭林、陶闿立即与赵唯一起,分析研究有关情况。因起义的主要打击对象是以马仲云为首的县团务委员会,党组织派到团务委员会的朱文兆也多次报告了情况;温作民又布置张功武先去团务委员会作内应。当时的情况是:除了实力较强的杨典文中队和马仲云的警卫排外,还有各区赴县城接受检阅的10个民丁中队,其中有的已被争取,有的能中立,而我方力量尚在集结之中,便决定起义行动时间改在1月19日午夜12时,因当晚有月食,便于武装人员行动。

19日下午,情况不断发生变化,指挥部得到报告:农坝乡的队伍和其他各路人员刚到县城,并在预定地点——城北校场坝附近集结待命;农坝赴观摩会的学生王靖平、沈凯等数十人也在那里;谭端生已带全部挎短枪的一班人进城,并运来长短枪30余支,各式子弹千余发,马尾手榴弹40枚。[①]这些武器,原计划给赵唯从农坝乡带来的赤色群众,现集中在小河口谭霞臣家隐蔽。主攻杨典文中队的张建威部,已有官兵提前进城,坐在茶馆待命,时刻有暴露的危险。同时,在校场坝北边城墙上待命的部队,先后捉住了3个敌兵,在审问中得知起义已走漏风声。情况越来越紧急,箭在弦上,不得不发。指挥部决定将起义的时间提前,分两队出击:一队由赵唯和温作民率农坝武装攻打团务委员会;另一队由张建威率领攻击杨典文的督练部模范中队;学生队伍和后勤人员守西门;谭端生的一个班负责警卫指挥部。

当张飞庙的钟声敲响9点时,战斗打响了。农坝的队伍迅速冲进团务委员会。此刻,马仲云正与张功武在抽鸦片。战士李凯最先冲进去,击毙敌卫兵,马仲云从天窗上跳出逃脱。队伍占领了团务委员会,缴获了马仲云装有手枪和图章的皮箱及其他战利品,随即撤出团务委员会。在西门附近,与敌巡逻队打了一场遭遇战。击溃巡逻队后,才发现驻西坪的杨典文模范中队并没有受到攻击,而张建威部却不知去向,一时无法取得联系。这时,农坝队伍弹药消耗过多,又有伤亡减员,已无力单独攻击其他目标。因此,指挥部命令部队撤回校场坝集结待命。

队伍刚到校场坝,一支敌军又沿城墙和北门包围过来,企图截断起义队伍的后路。指挥部当即决定,学生队抢占北门垭口的观音阁,控制制高点,由农坝队伍掩护撤退。指挥部刚撤到观音阁,就与前来包围的敌军接火。经过激战,打退敌军的数次进攻。为了保护指挥部的安全,由蔡明典组成7人的小分队东下新城门,往小河口方向突围,果然吸引了敌军注意力,在小河口遭到敌军阻击。经过激战,敌军溃逃。蔡部从小河口强渡汤溪河,向北往农坝方向撤

---

① 中共万县地委党史资料征集办公室,《万县地区党史资料》,1982年第5期,第10页。

退。21日,在南溪乡,受到南溪、双土两乡团队袭击。罗继良当场壮烈牺牲,蔡明典跌伤,次日在石渠溪被捕。

与此同时,谭林、赵唯、陶闿、温作民等带领包括学生在内的部分人员,往北奔向观音阁后面的五峰楼山梁,经过系虎石撤至距县城20多华里的高峰——栖霞宫。深夜,在栖霞宫附近,县工委召开紧急会议。谭端生主张把队伍拉到南岸隐蔽,赵唯主张把队伍撤到北边农坝乡,利用有利条件整编后再战。经过激烈争论,分析了敌我态势,最后决定:进攻暂停,起义人员隐蔽待命;工委成员谭林、赵唯、陶闿、温作民去上海向党组织汇报情况;赵唯在去上海前先回农坝根据地,安排撤退的人员就地分散潜伏。

云阳工农武装起义,给以马仲云为首的反动派以出其不意的沉重打击,使之惶惶不可终日。马仲云在给四川省"剿共总司令"刘湘的报告中称:"皓(即19日代电字)晚八时,城外匪分道奔至,即蜂拥入会,约三十余人胸系白绳,以连枪、冲锋枪四面密射,共毙队丁五名。""查此中主要共党,皆系公务人员,各有相当地位,尚且如此,其余平民,贫苦不识又将如何?念此复杂人心,几令人防不胜防之虑。"反动派到处张贴通缉赵唯、陶闿、谭端生、张功武、赵禹、李凯等14人的布告。谭端生、张功武、赵禹、李凯等领导人先后被捕,被抓捕的还有有嫌疑的林佩尧等21人。被捕的领导人虽遭严刑审问,但都坚贞不屈。1月25日,谭端生、赵禹、李凯、王本柱、邹隆恩、邹功升等6人被集体枪杀于县城。1月26日,张功武被害。2月27日,蔡明典也遭杀害,贾少云等6名起义战士被判以重刑,连学生也未幸免被丢监判刑。云阳县城乡陷入一片白色恐怖之中。

云阳工农武装起义虽以失败而告终,但仍产生了重大的影响。中国共产党领导革命为劳苦大众求解放的事迹,在深受压迫的下川东地区人民群众中广为传播。尤其谭端生、赵禹、蔡明典等共产党人慷慨赴义的英雄气概,更加深了广大人民群众对共产党的认识。云阳工农武装起义的战火,不仅锻炼了云阳党组织的党员和干部,而且还唤起了更多的进步青年和群众投入革命队伍,为此后党在下川东地区领导革命活动、开展游击战争,在思想、组织等方面打下了坚实的基础。

谭林、陶闿到上海后,很快和中共中央南方局军委取得联系。随后,赵唯、温作民也赶赴上海,与谭林、陶闇会合。南方局军委在英租界拉托维路租下房屋,安置4人。军委组织他们,集中学习并详细汇报起义的经过。军委对云阳武装起义,特别是许多同志的英勇斗争、壮烈牺牲给予很高评价,认为在当时情况下,云阳武装起义在政治上是一个胜利,在军事上也不算失败。军委指出:1.在敌我力量悬殊的条件下,云阳城打响了川东武装起义的第一枪,这就扩大了党的影响,给人民指出了革命方向,播下了革命火种;2.当时云阳城共有11个民丁中队和精锐的警卫排,起义前能使少数中队支援手榴弹和子弹,起义时能使大部分中队中立不战,起义部队只和马仲云顽固势力作战,起义后部队能顺利撤出战斗,说明云阳工委的统战工作是做得较好的。对于起义的教训,大体归纳为三点:1.起义时机没有选准,无法与红军联系并取得支援;2.领导人缺乏领导起义的实际经验,因而组织准备工作粗糙,战场指挥不力;3.群众发动不充分,形成孤军作战状况。① 随后军委组织学习游击战的战略战术,并正式宣布,除陶闇留南方局军委工作外,谭林化名陈柏森,与赵唯、温作民仍回下川东,继续领导革命斗争。

十三、云阳春荒暴动

1935年秋,中共中央南方局军委派陈柏森(谭林)、赵唯返回云阳,清理整顿和发展党的基层组织,发动群众,重整武装,继续战斗。10月,中共云奉边区特别工作委员会在云阳县农坝乡成立,陈柏森任书记,委员赵唯分管组织,委员张述成(李敬成)分管宣传。

为了顺利开展革命斗争,云奉边区特委便在农坝一带积极发展组织,建立了农坝、马罗、汛水、张家湾、向家湾、谢家坝和大湾等支部,发展党员60余名。党组织广泛发动各界群众,建立党的各种外围组织如贫农团、工会、红军之友社、反帝大同盟等。为了广泛发动贫苦农民、矿工参加贫农团和工会,根据山区群众爱唱山歌的特点,陈柏森、赵唯等人还编了《贫农团歌》《矿工歌》等歌曲,广泛教唱。歌曲如实地诉说了贫苦农民和矿工牛马不如的生活和悲惨遭遇,唱出了大家积压在心底的辛酸和仇恨。这两支歌便不翼而飞,传遍了云、奉、巫、开边区一带,出现了许多群众泪水涟涟地唱着歌,要求参加贫农团或工

---

① 中共万县地委党史资料征集办公室,《万县地区党史资料》1982年第5期,第12页。

会的动人场面。由党组织发动并领导的贫农团、工会等群众组织的活动,以农坝乡为中心,在东至巫溪尖山,南至云阳云安、桑坪,西至开县长店房,北至巫溪的炉膛溪这一大片范围内形成热潮。为了组建贫农团,巫溪农民还主动到农坝联系,提出把党组织和贫农团的领导人请去发展贫农团。党组织不失时机地做了大量工作,把斗争推向高潮。较大的贫农团发展团员有数千人,被称为"红了半边天"。

1935年12月,中共云奉边区特委在农坝的写庄坪邓士贵家召开了第一届贫农团(其中包括工会和红军之社)代表大会。到会者有云阳、开县、奉节、巫溪的代表近百人。陈柏森、赵唯、张述成等在会上讲了话。会议讨论通过了张述成起草的《贫农团章程》,主要内容有:

1. 参加贫农团的对象主要是贫农、雇农,包括有少量土地的正绅(即比较开明的小地主),入团不分性别。2. 入团后要听从当地贫农团的指挥,入团交一个铜壳子(铜元)作活动费。3. 贫农团员要团结起来,反对地主老板随便加租加押、随意退佃。4. 秋收时根据当年实际情况,由贫农团决定减租减息。5. 反对拉丁拉夫,反对对农民的高利贷盘剥,苛捐杂税和无偿劳役。6. 阻止并拦截绅粮(有地位有财势的地主)把大量粮食运到外地去高价出卖,不准绅粮借春荒抬高粮价,要定减价米。

这些条款主要是维护农民的经济利益,因此,农民群众更加热爱贫农团组织,参加贫农团更加踊跃。会议还制订了《贫农团代表大会工作草案》,选举了出身贫苦的党员王德发任贫农团主席。会议还决定,在1936年春荒期间,以农坝为中心发动暴动。春荒暴动的形式,准备先向地主要求缓交上年租粮,并要他们拿出粮食"开仓济荒"。如果地主拒绝,就约起群众"吃大户",开仓挑粮;如果地主要整群众,要打官司,就趁机聚众于乡公所,继而夺取枪支,搞武装斗争,建立根据地。

12月底,为适应党组织的不断发展壮大和革命斗争的需要,中共云奉边区特委改建为中共川东工作委员会,书记谭林(陈柏森),委员赵唯(分管组织)、张述成(分管宣传)、赵腾芳、赵学做、陈汉书。[①]1936年初,川东工委决定将领导机关转移到万县城,以便联络组织各地武装。

---

① 中共四川省万县地委组织部、地委党史研究室、地区档案局,《中国共产党万县地区组织史资料》,成都科技大学出版社1994年版,第27页。

此时,马罗、汛水和上山坝等地的一些农民群众,就开始拖延不交租粮。同时,面临饥饿的群众,看到有的绅粮把本地的粮食陆续往外运想高价卖出,十分气愤,要阻关拦粮。党组织便领导贫农团在山路要道设下卡子,阻止地主把粮食运走,并按照原定计划,抓紧做好斗争的各种准备,一场声势浩大的春荒暴动将要开始了。云阳县城的反动势力,原本就将农坝乡一带视为"匪区",现在又发现了暴动的迹象,惊慌失措。县长卢琰立即向省府、专署报称:"有通缉在案之皓变共匪要犯赵唯等,现又潜行回县,不时出没于向家坪、鱼泉、窄口子一带,秘密活动,图谋暴动,职当一面密令大队副杨典文前往查拿,一面电令各乡镇,一体协缉,务获究办。并函咨邻县与驻军第三师独立第二旅第三团团部,严为协缉。"又称"共产分子利用春荒,煽惑愚农,乘机纠众造乱,星火燎原,不容忽视"。随后,便调兵遣将,派兵开赴农坝乡等地"围剿",并派一个团防中队进驻农坝乡的窄口子,对贫农团进行疯狂镇压。另一个团防中队也开赴沙沱镇,通令"煤业工会"和窿主(即煤井老板)封闭废煤窿,严密监视煤工。团防队还四处设卡,缉拿共产党员和贫农团员。

2月上旬,共产党员袁少旅去巫溪湾塘河帮助发展贫农团,路过沙沱镇,被团丁搜出随身所带的《贫农团章程》等资料。在刑讯逼供时,袁少旅供出了共产党员赵载和陈汉书。赵载在窄口子被捕后,供出了农坝支部利用关系派去万县保丁训练班受训的赵学做、陈平、赵学稼三人。陈汉书、赵学做、陈平、赵学稼被捕后,坚贞不屈,始终没有透露党组织负责人的住址。当时,谭林、张述成已去万县开辟工作,赵唯还留在农坝乡画眉垭一带活动。面对上述严重情况,赵唯一方面派人摸清敌情,部署营救同志和群众,另一方面鼓励大家坚持斗争。

4月,赵唯赶赴万县,与谭林、张述成碰头,研究如何应付严峻局势,安排工委的全面工作。在万县新场陈柏澜家开会,由赵唯将农坝等地出现的新情况作了汇报。会议分析了全国和下川东的形势,特别是红军已长征转移到陕甘地区,如果继续准备暴动和武装起义,与形势的发展已不相适应。因此,暂时不再搞春荒暴动,以保存和积蓄革命力量,进行新的斗争。川东工委派张述成赴上海向党组织汇报,得知上海党组织已遭破坏,但通过救国会获悉中共中央关于建立和发展抗日民族统一战线的指示精神。张述成返回万县,汇报了有关情况。9月,川东工委召开最后一次会议。鉴于工委主要领导成员的身份已经暴露,会议决定,停止川东工委的活动,分头转移到成都、自贡等外地活动;基层党组织和党员继续隐蔽在本地活动。

云阳春荒暴动在还没有大规模发动的情况下,便遭到破坏而终止。但是,党组织在广大农民、工人中发展了大批会员、党员,进一步扩大了革命影响,为抗日战争时期云、奉、巫一带党组织的恢复重建奠定了坚实的基础。

土地革命时期,下川东地区党组织在中共四川省委的领导下,按照中央八七会议精神,恢复和整顿党的组织,发动武装起义,掀起了以武装斗争反抗国民党地方反动统治的风暴。下川东各地以中共党员为骨干,广泛发动和紧紧依靠人民群众,积极动员争取革命力量,相继建立起党领导的武装力量,为劳苦大众翻身得幸福,毅然打出旗帜,不畏牺牲,英勇战斗,同国民党地方反动统治势力进行了艰苦卓绝的伟大斗争,曾润百、陈劲言、邓述明、蔡奎、陈云庵、秦伯卿、李光华、谭瑞生等一大批共产党员及革命志士为此献出了年轻的生命,他们视死如归、慷慨赴义的英雄气概,也让更多的人民群众加深了对中国共产党的认识。与此同时,贺龙率领的红军转战下川东及川鄂边区,打土豪,开仓分粮,宣传党的主张,对下川东地区的革命斗争产生了重要影响。在此期间,由于党的领导机关犯了"左"倾冒险和教条主义等错误,迫使地方在组织开展武装斗争中存在急于求成和盲动主义现象,同时缺乏懂军事的骨干人员,加之敌强我弱等客观原因,致使这些武装斗争大多以失败告终,但通过在极端险恶的环境中坚持武装斗争,一是锻炼了下川东地区党组织和广大党员,为后来掀起更大规模的革命斗争积累了经验教训;二是唤起了更多的进步青年和群众投身革命队伍,为最终取得革命的胜利奠定了重要的群众基础。

第三章　党在抗日救亡中积蓄力量

1937年"七七事变"后,中国共产党领导下的各民族抗日统一战线形成。这时,下川东地区在第一次大革命时期发展建立起来的党组织,曾遭到驻万军阀杨森、王陵基等的多次大屠杀、大破坏,党的组织破坏殆尽。随着"西安事变"的和平解决,抗日战争的全面爆发,原失去组织联系的党员,陆续找到了组织,当时转移外地的党员,几经辗转又返回到当地开展工作,并在城乡各阶层积极分子中发展了一大批党员。为适应组织发展和形势任务的需要,1939年春,建立了相当于地委的"万县中心县委",各县县委、特支也相继组建,党的各级组织担当起国家生存、民族危亡的历史重任,一场伟大的抗日救亡群众运动,在万县地区城乡普遍展开,并形成了高潮,为下川东党组织发展壮大和武装斗争的开展积蓄了力量。

一、中共万县地方组织领导的抗日救亡运动

(一)组建万县救国会

"七七事变"标志着全国抗日战争全面爆发。7月8日,中共中央发布《中国共产党为日军进攻卢沟桥通电》,号召全国同胞、政府和军队团结起来,筑成抗日民族统一战线的坚固长城,抵抗日本帝国主义的侵略。

在党的召唤下,万县及下川东地区隐蔽的中共党员,积极行动起来。失掉关系的党员,努力寻找党的组织,转移外地的党员,返回本地开展工作。当时万县地方党组织尚未正式恢复和重建,在这特殊时期,以原红军干部欧阳克明为首建立的万县救国会,便积极领导万县的抗日救亡运动。

欧阳克明,1902年4月出生于四川资阳。大学毕业后,于1931年在上海参加中国左翼作家联盟,1932年1月加入中国共产党。3月,到江西瑞金中央苏区工作。红军长征时被安排留守,于游击战争中负伤被捕,在狱中受尽折磨,后罚做苦工,派到武汉修张公堤。西安事变后作为红军伤员被释放,去上海找

党组织未果,通过关系到川东万县《万州日报》工作。抗战全面爆发前夕,他团结报社总编辑李春雅,联合几位革命青年和失掉关系的共产党员,选定1937年6月3日这天,在报上发起"万县的一日"征文,借此宣传进步,宣传抗战,促使万县人民大众"醒悟起来,联合起来,努力起来,全部走到抗日救亡的战线上去"。征文选登在《万州日报》副刊上,还选了70篇共10余万字,汇集成册,出版发行了一本《万县的一日》专集,在社会上产生较大影响。

为了领导群众掀起抗日救亡运动,欧阳克明决定在万县组建救国会。10月,欧阳克明为组建万县救国会,与重庆救国会总干事漆鲁鱼取得联系。漆鲁鱼刚恢复共产党员组织关系,是新成立的中共重庆干部小组组长,便先后派重庆救国会干事陶敬之、共产党员刘璋达、郭汶(郭祖烈)和进步青年贺方木(方驰辛)到万县,协助欧阳克明筹建万县救国会。随后,万县救国会正式建立,陶敬之任总干事,欧阳克明、刘璋达、贺方木、郭汶为干事,组成干事会。干事会的人都在万州日报社工作,报社编辑部便成了万县救国会的大本营,他们在这里具体领导万县的抗日救亡运动。

万县救国会是秘密组织,为了开展活动,欧阳克明便协助总干事陶敬之在报社组织报告会、时事座谈会、读书会,向广大作者、读者宣传抗日救亡。同时,又组织半秘密的学联,在广大青年学生中开展工作。还公开组织万县文化界救亡会,团结一批文化界人士,参加抗日救亡活动。又组织剧社和歌咏工作队,通过演出戏剧,教唱抗日歌曲,以唤醒民众投身抗日救亡运动。国民党当局迫于压力,也成立了官办的各界抗敌后援会。为此,救国会的同志开会研究对策,决定打进抗敌后援会去做抗日救亡工作。随后,万县救国会总干事陶敬之担任了万县各界抗敌后援会秘书,救国会干事郭汶、贺方木等都担任了万县各界抗敌后援会的部分职务。在陶敬之的安排下,他们利用这个公开组织,进一步领导万县群众,积极开展各种抗日救亡活动。

(二)大力开展抗日救亡宣传

中共四川省工委为了在下川东组织领导抗日救亡运动,首先掌握了《万州日报》这个舆论阵地,广泛深入地宣传抗战前线将士英勇战斗的事迹和共产党的抗日主张。

《万州日报》从20世纪20年代末期,就是军阀刘湘在下川东的喉舌。抗战全面爆发前夕,刘湘心腹万县警备司令刘光瑜任万州日报社社长。刘光瑜从重庆找来他的老师李春雅作总编辑,主持笔政。

1938年3月,在《万州日报》工作的欧阳克明恢复了共产党组织关系,并成为下川东党组织负责人,便主动团结李春雅,由李出面把报社编辑部的一批反动报棍撤换,安排共产党员和进步青年作编辑、记者。欧阳克明又在报社发展党员,建立报社支部,使《万州日报》这个舆论阵地,完全掌握在共产党手中。从此,《万州日报》对有关抗战全局的大事,总是突出进行宣传报道。对全国性的抗日救国活动,更是大做文章。平型关大捷后,《万州日报》用头版显著位置刊登这一胜利喜讯。当《新华日报》登载了延安抗日军政大学招生的广告时,《万州日报》便改编成消息在国内新闻版刊登,给广大青年指出了一条投身革命的光明大道。《大公报》记者范长江去陕北后写了长篇通讯《陕北之行》,刊登在《国闻周报》上[①],详细报道了陕北的革命活动和民主新风,《万州日报》立即全文转载,使广大民众加深对共产党和陕北的了解。

《万州日报》还开辟自己的言论阵地,常常在"时论"专栏里,评述有关抗日救亡的大事,并在"世事阳秋""南北极"等小言论专栏中,宣传抗日,针砭时弊。

为了激励民众同仇敌忾的抗日精神,《万州日报》在九一八事变7周年纪念前后,刊登《东北将士眷属来万县》的长篇访问记,叙述东北三千万同胞在日寇铁蹄下的牛马生活,以及抗日义勇军在白山黑水间浴血奋战的悲壮事迹,九一八纪念日这天,报纸专门出刊《"九一八"国耻纪念七周年特刊》,号召大家要"继续血腥的斗争,来洗雪九一八的奇耻"。

《万州日报》副刊,几乎每期都是以抗日救亡为中心,开辟"学生园地""青年生活""店员阵地""妇女生活"和专门宣传革命理论的"灯塔"等专栏,还刊出歌咏特刊,宣传介绍抗日歌曲。副刊曾用一整版刊登《农村工作讨论提纲》,对在农村开展抗日活动的宣传、组织、统战等工作,提出具体目标与要求。在副刊上还登载一些很有分量的文章。如新四军战士叶萃投寄给报社的《新四军在皖南》,用具体生动的事例宣传"新四军纪律好,对待老百姓好,在前线勇敢杀敌"。云阳青年盛超群(解放前夕牺牲在重庆"中美合作所"的烈士)到延安

---

① 杜之祥著,《三峡风雷——下川东中共党史采珍》,四川民族出版社1992年版,第72页。

后,写了长诗《静静的延河》寄给《万州日报》发表。

1938年5月,毛泽东同志发表了著名的《论持久战》,及时驳斥对抗战前途持"速胜论""亡国论"及"曲线救国"等谬论,澄清混乱思想,以推动抗日战争的胜利发展。

此时,党的万县县委刚刚建立,便决定在《万州日报》上及时转载《论持久战》。万县县委书记欧阳克明说服报社总编辑李春雅同意,并征得万县警备司令兼报社社长刘光瑜的支持,《万州日报》终于在6月全文连载了毛泽东同志的《论持久战》,连载该文时,报社编辑部配发时论、社论,号召人民大众积极学习,将抗战进行到底,以争取彻底胜利。

为了广泛宣传《论持久战》,万县县委又多方面进行工作。1938年夏天,下川东各县保安队干部来万县集训,总负责人是万县专区保安司令部副司令肖中鼎,他刚参加中国共产党不久。当时,国民党正面战场军事上节节失利,为了在保安干部中宣传我党关于抗日的路线、方针,党组织指示肖中鼎,要他授意教练长顾培楠(共产党员)将毛泽东的《论持久战》作为集训的主要内容,借以坚定保安队干部们对抗日持久战的信心。这年寒假举办万县地区学生战时训练团,参加受训的有300多名中等学校学生。主持集训的仍是肖中鼎,他仍安排顾培楠讲毛泽东同志的《论持久战》,使同学们受到一次坚持抗日持久战的教育。随后,作为专区保安副司令的肖中鼎,又先后到万县、开县、忠县、云阳、奉节、巫山和巫溪等县,以检阅自卫队的名义,在万县中心县委的指导下,他每到一处,都大力宣传党的团结抗日方针及抗日持久战的思想。在下川东,由于万县中心县委对毛泽东著作《论持久战》进行大张旗鼓的宣传,人们纷纷反映:"还是共产党有办法!""中国有出路,争取抗日战争胜利有希望!"

《万州日报》发行遍及下川东,远至成、渝和宜昌、武汉等地,发行量最多时高达5000多份。①《万州日报》是国民党出钱办报,宣传共产党的抗日主张,成为党组织在抗日救亡运动中开展宣传的坚实舆论阵地,极大地推动了抗日救亡运动的不断高涨。

---

① 杜之祥著,《三峡风雷——下川东中共党史采珍》,四川民族出版社1992年版,第74页。

(三)掀起抗日救亡运动的热潮

为了更好地组织领导抗日救亡运动,中共万县县委组建了歌咏工作队、读书会、戏剧社,开设书店,创办学校,一方面以此为舞台开展抗日救亡运动,一方面不断发展党员,壮大组织力量。

广泛开展歌咏活动。万县县委指定宣传委员郭汶和党员贺方木等举办战时青年训练班,培训歌咏活动骨干。来自下川东各县及毗邻的开江、石柱和湖北利川等县的一百多名爱国青年,经过短期培训后回到当地,很快就把歌咏活动开展起来,抗日歌声便在街头巷尾、工厂农村、机关学校到处回荡。郭汶和贺方木又在万县城内组织起歌咏工作队。除开展歌唱活动外,还在队员中组织读书会,发展党员,并建立歌咏支部。歌咏工作队的活动开展得有声有色。他们三五人一组,分别到街头去演唱或教唱抗日歌曲,宣传抗日民族统一战线和党的《抗日救国十大纲领》,揭露日寇对华战争中的种种残暴罪行。在一些剧院演出休息间歇,或在一些群众性集会上,歌咏队员也去放声高唱抗日歌曲。歌咏队又经常到后方医院去慰问从抗日前线转下来的伤病员,到港口码头去迎送抗日战士,还不定期翻印一些抗日歌曲,分送到机关、学校及群众文艺团体。

1938年10月,武汉失守的消息传到万县,一些群众产生悲观情绪,郭汶和贺方木立即带领歌咏队去到万安桥头,开展以坚持抗战为中心的演讲、歌唱宣传活动。1939年元旦,贺方木领导的歌咏工作队,在万县西山公园举行了"中国不会亡"的歌咏大会,[①]有城区各中小学、各民众团体、码头工人、商会等单位和市民群众近万人参加。党员贺方木指挥这个合唱队,唱了《义勇军进行曲》《救亡进行曲》《大刀进行曲》《游击队歌》《保卫黄河》等抗日歌曲,合唱、轮唱的歌声响彻云霄。会后又举行声势浩大的抗日示威大游行,充分显示中华民族不可战胜的伟大精神。

积极开展抗日戏剧活动,以舞台当战场,形象地宣传抗日救亡,是下川东党组织唤醒民众,投身抗战活动的另一形式。开展戏剧活动最为活跃的是万县县委直接组织领导的"力的剧社"和"三一剧社"。剧社不仅演出街头剧《放下你的鞭子》,还演出舞台剧《中华民族的子孙》《古城怒吼》《后防》等,都收到

---

① 杜之祥著,《三峡风雷——下川东中共党史采珍》,四川民族出版社1992年版,第75页。

极好效果。当时,恰逢大批川军出川抗日,部队路过万县时,"力的剧社"多次为部队演出,深受官兵欢迎。川军独立十七旅要组建一支随军宣传队,该旅刘旅长便要求将"力的剧社"调作该旅的随军宣传队。经万县县委研究同意,便派"力的剧社"社长方仲华带领剧社成员,参加这支部队出川,走上抗日前线,直接为抗战贡献力量。

在抗日救亡热潮中,开设在万县由党领导的生活书店、解放书店,公开在《万州日报》上刊登大幅广告,在闹市区环城路出售《马克思主义基础》《国家与革命》《抗日民族统一战线教程》《救亡手册》等马列主义读物及进步书籍。为了支援抗日将士奋勇杀敌,下川东党组织通过当地各界抗敌后援会或献金委员会,积极发动群众开展募捐、献金等活动。由万县中心县委委员李英才、胡昌治、孙慕萍等所掌握的万县各界抗敌后援会,仅在1939年,就动员各界群众捐献法币8.5万元,募寒衣9万件,分发给流亡来万县的难民过冬,并寄赠抗日前线将士。同时,万县还捐献飞机4架支援抗战。

抗战时期,中共万县中心县委曾在报纸上公开号召共产党员、进步青年去延安寻求革命真理和救国之道,更好地武装思想,拿起武器奔赴抗日战场驱逐日寇,为中华民族解放贡献力量。在中共万县中心县委的精心安排下,到1940年初,下川东先后有100多名有志青年奔赴陕北延安。为了帮助去延安的青年弄证明,党组织花费了很大力气。一些人的证明,是写的《万州日报》"战地记者";有的"通行证"通过共产党员、保安副司令肖中鼎盖上了"万县保安司令部"的印记;省万师的同学,又是以"考察教育"为理由。[1]为了资助穷苦青年去延安,党组织负责人、《万州日报》编辑欧阳克明征得报社总编辑李春雅同意,在报社空出两个编辑的名额,工作由大家顶替,把薪水积存起来,作为资助穷苦青年去延安的费用。

抗日战争时期,中共万县中心县委先后在万县创办私立国本小学、国华中学。两所学校都以延安抗大校训"团结、紧张、严肃、活泼"为校训,贯彻党的抗日救国教育方针,并积极开展党的活动,发展党员建立支部。国华中学的19名教职工中有13名党员,建立1个教联支部,530名学生中有60多名党员,建立了6个支部。但由于国民党消极抗日积极反共的面目逐渐暴露,两所学校

---

[1] 杜之祥著,《三峡风雷——下川东中共党史采珍》,四川民族出版社1992年版,第78页。

都遭到厄运。国华中学被国民政府教育部强行停办查封;国本小学被万县专署接管后更改校名,交由三青团执掌。

在国华中学被查封前夕,6月18日深夜,河口场党组织负责人何华生探听到万县反动当局派出的宪兵武装到了河口场,第二天他们将前往国华中学查封该校,并将逮捕中心县委委员胡昌治和党员何剑薰。他连夜赶到学校,将这一紧急情况向学校教师、万县中心县委书记黄蜀澄作了汇报,黄蜀澄立即召开教联支部紧急会议,要大家立即做好应变准备,并决定胡何两人马上撤离学校,由学校副董事长、万县中心县委委员刘孟伉设法将两人分别转移至昆明和重庆。

国华中学被查封后,万县中心县委书记黄蜀澄带领部分教职工和学生中的共产党员,到万县高梁乡廖家沟办党训班历时一月左右,然后黄蜀澄才经梁山再转重庆;中心县委委员刘孟伉去了开县;中心县委委员李英才带领蔡去非、王剑端等10多个党员学生,到奉节甲高坝王剑端家办党训班,也历时一月多,然后李英才又去云阳、巫山、巫溪等地,整顿党的组织和安排国华中学回乡的共产党员学生。7月底,刘孟伉和李英才分别回到万县。这时,国民党政府已正式通缉他们,两人在万县不能立足,便撤离至重庆由上级组织安排工作。学生中的共产党员,绝大部分回到本县,成为抗日救亡运动的骨干。谭云鹤、陶志明、郎立夫、蔡去非等人,历尽千辛万苦,通过不同途径,先后去到革命圣地延安,进入抗大或鲁艺学习后走上抗日前线。

二、中共云阳地方组织积极开展抗日救亡宣传

1938年春,全国抗日救亡运动高涨,抗日救亡洪流席卷神州大地,云阳国共合作抗日的政治局面基本形成。中共云阳县委抓住契机,发动进步群众,安排共产党员进入县城及各乡镇的抗敌后援会,用实际行动担负抗日救亡运动的领导责任,大力开展抗日救亡工作。相继建立了农坝乡抗日救亡宣传队、东城小学读书求知会、双土乡小学校外同学会、云阳县小学教师联合会(原名云阳县小学教师研究会)、云阳县小学教师假期工作团、云阳县抗敌剧团、云阳县儿童宣传团、云安河南小学抗日救亡队、云安河南小学歌咏队、云安河北小学戏剧队、云安河北小学宣传队、云安盐场工人识字班、云安盐场井灶产业工会、

鱼泉工人读书会、竹溪乡学术研究会（后改名竹溪乡读书会）、竹溪乡农民互助会，等等。这些抗日救亡团体把涓涓溪水汇成抗日救亡洪流，为云阳轰轰烈烈开展抗日救亡运动提供了组织保证。

在中共云阳县委的领导和影响下，云阳抗日救亡运动开展得轰轰烈烈，特别是宣传活动最具有影响和特色，其活动内容丰富多彩，活动形式生动活泼，活动范围遍布城乡，有效地激发了云阳民众的爱国热情和民族精神，增强了战胜日本侵略者的信心。

1938年春，韦奚成在东城小学发起组织了读书求知会，在双土乡小学发起组织了校外同学会等抗日救亡团体。利用星期天和课余时间，他组织本校、云职中、云中、云女师等学校的青年教师和学生，阅读《列宁主义初步》《恩格斯的事业》《大众哲学》《可爱的中国》《铁流》《母亲》《群众周刊》等革命进步书刊。针对当时有些青年对中国革命以及抗日救亡的一些模糊认识，他宣传中国革命的方向和中国共产党抗日民族统一战线的正确主张，启发和教育青年要关心国家大事，树立抗战爱国的思想，动员团结更多人士投身到抗日救国的火热斗争中去，为抗日救亡作出贡献。与此同时，刘石泉在竹溪乡组建起学术研究会和民众夜校，并通过募捐筹集经费，订阅了《新华日报》《群众》《全民抗战》《战时青年》等进步报刊，组织青年师生、农民，并吸引进步人士参加学习，大力宣传党的全面抗战路线，揭露日本军国主义的侵略罪行，唤起民众投身抗战洪流，并培养建立了一支抗日宣传队伍，使竹溪乡的抗日救亡运动热火朝天地开展起来。

1938年夏，云安党组织开办了云安民众阅报室和云安工人识字班，对市镇居民和盐场工人进行抗日救亡宣传。在民众阅报室里，陈列了当时流行的各种书报杂志，其中有《群众》周刊和《抗战哲学基本问题》《呐喊》《彷徨》《大众哲学》等进步书籍，吸引了成百上千的读者。同时，党组织还利用工人、市民看书读报和聚会的时机，向他们分析抗战形势，宣传党的团结抗日主张，灌输革命进步思想。民众阅报室就成为了党开展抗日救亡运动的宣传阵地、进行工人运动的重要组织场所。为办好云安工人识字班，党组织选派共产党员担任义务教员，对工人既教授文化知识，更注重政治宣传，宣讲抗战形势和救亡图存的道理，激发工人的抗日热情，提高工人的阶级觉悟。

为了扩大抗日救亡宣传,1938年秋,县委邀请回到家乡云阳进行抗日救亡活动的延安抗日军政大学学生盛超群到云中、云女师和城区小学,进行抗日演讲。盛超群以自己的亲身经历,宣传中国共产党团结抗日的主张,详细介绍八路军英勇抗战的伟绩和抗日根据地军民携手合力抗日的动人场景,极大地激发了广大师生的爱国热情。盛超群还把从延安带来的《抗大校歌》《游击队之歌》等歌单和《抗日游击战术讲义》等材料送给周初人,以便在师生中进行抗日救亡宣传。与此同时,县委还邀请刚从延安归来的郭良,在云安各学校师生、盐场工人和市镇居民中,教唱《延安颂》《抗大校歌》《黄河大合唱》等抗日歌曲。在党的引导下,挽救民族危亡的呼号、振奋革命精神的歌声、反抗日本侵略的怒吼响彻云阳大地。

革命文艺是中国共产党领导中国革命的重要战线之一。抗战全面爆发后,在中共云阳县委的领导和影响下,云阳城乡抗日救亡文艺宣传活动十分活跃。共产党员带领积极分子深入场镇、乡村和矿山,利用讲演、歌咏戏剧、车灯、莲宵、金钱板、标语、漫画、壁报等多种形式宣传抗日救亡。1938年春,赵唯等在农坝地区组织起以党员为骨干、有青年农民和学校师生参加的抗日救亡宣传队,通过演讲、戏剧、歌咏、莲宵、车灯等群众喜闻乐见的形式,在云、奉、开、巫边区的9个乡、3个镇、54个保进行抗日救亡宣传,时间持续一年多,使成千上万的群众受到了深刻的爱国主义教育。共产党员魏秉权、温子白分别在云安河南小学、河北小学组织歌咏队、戏剧队排练《义勇军进行曲》《大刀进行曲》《放下你的鞭子》等抗战歌曲和戏剧,在云安盐场、南溪、盐渠、硐村、梅子等地进行义演,受到民众热烈欢迎。

7月,共产党员余晓东利用云阳各界抗敌后援会的名义,发起组织云阳县小学教师联合会后,又以小教联为基础成立小教工作团。暑假期间,余晓东率领团员20余人,巡回全县各地开展抗日救亡宣传,历时40多天,先后到达凤鸣、盘石、云安、双江等10多个乡镇,印发传单1000多份,张贴标语、漫画数千份,开展以讲演、戏剧为主要形式的抗日救亡宣传。

9月,共产党员林向北在县城东城小学、西城小学、云女师附小和区立小学中,挑选了部分教师和学生,组成云阳儿童宣传团,利用暑假带领一群10多岁的娃娃,到云阳长江南北两岸的10多个乡镇,采用唱歌、跳舞、演戏和慰问等生动活泼的形式,积极宣传抗日救亡,深受群众喜爱和欢迎。1939年7月,国民政府军事委员会第三厅孩子剧团演出一队20余人,在代理队长林犁田(许瀚如)的带领下,先后在县城、云安两地进行历时28天的抗日救亡宣传。他们在街头巷尾刷写抗日救亡标语,演唱抗日救亡歌曲,演出抗日救亡新剧。这些宣传活动大大激发了民众的爱国热情,鼓舞了民众将抗战进行到底的信心和决心,推动了全县抗日救亡运动向纵深发展。

与此同时,中共云阳县委还积极发动党员利用报刊、书店等大力宣传抗战、宣传党的主张。1938年冬,随着抗日救亡运动的逐步深入发展,云阳县委利用统战关系,安排共产党员郭启民(郭奇)、林向北进入云阳公报社,以便利用这张报纸,使之成为党组织开展抗日救亡宣传的舆论阵地。郭启民、林向北以记者身份为掩护,在报社编辑、记者和排字、印刷工人中,积极开展工作,使报纸内容、版面等方面有很大革新,经常刊登宣传共产党的政治主张,传播革命进步思想,宣传抗日救亡道理,揭露日军侵华罪行,报道抗日救亡运动和其他方面重大革命事件的新闻、电讯和评论文章。与此同时,不少共产党员还创办壁报、油印小报、板报等,利用这些舆论阵地,宣传抗日、抨击敌人、教育鼓舞人民。1939年春,云阳县委决定由余晓东负责在县城组建云阳书店,并在县内云安、小江等地区和奉节、开县、巫山、巫溪等县开设分店,专售宣传党的团结抗日主张,传播马克思主义,宣传八路军新四军英勇抗战事迹,报道抗日根据地伟大业绩的革命进步书籍和报刊,所售刊物均由万县生活书店供给。余晓东、林向北还将国民党政府查禁、不准销售的《国家与革命》《反杜林论》《大众哲学》《社会科学二十讲》《群众》《生活》等一批革命进步书刊,秘密装运到云阳,在小河口、西坪等地设摊推销,或广为赠阅。云阳书店从创办到被国民党云阳当局查封,虽然只有几个月,但是它作为党的宣传阵地,将革命精神、抗日救亡道理、马克思主义思想送到千家万户,启迪了云阳人民的思想,为造就一批革命知识分子,发挥了积极作用,产生了深远的影响。

为了激励前方将士奋勇杀敌,中共云阳县委发动组织群众,积极参加县优待抗日军人家属委员会的工作,组织共产党员和群众慰问抗战军人家属,或寄慰问信,或送生活品,尽力帮助解决军属的生活困难。1939年2月后,一批批的抗战负伤官兵,陆续从前线送到云阳后方医院治疗。县委专门召开会议,部署共产党员说服教育群众尊敬负伤官兵,要求党员多接近伤病员与其交朋友,并尽力设法疏通伤员管理部门,做好伤员的接待、治疗工作。党员们深入伤员营房,赞扬他们英勇抗击日本侵略者而光荣负伤的英雄行为,嘘寒问暖,体贴周到。在共产党员带领下,云女师学生到后方医院,热情护理伤员,缝补浆洗衣被,读写家信,演唱抗日歌曲,演出救亡戏剧,使伤病员们深受感动。

受中共云阳县委的宣传教育影响,加之受从延安返乡进行抗日宣传的盛超群、郭良等革命青年的激励鼓舞,云阳青年掀起了一股奔赴延安寻求革命真理和抗日救亡道路的热潮。从1938年至1940年,县委动员组织青年学生100余人分批结队奔赴延安,其中经城口陕南去延安的有7批80余人。这些奔赴延安的青年很快成为革命事业的骨干,为中华民族的解放事业作出贡献,有的甚至为革命献出了宝贵的生命。

抗战时期,在中共云阳县委的领导和影响下,云阳抗日救亡宣传活动盛况空前,对唤醒民众同仇敌忾,促进全民族抗战,产生了重要作用和深远影响。①

三、中共开县县委的建立与唤醒民众支援前线

(一)中共开县组织的恢复与演变

1938年春,在外地加入共产党的黄楠材,在万县与其中学老师、共产党员刘孟伉接上组织关系。黄楠材再次到开县任教后,分别找到张仲屏和许寅宾,谈论时局,告知各自的党、团员身份。在万县中心县委领导下,成立开县党的秘密组织时,恢复张仲屏、鄢开元等人的组织关系,接着发展许寅宾等一批党员。

同一时期,在成都协进高中读书的共产党员刘仿韩,回到开县,组织关系由成都经梁山转回。在开县发展党员张子信、宁克成、张福庆(女)等,建立党支部,刘仿韩任书记,由梁山特支领导。刘仿韩还与鄢开元、许寅宾取得联系。不久,梁山特支委员陈冠峨来开县检查工作,找到刘仿韩等人,了解到开县党组织的具体情况。

新建立的中共万县县委,根据梁山特支的报告,于5月派县委委员刘孟伉来开县,按照上级"凡是一个县清理后或发展到三个党员的,即可单独成立县

---

① 中共云阳县委党史研究室著,《中国共产党重庆历史云阳县卷》,重庆出版社2013年版,第35—36页。

特支,组织关系交上级领导"的指示,组建开县特支。黄楠材任书记,张仲屏、许寅宾、鄢开元、宁克成为委员,张仲屏分管组织,许寅宾分管宣传,鄢开元负责东里一带工作,宁克成负责浦里一带工作。刘仿韩领导的支部由梁山特支交开县特支领导,开县特支直属万县县委领导。

开县特支成立后,主要的工作是清理和发展党的组织。在短短几个月时间里,恢复张兆琦等人的组织关系,发展杨文高、廖家岷、谢守信、周心明、彭德之、王梦痕、李汉藩、鄢万全、陈仲兰(女)、王春庭、丁月槎、陈俊卿(女)、赵景福、杨全安、宁陶等为党员。先后恢复和发展党员50多名,另从外地转回关系的有10余人,在临江、开中、县立中心小学、开女中及开女中附属小学(原县立女子高级小学)陆续建立党的组织。9月,在温汤井、赵家场分别建立党支部,鄢开元兼任温汤井支部书记,杨文高任赵家场支部书记,赵景福、杨全安为委员。

1939年1月,中共万县中心县委建立。中心县委委员刘孟伉再到开县,将开县特支转为开县县委,书记黄楠材,委员张仲屏、许寅宾、鄢开元、宁克成。县委成立后,为培养一批革命青年去各乡镇工作,黄楠材以增强小学师资力量的名义,向当局建议在开中和开女中设置简易师范班。当局采纳这一建议,在招生时,黄楠材亲自出题考试,并通过面试选拔学员。简易师范班开学后,黄楠材等又利用在师范班教学的有利条件,在学员中积极培养和发展党员,并在开中简易师范班建立支部,黄楠材兼任书记。

8月,为适应斗争形势,万县中心县委调黄石山、黄周榆(女)夫妇到开县,加强开县党组织的力量。县委新的组成人员是:书记黄石山、副书记黄楠材,委员许寅宾、张仲屏、黄周榆。县委领导班子调整后,宁克成接替黄楠材任开中简易师范班支部书记;在开女中建立两个党支部,其中一个支部由黄周榆兼任书记;在开中建立一个支部,黄楠材兼任书记。

这一时期,在省万师读书的共产党员谭天睿(谭天)于1939年春利用假期回家的机会,在五通乡黄家岩发展黄良(黄赤化)、李秀朴、黄地兵等人入党,建立黄家岩支部,黄良任书记。随后,黄良等在善字山发展桑良植、黄地泉、李继生、张习智、张显清等人入党,1940年建立善字山支部,桑良植任书记。

中共开县特支和开县县委成立后的短短两年时间里,全县党员、党组织得到较大发展,共产党在开县的革命活动进入又一个高潮。

(二)掀起抗日救亡高潮

1935年中共开县中心县委被破坏和1936年春长店坊党团小组停止活动以后,党在开县的活动陷入低潮。在这种情况下,失去组织联系的共产党员张仲屏、陈仕仲和共青团员黄楠材、许寅宾,在他们工作的县城和一些乡间学校,积极宣传党的抗日主张,开展抗日救亡活动,并将一批爱国青年团结在一起。早期的抗日救亡活动引起了国民党开县当局的注意,黄楠材因发动学校师生深入附近农村宣传,在国民党开县党部书记肖洪九逼迫下于1937年初出走川西广汉,直到抗日民族统一战线正式形成后才回到开县。

中共开县特支、开县县委成立后,订阅当时公开发行的中共中央长江局主办的《新华日报》和《群众》杂志,作为行动指南。根据万县中心县委指示,积极组织、领导抗日救亡运动。当时,国民党开县当局已经成立抗敌后援会,因为国民党的抗日立场并不坚定,加之抗敌后援会主要负责人谢南城身体每况愈下,其作用未得到充分发挥。处于地下活动状态的中共开县特支,通过张仲屏等做通谢南城的工作。谢南城表示尽力支持共产党的抗日活动,帮助张仲屏进入抗敌后援会领导班子。此后,张仲屏逐步掌握开县抗敌后援会的一些领导权。中共开县特支和开县县委,利用张仲屏的合法地位,根据中共中央《抗日救国十大纲领》等指示,公开组织大张旗鼓的抗日宣传。

张仲屏进入抗敌后援会不久,即着手组建抗敌后援会话剧团,组织廖家岷、谢声骥、许君诚、王宇人等人筹备演出《古城的怒吼》《中华民族的子孙》等大型话剧。在张仲屏带领下,抗敌后援话剧团深入到全县48个场镇巡回演出两个多月,观众达10万余人,话剧团沿途书写抗日标语,绘制抗日漫画,鼓励广大青年参加抗日军队。1938年底,张仲屏组织廖家岷、张子信、李汉藩、肖燕成、许君诚等中小学校长、教师,成立优待委员会,深入农村慰问抗战军、烈属,向他们赠送募集来的钱物,并为他们演出抗日救国节目。

1939年7月7日,抗敌后援会会同国民党开县当局,在抗日战争两周年纪念之际,举行抗日阵亡将士暨死难同胞纪念碑落成典礼。纪念碑位于县城中心一衙门口,背面镌有"古北口抗日殉国烈士王润波团长永垂不朽"。同日,共产党员、进步青年及爱国群众数千人,在中山公园召开追悼会,高唱《义勇军进行曲》,纪念抗日烈士王润波。

地下党组织除利用抗敌后援会外,还利用其他途径,宣传抗日救国思想。1938年,在国民党万县行政区保安司令部任副司令的共产党员肖中鼎,以检查开县自卫中队工作为名来开县,根据中共万县中心县委的部署,以《论持久战》为主要内容,宣传中共的抗战团结方针,对部分上层进步人士开展统战工作,鼓励其积极投身于抗日救亡运动,多做对国家民族有益的事情。黄石山、黄楠材、张仲屏、许寅宾、黄周榆等一些在学校任教的党员,充分利用其教师身份,对学生进行抗日爱国教育,在他们的组织或影响下,以开中、县立中心小学、开女中的党员和进步师生为主体的知识青年,先后成立各种抗日团体,广泛开展抗日宣传活动。

黄楠材主办油印小报《长江》,三天一期,亲自撰稿,宣传毛泽东的《论持久战》,转载《新华日报》的文章,宣传抗战。在《长江》小报影响下,县立中心小学教师队伍中的共产党员廖家岷、彭德之、张兆琦、李汉藩、陈延芳等创办《鸡声周刊》,宣传抗日救亡。

1940年春,共产党员隗林森联络开中涂昌梁、张锦城、刘振寰等进步学生成立怒吼壁报社,每周一期、分贴六处的《怒吼壁报》揭露日本的侵略罪行,反映各地的抗日活动,同时抨击国民党的投降政策。县立中心小学组织教师教学生唱《义勇军进行曲》《流亡三部曲》《大刀进行曲》等抗日歌曲,指导学生演爱国戏,带领学生作街头宣传。1940年暑假,怒吼壁报社的开中学生,邀集隗其藩、陈伯霖、沈孟良等校外青年共20多人成立青年歌咏队,利用节假日和课余时间,在县城十字街和东街西街等闹市区,敲锣打鼓,用独唱、轮唱和齐唱的形式演唱《流亡三部曲》《黄河大合唱》《送郎参军》《满江红》《义勇军进行曲》等抗日爱国歌曲,还利用演出间隙,进行简短激昂的演讲。

一些进步师生和知识青年,在抗敌后援话剧团的影响下,先后组织成立汉丰剧社、江涛剧社、启明剧社、国光剧社、青年剧社、清濑剧社、清江剧社、醒民剧社、临江剧社和铁桥学友励进剧社等。汉丰剧社由刘恺领导开中、开女中的40多名学生组成,段胜智、吴荣、伍必玲(女)等积极参与活动,先后演出《齐上前线》《播种人》《棠棣之花》《放下你的鞭子》等话剧、活报剧。

各种讨论会、读书会、形势报告会也应运而生。中、小学生纷纷走上街头，进行演讲，散发传单，张贴漫画、标语，揭露日本侵略军践踏中国国土残杀中国人民的罪恶行径。

开县党组织领导的抗日宣传，掀起了全县抗日救亡高潮，寺庙的僧侣也加入到抗日的行列。1940年，开县佛教徒发表《开县战时僧侣服务队宣言》，称"本着大乘佛教救人救世的精神，自应义不容辞地担当起抗日救亡图存的工作"。持续广泛的抗日宣传活动，增强了广大民众的民族意识，人们为抗日救亡，有力出力，有钱出钱。[1]这一时期，在开县各级党组织的组织或影响下，陈仕仲、熊中节、欧德极、鄢林、陈心波、杨文高、陈仕江、廖家岷、陈月辉等一批共产党员和进步青年，跋山涉水，冲破国民党军警的封锁、阻挠，奔赴延安追求革命真理。

(三) 积极组织发动支援前线抗战

淞沪抗战后，国民党政府被迫迁都重庆，日军占领武汉等地后，开始对重庆实施战略大轰炸。开县地处武汉、重庆之间，日机在轰炸重庆的途中，多次飞越开县上空，投掷炸弹。1941年，日军还对开县温泉镇和县城进行了有计划的轰炸。8月11日，9架日机在温泉镇上空，投弹46枚，并用机枪向船工、盐工和居民扫射，导致34人死亡，43人受伤，20余幢房屋被毁，多处盐灶被炸。8月17日，16架日军轰炸机飞临县城上空，投弹78枚，用机枪疯狂扫射。导致县城居民170人死亡，400余人受伤，30余幢房屋被毁。日机的轰炸，使开县人民生命财产蒙受重大损失，带给开县人民严重的精神创伤。温泉遭轰炸后，老百姓一听到飞机声音，便前往周边的仙女洞、祖师洞等地躲避，"跑飞机"成为家常便饭。县城被炸后，一部分市民迁至农村，一些单位也搬迁到乡下。开中、开女中先后搬迁到观音坝(今丰乐中学)、谭家寺(今石碗中心小学)。

日机轰炸开县前后，开县党组织积极组织、动员全县党员带头捐钱捐物，同时通过各种渠道号召全县人民有力出力，有钱出钱，支援前线。抗战期间，开县人民积极行动，踊跃捐献，谱写出一曲伟大的爱国主义壮歌。

在共产党员的号召下，一些学校首先行动起来。开女中学生捐献节约下

---

[1] 中共重庆历史开县卷编纂委员会著，《中国共产党重庆历史开县卷》，重庆出版社2012年版，第25—30页。

来的零花钱,并把捐赠衣服的行动推动成为募捐寒衣的群众运动。还利用课余时间,精心绣制枕套、手巾,利用手工纸、茧壳制作瓶花在全县义卖。以县立中心小学为代表的许多小学,发动学生定期或不定期地将自己的糖果钱投入储蓄箱捐献。有的剧社在演出时,将一些位置好的座位命名为荣誉座位,收取的座位费全部捐献给前线。在共产党员的积极带动下,全县出现捐钱、捐药、募寒衣的热潮。

1937年,国民政府开始在田赋项下,每年随征30%国难费。开县1939年征收国难费58316元,1941年上升到282500元。1941年,国民政府发起捐献军粮运动,当年开县献粮1617石,1942—1945年,开县的献粮数分别为6816、7218、17956、41636石。1941年8月,根据"一县一机"的倡议,开县人民筹集20余万元,相当于捐献飞机1架。

抗日战争全面爆发后,国民政府开始在全国征调壮丁。1937年9月,开县动员委员会成立,负责登记和征调壮丁。到1945年,共征集壮丁6万多名。被送往抗日前线的开县籍战士,奋勇抗敌,有记录的阵亡将士达1382人。[①]

四、中共巫山地方组织开展舆论宣传和组建进步团体

1938年7月,中共党员柳特因等人来巫山,以教师为公开职业掩护其革命活动。他们充分利用国共合作抗日的政治条件,以课堂为阵地从事抗日救亡活动。承办《民众导报》占领舆论阵地,成立进步团体组织抗日救亡宣传队,大力宣传党的团结抗日方针和进步思想,把抗日救亡活动搞得有声有色,从而唤醒民众,奋起抗日。

(一)引领课堂

柳特因等人利用统战关系,接受巫山县县长邀请担任巫山县教师暑期讲习会教员。他们立足本职、革新教材,通过教学和组织读书会等形式,在学生中传播革命思想,宣传革命真理,发动和组织学生投身抗日洪流,为巫山抗日救亡运动打下了坚实的基础。

他们在课堂上介绍抗日形势,宣讲毛泽东的《论持久战》,揭露日本法西斯

---

① 中共重庆历史开县卷编纂委员会著,《中国共产党重庆历史开县卷》,重庆出版社2012年版,第34页。

罪行和侵略本质,教唱抗日歌曲等。参加讲习会的百余名教师多数为高小文化程度,又大多来自消息闭塞的区乡,对国家大事和抗日救亡知之甚少,更少关心和参与,不少人不会唱抗日歌曲。他们对柳特因等人的宣传、教育,倍感新鲜与亲切,民族自尊心与爱国热情顿受激发,抗战意识得以增强。一时间,抗日大事便成为讲习会学员们谈论和关心的议题,《义勇军进行曲》《大刀进行曲》等铿锵激奋的抗日歌声,响彻讲习会内外,使没有一点抗日气氛的沉寂的巫山城,顿时活跃起来。由于柳特因等人的努力,把教师讲习会办成了挽救民族危亡、唤起巫山民众、掀起抗日救国浪潮的抗日救亡训练班。讲习会的不少学员成为抗日救亡运动的积极分子,通过他们把抗日思想、抗日歌声传遍巫山城乡。

在讲习会上,柳特因等人利用课堂揭露日本法西斯罪行与侵略本质的同时,还揭露了蒋介石自"九一八事变"以来对日军侵略所实行的不抵抗主义和把兵力用来打内战,用于消灭共产党的罪恶,激发了教师们的正义感和爱国热忱。同时,组织歌咏队上街大唱抗日歌曲,宣传抗日。抗日救亡运动的开展,使得安于墨守成规,在抗日救亡上无所作为的巫山当局感到突然。县政府便指使一些人在歌咏队里捣乱,说什么"唱流亡歌曲是软化青年意志"等。柳特因等共产党人便组织讲习会员和城区部分学生到县政府质问,提出"抗日宣传要不要""宣传抗日有何罪"等问题,要县长出来公断。当时,是否抗日已成为人们爱憎的是非线,县长张警然自知理亏,避而不见。斗争取得胜利,鼓舞了教师们宣传抗日的积极性,在冷清、沉寂的巫山城,激起了抗日救亡的波澜。

9月,县立县城小学开学后,柳特因等人利用受聘于县小任教,以课堂为阵地,在学生中大力宣传抗日。县小是当时县属"最高学府",有学生两百余人,不少高年级学生已有十七八岁,教育和争取这些学生参加抗日救亡运动,意义十分重大。于是,柳特因、聂祁同等人在教学中,从革新教材做起,不教那些没有进步意义的课文。如柳特因教六年级国语,除保留《最后一课》及《和平奋斗救中国》等几篇较好的课文外,把陈旧、反动、腐朽的课文一律甩开,另选进步文章讲授。讲授有关英国产业革命、法国革命及巴黎公社等革命文章,介绍法国革命中的烧炭党及其领导人马自立、加里波得等人的故事,介绍俄国十月革命及世界无产阶级革命知识,讲授《大众哲学》,灌输革命哲理;讲授鲁迅的一些文章,揭示旧中国的社会黑暗和未来新社会的光明;讲授"九一八"以来日本侵华罪恶历史及国民党当局软弱无能的不抵抗主义,分析抗战形势及中国青年的责任等。向学生介绍无产阶级革命常识,传播革命思想,揭示旧中国的社会矛盾,启迪学生树立为新社会的到来而奋斗的精神,激发学生抗日爱国热情,动员学生为挽救民族危亡而努力。学生的政治觉悟得到提高,成为抗日救亡运动的积极分子。

音乐教材也是柳特因等人竭力革新的课程之一。该校音乐课,原都是教些《何日君再来》《小麻雀》《农家乐》等没有进步意义或有一定欺骗性的歌曲。共产党人进校后,大力教唱抗日歌曲,校长吴哲生在抗日大义面前也不便反对。中共巫山特支书记柳特因本身长于音乐,爱好唱歌,在他的带动和影响下,音乐教师一律教唱抗日歌曲。一时间,《义勇军进行曲》《干干干,大家起来干》《在太行山上》《游击队歌》《黄河之恋》《流亡三部曲》等激昂奋进的抗日歌声,在校园内外回响。随着抗日歌声的激起,巫山城的抗日气氛逐渐增浓。

1939年春,多数党员转移三溪河后,仍以办学为掩护,以课堂为阵地,自编教材,宣传抗日,向学生传播革命思想,进行阶级教育。在培石小学教书的共产党员肖子贤、陈文山,他们更力图将培石小学改造成抗日式的学校,以课堂为阵地,大力宣传和发动学生参加抗日救亡活动,训练打游击等,深受学生和社会的欢迎,把培石小学办成了巫峡深处的一个抗日宣传据点。

柳特因等人在县小教书期间,成立学生读书会,组织学生在课外广泛阅读进步书刊。柳特因在1938年8月返万县向中共万县中心县委汇报巫山情况时,万县中心县委鉴于巫山地方闭塞,抗日气氛不浓,共产党活动基础差的情况,为促进巫山的抗日宣传,在万县书店买了两大捆进步书刊让其带回巫山。《大众哲学》《对帝国主义的分析》《新华日报》《群众》等,都是巫山不曾有过的宣传马列主义、宣传抗日的红色书刊。柳特因把这些红色书刊拿到课堂上讲授,并以高年级学生为主,成立学生读书会,组织学生在课外广泛阅读,还不定期地举办报告会,进行学习辅导,交流学习心得体会。红色书刊在学校内外青年中广泛传阅,不少青年思想受到启迪,觉悟迅速提高,激发了积极投身抗日救亡运动的热情,为掀起巫山抗日救亡运动高潮奠定了思想基础。

(二)占领舆论阵地

《民众导报》是巫山县政府为推行国难教育而创办的地方小报。1938年6月创刊,为巫山历史上正式刊物的先行者。创办初期,由于当局对抗日救亡不力,国难教育抓得不紧,该报也松松垮垮,不能如期出刊,除有时摘登一些大报纸的国际国内消息外,多数版面成为县政府发号施令的阵地,成了县政府的机关报,因而发行量不大,影响很小。同年11月,巫山县行政会议为厉行国难教育,设立民众教育馆,将《民众导报》纳入民教馆管理,为民教馆馆务之一,馆长由地方名流、三楚小学校长魏季陶担任。由于经费拮据和一时找不到合适的主编而暂时停刊。

1939年2月,巫山县政府为限制"共党"活动,以调虎离山之计,把集于县小教书的共产党人撵去三溪河。此间,比较开明、激进的民教馆长魏季陶极力推行民众教育,便聘中共巫山特支书记柳特因担任《民众导报》主编,柳欣然应聘。

柳特因应聘后,《民众导报》立即复刊。编辑、主笔、记者、出版等均由柳一人承担。他白天采写、编辑稿件,晚上刻写、油印,把全部精力投入报务工作,决心把《民众导报》办成宣传抗日的舆论阵地。《民众导报》复刊,即一扫旧貌,充满抗日、爱国的声音,很有生气,发行量大增。3月,中共自贡市委宣传部长黄友凡转移来巫山,他看到巫山的抗日救亡运动只是在中小学中进行,没有群众运动的声势,但《民众导报》办得很有生气,便写了两篇介绍抗日形势、阐述抗日救亡意义、宣传巫山在抗战中的地位和巫山青年的责任、呼吁巫山青年起来投身于抗日救亡运动的文章,投向《民众导报》。柳特因立即将文章刊发,并约见黄友凡。这两位巫山共产党负责人在未接通组织关系之前,即已相识,成为战友。3月下旬,黄友凡的组织关系转来巫山并任中共巫山特支委员后,特支决定切实掌握《民众导报》,把报纸办成共产党组织宣传抗日,反映老百姓呼声的舆论阵地,以促进巫山抗日救亡运动更好地开展。

自此,导报天天出刊,每日扩充为两张蜡纸的版面,除有限地刊发县政府的一些政务、政令稿件外,大量摘登转载《新华日报》和中共万县中心县委掌握的《万州日报》的抗日新闻,转载国际国内反法西斯战争的情况,报道国民党军和八路军在前线杀敌的胜利喜讯,摘录毛泽东《论持久战》的文章,刊登陕北抗日、民主运动中的新人、新事、新思潮,宣传介绍抗日革命歌曲,以及《中央日报》等国民党大报刊和县政府收音室收音消息中比较真实振奋人心的消息等。柳特因、黄友凡对巫山的抗日救亡运动大做文章,及时报道本地抗日新闻,每天写理论性文艺性兼有的几百字短文,对重大事件发表社论。这些短文和社论,有的号召人们起来抗日,有的反映民众呼声,有的介绍防空防毒防汉奸知识,有的则是对当局的建议等。

中共巫山特支占领《民众导报》舆论阵地,大力宣传抗日的同时,还利用当局"国难教育""民众教育"的题目,把民众教育的许多活动承担起来。柳特因、黄友凡重视做好团结、争取民教馆长魏季陶的统战工作。在魏季陶的支持下,在民众教育馆内办起民众夜校成人读书班,免费吸收城市贫民和运输工人数十人参加,每期3个月。聘请黄友凡任教,向入学的群众传授文化知识,宣传抗日和启蒙教育。把夜校办成了党组织联系群众和宣传抗日的又一阵地。后因日机大轰炸而停办。

正当中共巫山特支以《民众导报》为阵地,将巫山的抗日救亡运动逐步推向高潮之际,县长庹贡庭发出"原稿送府审核始能刊载"的训令,以限制和破坏《民众导报》激进的抗日宣传。柳特因利用魏季陶与庹贡庭和县府秘书杨本全的矛盾,争取魏季陶和自己一起抵制了县府《训令》,每日仍自行组稿发刊。6月初,柳特因在《民众导报》上发表文章,揭露庹、杨祖护武汉女子中学违反战时灯火管制的行径,庹贡庭、杨本全借此认定柳特因有"异党"嫌疑。便再度训令《民众导报》"先将原稿送请检查",随即以"抗令不遵送审,即行停刊"。终将柳特因停职,另聘喻迪兹接充。柳特因不仅失去公开职业,重要的是使共产党占领的宣传抗日的阵地丢失。接着庹贡庭密谋逮捕柳特因,柳特因被迫转移离开巫山。

中共巫山特支书记柳特因被逐出《民众导报》后,该报即改变颜色,完全成为县政府的喉舌,充满着反共、反民主的声音,从而失去广大读者,不久即垮台停刊。

(三)成立进步团体

共产党人在以课堂为阵地大力宣传抗日和开展对巫山地方上层人士的统

战工作并取得成效后,便在学生和社会青年中成立抗日救亡团体,将抗日运动逐步推向高潮。

1. 巫山县小抗日歌咏宣传团

1938年9月,中共巫山特支在县小革新音乐教学中,掀起大唱抗日歌曲热潮,组织县小学生抗日歌咏宣传团,把抗日宣传活动推向社会。歌咏团由数十名爱好唱歌的中、高年级学生组成,进步青年教师黄大州为团长,音乐教师郑朝贵为歌咏指挥,组织学生上街演唱抗日歌曲和抗日演讲。还以歌咏团团员为骨干,成立"醒狮队",组织学生每天早晨出早操,穿行于城内主要街道与流石河坝之间,他们边走边唱,给宁静的巫山晨空送来阵阵激昂动人的抗日歌声,给巫山城带来无限生机。

10月,武汉沦陷,长江中游水运交通中断。地处长江三峡要塞的巫山,成为运兵运粮运军火的主要交通通道。运送前方的军需物资,一船船出川抗战的壮丁及钻营于后方与沦陷区之间做投机买卖的商人,多经巫山中转;沦陷区向后方撤迁的机关、学校、工厂、难民及从前线退下来的部队、伤兵,源源不断地经巫山西上,有的还驻扎于巫山。第十七后方医院就曾驻扎在城东南转鼓楼,私立武汉女子中学和大公中学先后迁来巫山分别在峰崇寺和禹王宫开学。日军飞机也以巫山上空为通道进出四川,使巫山常遭敌机空袭。巫山城顿时成为兵营和难民所,呈现一片兵荒马乱、极其紧张的战时状态。为适应新的形势,共产党领导的抗日宣传便随之扩大。

武汉沦陷,巫山城挤满部队、难民、伤兵,人们处于惊慌与悲观之中。中共巫山特支在对县小歌咏宣传团的学生们进行教育后,组织他们走出校园,十几二十人一组,到十字街、南门口、东门口等地去宣传,有时还深入到部队驻地和第十七后方医院等地,对士兵、难民进行宣传慰问。每到一地,他们先演唱抗日歌曲,有时还教唱,再开展以"坚持抗战,抗战必胜"为中心内容的演讲。向出征壮士们揭露日寇的侵略罪行,感谢他们踊跃出征,鼓励和希望他们在前线英勇杀敌,慰问从前线退下来的士兵和青年军官,同他们交朋友,请他们介绍前线情况;向难民讲述造成他们离乡背井、到处流浪的原因,是日本强盗的侵略和当局抗战无能的结果,给他们唱《流亡三部曲》等歌曲,激发他们仇恨日本侵略者和"一同打回老家去"的必胜信心。

歌咏宣传团还到迁入巫山的武汉女子中学演唱《流亡三部曲》等抗日歌曲,激发从沦陷区流亡到巫山、饱受流亡生活苦难的学生们的感情。随着"流浪,流浪,哪年,哪月才能够回到我那可爱的故乡"的歌声,同学们的感情交融一体,一起歌唱,一起流泪,流亡学生们也积极投入巫山的抗日宣传活动。

歌咏宣传团还开展社会募捐活动,所募财物全部支援前方将士,慰问过往士兵和救济难民。他们以小组分头出动,到大街小巷演唱、演讲,动员群众捐献,群众纷纷捐钱捐物。

2. 巫山青年抗日后方服务团

1939年春,抗日形势进入战略相持阶段,日军占领武汉后,随时有入川的可能。中共巫山特支根据巫山抗日形势和群众的抗日要求,为进一步唤起巫山民众,掀起群众性的抗日救亡浪潮,决定组织成立抗日救亡团体,在特支领导下开展抗日救亡工作。

4月初,中共巫山特支以共产党员为核心,以县小师生为主体,吸收社会进步青年参加,组织成立了巫山青年抗日后方服务团。利用国民党巫山县党部执行委员、私立三楚小学校长、民众教育馆馆长魏季陶任挂名团长,并取得县党部书记长李仲良的同意,将团部设在县党部内。使青年服务团有公开活动的合法地位和场所,同时使共产党组织的活动得到掩护。中共巫山特支书记柳特因任副团长,特支委员、盐务监运办事处录事黄友凡任总干事。由于柳特因忙于《民众导报》编务,青年服务团的实际工作则由黄友凡主持。青年服务团经常参加活动的有四五十人,时有百人。青年服务团以抗日宣传为主,内分歌咏、演剧、壁报、演讲等组。每两天进行一次小型街头宣传,逢节假日、国耻纪念日和抗战纪念日等,举行街头演出和演讲,出壁报、画漫画,向群众讲解抗战形势,报告国民党军和八路军打胜仗的喜讯,讲述大片国土沦丧的原因,控诉日军暴行和宣扬抗日英雄事迹等,鼓舞群众爱国抗日,不当亡国奴。[①]

与此同时,中共巫山特支通过学生党员刘远春,在私立武汉女子中学负责人肖国贵支持下,以武中进步学生为主体,成立"武汉中学抗日后方服务团",与巫山青年抗日后方服务团紧密配合,并肩战斗。把"五一""五三""五四""五九""五卅"等"血五月"革命纪念日和"七七""八一三""九一八"等抗战纪念日

---

① 中共巫山县委党史研究室著,《中国共产党重庆历史巫山县卷》,重庆出版社2013年版,第55页。

的宣传、纪念活动搞得有声有色,把巫山的抗日救亡运动推向了高潮,吸引和团结了更多的青年。县长庹贡庭、县党部书记长李仲良和民教馆长魏季陶家属及其他头面人物的子女,都被吸引参加了服务团组织的抗日救亡活动。因而引起了县党部和县政府的注意,怀疑"有共产党指使"。县政府于5月12和13日,向各机关、团体学校连续发出关于转饬严密防制异党活动的《训令》。并加紧筹建三青团,在武汉中学生中发展三青团员,与共产党争夺青年。由于当局长时间的限制与破坏,加之日机大轰炸的影响,共产党所领导的抗日救亡活动逐渐减少,由轰轰烈烈的局面逐渐收缩为小型分散的秘密活动,两个服务团于1940年夏先后解散。

五、中共奉节地方组织的建立与抗日救亡运动

(一)奉节抗日救亡活动的兴起

1936年1月,共产党员邓友民从上海回到家乡奉节,又在重庆西南美专当教师,到民生轮船公司作职员谋生。9月,共产党员谭林得知邓友民在重庆,便向他传达中央抗日民族统一战线的精神和开展统战工作的指示,然后一同返回奉节开展抗日救亡工作。邓友民因在奉节县城内未找到职业掩护,便回青莲乡发动各小学组织抗日宣传队,用话剧、宣传画揭露侵华日军罪行,发动青年学生参加"反帝大同盟"。1937年9月,邓友民辗转到达延安入陕北公学,并动员家乡进步青年刘志荣、艾长青、邓启民、邓友辛、邓友理等去延安参加八路军。

1937年3月,东北流亡大学生中共党员周勇山夫妇到奉节开展抗日救亡宣传活动。周勇山加入国民党军,以少校政工队员身份随军来到奉节县,与妻戴卓颖(中共党员)带领地下党员和积极分子广泛开展抗日宣传,成立"滟预剧团",上街公演《放下你的鞭子》等抗日话剧,教唱抗日歌曲,举行火炬游行等活动。

9月,隐蔽在《万县日报》作编辑的中共党员欧阳克明与"重庆救国会"负责人之一的陶敬之等人,按照中共中央《抗日救国十大纲领》及"迅速恢复和发展地下党组织、领导抗日救亡运动"的指示,成立"万县救国会",又在省万师及中学进步学生中建立"中华民族解放先锋队"及"读书会"等外围组织,从奉节等县招收进步青年去省万师就读培养。在此期间,奉节青年学生蔡世溶、王剑端、王庙、余从富4人先后在万县入党,并在以后成为中共奉节组织的骨干力量。

1938年10月,廖仲谋、邓传汉在延安青年战士训练班学习中患重病,稍愈后经组织动员返回家乡奉节,在邓友民等人的鼓励支持下组织抗日宣传队,廖仲谋任组长。他们通过办墙报、教唱歌曲宣传抗日工作,还到各地义演为抗日活动募捐;用邓友民、邓启民从延安寄回的各种进步书籍、报刊办起了图书室,油印进步刊物《大众报》。廖仲谋和邓传汉的活动引起了敌特注意并被列入黑名单,后经安排,他们安全转移到外地。[①]

(二)中共奉节地方组织的建立与抗日救亡运动的发展

1939年2月,万县中心县委委员、分管奉节及两巫工作的李英才受派来奉节,组织建立了奉节县第一个中共党支部。从此在党组织领导下,一方面大力发展党员,另一方面积极开展奉节抗日救亡活动。

1939年2月,以地下党员为骨干力量的县抗敌后援分会在县城协台坝召开成立后的第一次群众宣传大会,动员人民集中人力物力支援抗日战争。当晚,中共地下党员江克钦、吴耕历、何天祥等组织群众,在永安镇举行声势浩大的火炬游行,高呼抗日口号,把宣传大会推向高潮。

1939年6月,日军飞机轰炸奉节县城后,中共奉节地下党组织宣传队转入安坪、吐祥等地,深入农村宣传抗日。

1940年7月7日,县抗敌后援分会组织奉节各界人士在协台坝开大会,纪念全面抗战三周年,公祭阵亡将士和死难同胞。

抗日战争时期,以奉节本地共产党员为主,在奉节积极开展抗日救亡活动,利用各种形式宣传发动,号召全社会积极参与,有力推动了抗日救亡运动的发展,同时也锻炼培养了一大批优秀分子,成为革命斗争的中流砥柱,为夺取下川东的解放奠定了基础。

---

① 中共奉节县委党史研究室著,《中国共产党重庆历史奉节县卷》,重庆出版社2016年版,第14页。

六、中共梁山地方组织的恢复及推动抗日救亡组织发展

1938年2月,中共四川省工委指示恢复成立中共梁山县特别支部委员会(简称"中共梁山特支"),由省工委新吸收的党员赵章明任书记,机关设在梁山复兴时报社楼上。7月,省工委派犹凤歧来梁山县工作,中共梁山特支书记改由犹凤歧担任。8月,经省工委批准,中共梁山特支改为中共梁山县委,犹凤歧任书记。1939年1月13日,中共南方局在重庆正式成立。9月,犹凤歧调回南方局工作,县委书记由李光普接任。同月,根据中共川东特委指示,中共大竹中心县委成立,欧阳克明任书记,领导大竹县、梁山县、宣汉县、达县的党组织。11月,中共大竹中心县委改组,调蒋可然任书记。同时改组中共梁山县委,李光普、朱楷调离,谭绪任县委书记兼宣传委员,程兴藻任组织委员兼青运委员。1940年春天,党组织在聚奎乡成立党的外围组织——"青年救国会",开展广交朋友及秘密阅读进步书刊等活动。5月,中共大竹中心县委遭破坏,中心县委机关先后迁至梁山县屏锦铺盐井口陈子玉家和梨子树谭绪家。8月,谭绪调达县任中共达县特区区委书记,程兴藻调大竹县开展活动,梁山县党的工作由中共大竹中心县委直接领导。[①]

这一时期,尽管国民党仍对共产党进行打击、防范甚至捕杀,但由于国共两党实现了第二次合作,政治形势有利于共产党开展活动。梁山县地方势力中比较开明的"京派"人士陆续返回梁山,增强了实力。他们与思想保守的所谓"省派"(包括部分地方顽固保守势力)之间,在权力和利益争夺上的矛盾越来越尖锐。中共梁山县委审时度势,充分利用矛盾,正确贯彻党的抗日民族统一战线政策,采取团结"京派"中进步分子(包括"省派"中的开明人士),争取两派的中间分子和其他中间势力,孤立"省派"中的反动顽固分子,积极宣传共产党团结抗日的主张,推动抗日救亡活动的开展,使全县的抗日救亡组织如雨后春笋般迅猛发展起来。如"抗日读书会""梁山县抗敌后援会""抗日救亡干部训练班"等,各乡回籍学生救亡工作团(队),以及学生会、青年救国会店员工会、商会等组织,都是在这一时期建立起来的。这些组织建立之后,在里面做工作的主要是共产党员及进步人士。共产党员起了领导和骨干作用,其抗日

[①] 中共梁平县委党史研究室著,《中国共产党重庆历史梁平县卷》,重庆出版社2011年版,第61页。

救亡活动也开展得有声有色。向民众宣传、讲解形势,有的还公开讲授军事知识或具有马列主义观点的社会科学、哲学等,出壁报、漫画,举行歌会,演话剧、街头剧,办识字班、民众夜校,抵制日货、募捐、献礼、慰问空军参战英雄等活动层出不穷。

中共梁山县委在民主人士李心白、郑豫江等人的支持下创办《梁山复兴时报》,宣传抗日,鼓舞群众抗战热情;又安排共产党员钟纯乾创办大华炼油厂,生产抗日匮乏物资汽油等,同时也为共产党的组织筹集经费,为共产党员提供社会职业。大华炼油厂建立了党支部,钟纯乾任书记。后来大华炼油分厂发展到20多个,遍布川东和川南地区,党的组织关系也转为南方局直接领导。

在开展抗日救亡活动的同时,中共梁山县委加强了自身建设,大量发展党员,注重在学校教师和学生中发展党员,把梁山中学作为重点。1938年,赵章明、李维、犹凤歧秘密在梁中培养入党积极分子,发展了王敏、邓祖裕、谭绪、周显文等入党。当时,尤其注重在工人中发展党员。经过陈子玉的努力工作,截至1939年5月,在天生桥陆续发展了李仁达(李斯南)、晏老四(晏树乐)、陈海云、刘凤祥(刘长发)、李青(李青年)、汤成顺、周公柏、唐挑儿(唐兴术)、唐炳(唐福安)等9名造纸工人入党。1940年夏,梁达中心县委负责人蒋可然、徐庶声、屈超筠了解到已在造纸工人中发展了党员的情况后,计划开办造纸厂,在造纸工人中发展组织,建立党的长期活动据点,为党组织开辟财源。[1]这一时期,全县党员达到176人。

在党员得到大量发展的基础上,县委开办了党训班,加强对党员的教育培训。党训班由县委领导王敏、谭绪担任主讲。主要讲授党的基本知识,党史知识,统战工作和秘密工作技术。通过培训,极大地提高了党员的政治觉悟和进行地下工作的能力。

抗日战争时期,中共梁山县委(特支)充分利用国共两党实现合作抗日的有利时机,恢复、发展和壮大党的组织,成立抗日救亡群众组织,深入开展抗日救亡宣传教育活动,贯彻党的抗日民族统一战线政策,努力争取和利用民主人士对我党的同情、支持和掩护,并引导他们参加抗日救亡活动。同时,针对国民党的黑暗统治层,积极组织和领导人民群众争取抗日民族权力和反对贪污

---

[1] 中共梁平县委党史研究室著,《中国共产党重庆历史梁平县卷》,重庆出版社2011年版,第63页。

官员等活动,在人民群众中产生了广泛的影响,得到了人民群众的拥护,成为梁山人民抗日救亡活动和维护群众利益的中流砥柱。

七、中共忠县地方组织的建立及其抗日救亡斗争

抗日战争时期,忠县在党组织尚未恢复和建立的危急形势下,积极开展抗日救亡运动,并以涂井盐厂党支部为核心,积极开展党组织的清理、恢复及巩固工作,为推进忠县地方党组织的巩固、发展、壮大奠定了坚实基础。

1931年9月18日,"九一八"事变爆发。消息传到忠县后,忠县广大人民群众义愤填膺,强烈要求停止内战,一致抗日。城内各中、小学师生分赴北门公共体育场、河街、闹市进行宣传演讲,编演《日本人来了》一戏。同时,约请进步人士倡议县城青年、公教人员操练"义勇军",组织"俭德救国会",继承"禹墨精神",储金救国。1932年"一·二八"淞沪抗战爆发后,县中校长陈孟仁等一部分爱国人士在城内通过演戏的方式,宣传日本帝国主义进攻上海的侵略罪行,筹集捐款,支援淞沪抗战。在他们的带领下,商界各店铺纷纷掀起"抵制日货,拒销日货"的浪潮。

1937年7月,抗日战争全面爆发后,忠县人民的抗日宣传和行动遍及城乡。全县通过成立"忠县动员委员会""抗日救亡后援会",组建"忠县防奸护民团"和"国民自卫队",积极开展征兵、募捐支前、慰问出征军烈属、组织运输队、安置过境难民、组织防空、抚恤空难人员等工作,保证了支援抗日运动的顺利开展。

1938年春,周恩来、郭沫若领导的国民政府军事委员会第三厅将收容沦陷区逃亡出来的难童组成"孩子剧团",到忠县城区演出《放下你的鞭子》《义勇军进行曲》《流亡三部曲》等话剧、街头剧、曲艺节目,极大地激发了广大人民群众的抗日热情。

在全县抗日救亡运动浪潮的推动下,位于忠县涂井乡的涂井盐厂,在日寇全面发动侵华战争后,全厂沸腾,怒火中烧。一部分工人和税警队中的进步青年,更是积极控诉日寇的罪行,在厂内外号召人民起来反对日本侵略,动员热血青年上前线杀敌。1939年初,涂井盐厂税警32分队队长李驹佩到重庆出差,在重庆声势浩大的抗日活动鼓舞下,他带着《新华日报》和一些进步杂志回

到厂里,向工友们积极宣传抗日,使一批有热血的爱国青年工人也积极投身于宣传、声讨日本帝国主义的运动中。在《新华日报》的启发和国恨家仇的影响下,李驹佩决心跟共产党闹革命。此时,由于忠县县委尚未恢复,中共南方局决定由中共石柱县委在涂井盐厂开展建党工作。1939年夏,李驹佩加入了中国共产党,并由西界沱党支部领导。李驹佩入党后,分别对盐厂中的任致祥、郑佑卿等人进行教育培养,并发展他们为中共党员。是年11月,经中共石柱县委批准,建立涂井盐厂党支部,李驹佩任支部书记,郑佑卿任组织委员,任致祥任宣传委员,隶属石柱县委领导。

涂井盐厂党支部建立后,决定在厂内、涂井、石宝等地大力宣传日军罪行,积极支援抗战。活动中,支部培养了一大批积极分子,并发展周成松、吴天阳、周成岭等同志入党。涂井盐厂党支部力量壮大后,支部领导党员积极在盐厂和附近农村开展抗日宣传活动,宣传共产党领导的八路军、新四军深入敌后积极抗日,与日寇顽强斗争的事迹,揭露日寇在中国大肆奸淫烧杀、掠夺财产及国民党消极抗日、积极反共的罪行。

涂井盐厂党支部轰轰烈烈开展抗日宣传活动,很快引起了敌人的注意。1940年春,由于盐厂课员、国民党员王从熙告密,重庆盐务局派视察员到涂井盐厂暗查地下党的活动,追查《新华日报》的来源。5月初,盐厂党支部交通员黎永平被秘密逮捕,后在敌人威逼利诱之下投降叛变,并出卖了党组织。在涂井党支部遭到破坏的情况下,中共石柱县委决定分散隐蔽李驹佩、郑佑卿、任致祥等同志,并转移安排到石柱县的江池、马武等地工作。黎永平的叛变行为,直接威胁着石柱党组织的安全。经石柱县委研究,并向正在石柱检查工作的下川东五县工委组织委员李思源请示后,决定处决叛徒黎永平。1941年2月,廖林生秘密来到西沱地下党员彭普昭家,召集六房岭老党员谭卓安、江诗群等人研究,决定由谭卓安、彭普昭去执行。当天,叛徒黎永平被处决于石宝开至西沱的船上。黎永平死后,敌人也断了线,从而保证了党组织的安全。[①]

抗日战争时期,忠县人民在地方党组织的领导下,积极开展抗日救亡运动,支援、声援抗战。抗战中,全县共有40033人报名参军,有1338名将士英勇牺牲。同时,在县委未建立的情况下,忠县地下党组织积极开展清理恢复党组

---

① 忠县党史研究与地方志编纂办公室著,《中国共产党重庆历史忠县卷》,重庆出版社2011年版,第43页。

织和发展党员工作,巧妙与敌人展开斗争,为党组织的巩固发展、夺取抗日战争的胜利奠定了坚实基础。

　　1937年至1945年的全民族抗日战争期间,总体上是下川东武装斗争积蓄力量、蓄势待发的阶段。在这期间,下川东地区党组织主要做了三件大事,一是恢复和重建党的组织,积极发展党员。1939年1月,中共万县中心县委建立,下辖梁山、达县、大竹、开江、开县、忠县、城口、云阳、奉节、巫山、巫溪等11个县,并负责万县党的工作,到1939年6月,万县中心县委所辖县中除大竹、达县、开江外,其余8个县的党员已有1030人,建立县级组织8个,区委、总支15个。[①]二是领导开展抗日救亡运动。下川东各地党组织响应党中央全民抗战的号召,高举爱国主义旗帜,发动和依靠群众,团结各界人士,通过深入城区及乡村,广泛宣传《论持久战》、组织歌咏演讲、展演抗日戏剧、出售进步书刊、开展募捐献金等方式,唤起人民天下兴亡、匹夫有责的爱国情怀,号召人民不畏强暴、将抗战进行到底,为最终迎来全国抗日战争伟大胜利作出了积极且重要的贡献。三是保存革命力量。当国民党掀起反共高潮时,下川东各级党组织贯彻党中央提出的"隐蔽精干、长期埋伏、积蓄力量、以待时机"的方针,隐蔽巩固了党的组织,提高党员的思想政治素质,党的力量更加广泛植根于群众之中,这为投入新的更艰巨的革命斗争做了组织和人员上的准备。

---

① 中共万州区委党史研究室著,《中国共产党重庆历史万州区卷》,重庆出版社2011年版,第44页。

第四章 掀起武装反抗国民党反动派新的高潮

解放战争初期,中共万县中心县委从达县迁返万县,先后更名为下川东区工委、下川东地工委。当时的下川东地区,国民党当局的反动统治使广大群众陷入水深火热之中,反抗压迫、寻求解放的愿望十分强烈。同时,在抗日战争后期和解放战争初期,中共中央南方局向下川东地区派遣了工作组,和当地各级党组织一道,广泛联系发动工人、农民、青年学生等进步力量,推动"反内战、反饥饿、反迫害"和"抗丁、抗粮、抗捐"等群众运动如火如荼地开展,万县地方党组织也不失时机加强统一战线工作,紧密团结一批开明士绅、地方实力派,并争取和改造多支绿林武装,壮大了革命力量,武装斗争的群众基础进一步夯实。随着全国革命形势不断向好,解放战争进入战略进攻的新阶段,使广大群众看到了翻身得解放的光明前途,增强了革命必胜的信心,因而踊跃投入到武装斗争的行列之中。在认真分析全国和本地区形势基础上,下川东党组织坚决贯彻执行中共中央关于武装斗争的指示精神,选择在国民党反动统治力量相对薄弱的农村,充分利用三峡地区高山峡谷的有利地形,运用游击战的战略战术,机动灵活地开展武装斗争,推动下川东地区武装斗争不断掀起新的高潮,配合了人民解放军正面战场的战争,为下川东地区的全面解放作出了积极贡献。

一、奉大巫起义与奉大巫支队的战斗

1947年10月,根据中共中央上海局组织部部长钱瑛的指示,在重庆成立中国共产党川东特别区临时工作委员会(简称"川东临委"),王璞任书记,涂孝文任副书记,彭咏梧、肖泽宽、刘国定为委员。川东临委决定,以农村武装斗争为重点,在川东地区组织武装暴动,开展游击战争,牵制敌人兵力,破坏国民党的兵源粮源基地,配合人民解放军的战略进攻。同时,川东临委还决定,将设在万县的中共下川东区工委改建为下川东地工委,涂孝文任书记,彭咏梧任副书记,杨虞裳、唐虚谷任委员,领导万县、开县、云阳、奉节、巫山、巫溪、石柱、忠县及湖北宜昌等地党组织的工作,组织开展游击战争。

1947年11月18日,代表川东临委,彭咏梧肩负着到下川东组织和指挥武装起义的重任,并带着江竹筠、吴子见,一起由重庆乘轮船东下,来到了万县,[①]秘密组织召开了下川东地工委会议。彭咏梧在地工委分工负责武装斗争,他向涂孝文及地工委委员杨虞裳、唐虚谷传达了川东临委关于在下川东地区开展武装斗争的决定。彭咏梧指出:"农村如干柴,星火即燎原。民愤已填膺,举义成千军。"从1947年春开始筹备武装斗争以来,下川东已形成几个重点的暴动区域:李汝为、赵唯等在云阳北岸;卢光特、邹予明、王庸等在两巫及奉节北岸;刘孟伉等在万云奉南岸;陈世仲、温可久等在开县。经过长期的准备,有较好的群众基础,而且筹集了部分枪支。在下川东地区发动大规模武装暴动的条件已经成熟。根据党的组织基础、群众的觉悟程度以及武装斗争的各种准备情况,还有历史地理等因素,地工委决定:以云奉两巫地区(即云阳、奉节、巫山、巫溪)作为首批武装暴动地区,主要由彭咏梧领导;万开地区(万县、开县)为继后武装暴动地区,主要由涂孝文领导。大家还对这些地方由贫苦农民组建的多股绿林武装进行了分析,研究争取改造绿林武装的具体办法。

11月底,彭咏梧一行辗转到达农坝乡,组织召开炉塘坪会议。会议决定,组建川东民主联军下川东纵队(亦称"川东游击纵队"),赵唯任司令员,彭咏梧兼任政治委员。纵队下设奉大巫支队在奉节、大宁(即巫溪)、巫山一带活动;七南支队在长江以南七曜山区活动;巴北支队在长江以北山区活动。后来,还筹备组建了开县支队、长溪河支队,开展武装斗争。

随后,彭咏梧一行以青莲中学教师的身份为掩护,最终抵达奉大巫起义的中心地点奉节县青莲乡。青莲乡位于云阳、奉节、巫溪三县交界地带,距离奉节县城100余里。地方虽偏僻,但党组织开展活动的时间却较早。1934年,共产党员邓友民从上海回到青莲乡,配合1935年1月云阳工农武装起义开展革命活动。1938年,进步青年刘志云、艾长青、邓启明、邓传汉等从这里出发,奔赴革命圣地延安。抗日战争胜利后,党组织又以该乡的私立青莲中学为据点开展工作。1945年秋,共产党员雷寄萍在青莲中学任教。1946年夏,中共中

---

① 中共奉节县委党史研究室编,《血染巴山》,成都出版社1991年版,第7页。

央南方局青年组派出的奉大巫农村工作组成员、进步青年贺德明到青莲中学任教。由于贺德明教学认真，不仅受到师生欢迎，更得到学校董事长肖和中的信任。一年后，贺德明当上了青莲中学校长。肖和中是当地大地主，在奉节北岸上层人士中很有影响力，私家武装有枪100余支。肖和中的儿子肖克成倾向进步，与贺德明关系很好。通过宣传党的政策和解放战争的形势，进步思想慢慢渗入到这所农村中学和武装队伍中去，为武装起义打下了基础。

彭咏梧等到达青莲乡后，肯定了贺德明在青莲乡工作取得的成绩，并在此基础上，深入发动群众，开展统战工作，积极发展组织。为加强党对武装斗争的领导，彭咏梧在青莲乡主持成立了中共奉大巫工委，由蒋仁风任书记，卢光特任副书记兼管组织工作，吴子见任委员负责宣传工作。不久，党组织发展贺德明、肖克成、陈太侯等人入党。陈太侯家住县花乡，与青莲乡毗邻，是一个年轻的袍哥大爷。他于1943年组织"金兰社"，抑强扶弱，除暴安良，常常与国民党政府作对。他先后与共产党员雷寄萍、张休甫、王楚珩、卢光特、王庸等有所接触，受到革命思想的影响，倾向进步。他表示："我一生乱闯，没人指路。共产党的主张太好了，我坚决跟共产党走，杀头也不变心。"彭咏梧专门找陈太侯长谈，进行重点教育和培养，并发展入党。

在青莲乡及其毗邻地区，中共奉大巫工委广泛开展发动群众工作。党员分工开展工作的区域是：江竹筠、吴子见负责青莲乡，张休甫、王楚珩负责大寨、公平、昙花等乡，邹予明负责黄村乡；王庸负责巫溪县（大宁县）檀木坪、汤家坝等地，卢少衡负责巫山县长溪河一带，卢光福负责巫溪县上磺乡一带。大家积极向群众宣传大反攻的胜利形势，宣讲党制定的《中国土地法大纲》，深刻阐明土地改革的道理，发动群众开展"抗丁、抗粮、抗捐"斗争，培养农民积极分子。通过深入细致的工作，农民积极分子踊跃报名参加游击队。青莲乡第一保和第十五保，报名参加游击队的积极分子就有50余人，大寨乡有100余人、公平乡有200余人报名参加游击队；巫溪发展游击队员100余人，巫山县长溪河一带也有数十人参加游击队。到起义前夕，奉大巫三县已串连发展游击队员和积极分子近1000人。

在发展游击队员的同时，重视开展统一战线工作。彭咏梧将肖和中、肖克成父子作为主要争取对象，发展肖克成入党。彭咏梧还给肖和中分析解放战争的形势,指出:"我中国人民解放军现在正在歼灭敌人的主力部队。我军所到之处,敌人望风披靡,人民欢声雷动,全国解放就在眼前,头号战犯蒋介石即将被押上历史的审判台。"他还耐心地讲解党的政策:"现在党对士绅的政策是:只要开明,并以实际行动支持革命的,不但不是革命的对象,而且在我们以后建立的新政权中,还可以担任政府职务。就是支援我们的钱粮物资,我们也要给收据。在新政权建立后,予以偿还和奖励。"肖和中大力支持游击队,将私人的枪支交给游击队使用,还捐出黄谷300余石给游击队作给养。彭咏梧还对该乡地方势力的代表廖竹作工作,使其支持革命,拿出步枪20多支、手枪3支交给游击队,向游击队捐出了他承包的全乡肉税金和积存的稻谷,又告诫弟弟、青莲乡乡长廖沛不要妨碍游击队的活动。与此同时,陈太侯又在昙花乡的上层人士中开展工作,获得了一批枪支,壮大了游击队的力量。

1947年12月17日,川东民主联军奉大巫支队的成立大会,终于在昙花乡母圣垭田湾陶光元家召开。出席会议的有来自奉节、巫溪、巫山和云阳边境的代表共170余人。[①]代表们一起宣誓:"为救穷人大翻身,全国大解放,刀山我们敢上,火海我们敢闯,不打倒蒋介石,不打垮国民党,我们绝不下战场。"会上,彭咏梧代表下川东地工委,任命陈太侯为支队司令员,彭咏梧兼支队政委,蒋仁风为支队参谋长。支队有游击队员300余人,其中党员40余人,长短枪250余支。支队下设4个中队,分别在奉节、巫溪和巫山进行活动。

奉大巫起义的计划是:先进行重点奇袭,奇袭胜利后就全面展开。首先,兵分两路,预定于冬月二十八即1948年1月8日,同时袭击云阳县的云安盐场和巫溪县的大宁盐场。因这两个盐场的税警队武器新,戒备松,内应多。夺取税警的枪支以武装游击队员,再迅速分头袭击各区、乡政府,号召农民参军,扩大游击队。然后,部队到青莲乡集中整训,建立根据地。如果暴动成功,便能建立一支近1000人的武装部队,开辟一条从云阳经奉节到巫溪近400里长的红色走廊。

12月下旬,游击队分兵出发,由于走漏了风声,袭击目标云安盐场、大宁盐场都加强了戒备,原计划难以实现。于是调整起义计划,暴动仍分两路进行:原准备袭击云安盐场的队伍,改为袭击离云安盐场20里的商业重镇南溪镇;

---

① 中共奉节县委党史研究室编,《血染巴山》,成都出版社1991年版,第13页。

原准备袭击大宁盐场的队伍,改为袭击敌人防守薄弱的西宁场。时间定于1948年1月8日统一行动,出奇制胜后,仍分别返回武装暴动的中心青莲乡和昙花乡,促使游击区尽快形成。

1月7日拂晓,在卢光特、王庸的率领下,袭击西宁场的游击队员24人,比计划提前一天到达西宁场。由于防守薄弱,游击队不费一枪一弹便突袭占领西宁乡公所,缴获步枪27支。随后,游击队急行军返回。1月11日,游击队到达奉节县铜钱垭,与蒋仁风、陈太侯等带领的部分队员会师。此时,奉节县一个保安中队100余人向青莲乡开去。游击队决定在铜钱垭伏击敌人,很快就布置好一个口袋形阵地。待保安队进入伏击圈后,游击队突然发起进攻,敌人毫无戒备,溃不成军,仓皇逃窜。战斗很快结束,俘虏保安中队副中队长余治和1名士兵,缴获轻机枪1挺、双筒马枪2支,游击队毫无伤亡。铜钱垭战斗,游击队获得全胜,保安中队向后撤退二三十里。由于不明虚实,草木皆兵,一听见枪声,便误以为游击队进攻。在云阳县桑坪乡,两股敌军在夜间相遇,激战多时,天亮后才发现是误会。

1月9日凌晨,谢国茂小队、宋海清小队和吴伦璧小队共64名队员,在总指挥谢国茂和副总指挥宋海清、吴伦璧的率领下,比计划延迟一天抵达南溪镇。随即按作战计划,以一个小队出其不意地攻占区公所;以另两个小队分进合击,从两边夹攻街中心的八大米粮铺。这次战斗共缴获轻机枪1挺,步枪52支,手枪6支,步枪、机枪子弹6箱,手枪子弹2000发,布匹12挑,粮食不计其数。[①]打死打伤乡丁2人,打伤刚卸任的乡长胡汉章(次日死亡),俘虏了新上任的乡长刘文朗。胜利攻占南溪场后,游击队即向群众开展广泛宣传,说明游击队是共产党的队伍,是为人民翻身求解放的队伍。同时,打开"恒生永"粮铺的仓库,将粮食分给贫困群众。然后,游击队分两路回师。1月11日,谢国茂小队18人夜宿青莲乡罗家坝展家箭楼,被云阳县保安中队包围。游击队当即展开战斗。保安中队逼老百姓背柴草堆列于箭楼门口,放火焚烧。突围时,谢国茂、黎凡、廖开洪、史明松等8名队员牺牲,钟会武、倪顺海等4名队员被烧成重伤,李再扬、陶世品等6名队员突围归队。

铜钱垭一仗击退保安队后,使游击队赢得了短暂的休整时间。先后参加

---

① 中共奉节县委党史研究室著,《中国共产党重庆历史奉节县卷》,重庆出版社2016年版,第34页。

袭击西宁、南溪和铜钱垭战斗的100余名游击队员，全部集中到青莲乡老寨子休整两天。彭咏梧、陈太侯等游击队领导人，对武装斗争的前途比较乐观，认为现在拉起了100余人的队伍，而且枪多于人，一定会取得更大的战果。此时，国民党正规军和各县保安队的大批兵力，正从云阳、奉节、巫溪各个方向对游击队进行合围。面对敌众我寡的形势，游击队决定跳到外线作战，兵分两路，分头转移。

第一大队是游击队的基干队伍，战士多是从云安盐场、煤矿来的工人或青年农民，共有47人，其中有10余名党员。由彭咏梧亲自带队，奉大巫工委书记蒋仁风和王庸随队活动，决定转移到巫溪的红池坝一带，那里群山连绵，比较偏僻，靠近鄂西北，攻守两利。在此建立根据地，比青莲乡更有利。

第二大队由吴伦璧、宋海清等小队合成，有队员83人。成分比较复杂，吴伦璧、宋海清思想不够统一，政治工作基础较差。彭咏梧便派奉大巫工委副书记卢光特、委员吴子见以党代表身份随队作工作。第二大队的任务，便是把队伍拉到云阳农坝乡，与纵队司令员赵唯领导的巴北支队会合，开展游击战争。然后，卢光特即到董家坝迎接江竹筠从重庆带来的干部，到红池坝一带加入第一大队；吴子见到董家坝后，立即去南岸与刘孟伉联系，组建七曜山工委和七南支队，把云奉南岸的武装斗争尽快组织开展起来。

第一大队于1月15日离开青莲乡老寨子，向巫溪县红池坝进发。连夜行军，16日黎明前到达十王庙，稍事歇息后又继续行军。游击队离开后，庙里的叶和尚和当地保长的儿子许儒太便向附近围追游击队的敌军五八一团三营陈连告密。拂晓，游击队行军到黑沟淌左侧暗洞包农民杨代金家造饭时，被追上来的敌军陈连包围。敌军发起进攻，游击队被打散。突围时，彭咏梧为了掩护战友身受重伤，将随身写有与云阳党组织接头地址的纸条吞下肚去，在敌人密集的枪弹中壮烈牺牲。同时阵亡的还有刘景太、李正青、王赖之等6名队员。残暴的敌军将彭咏梧、刘景太、李正青等烈士的头砍下，逼着农民李太云、胡福太挑到五六十里外的竹园坪场上，先后挂在城楼和树上示众。蒋仁风、吴丰登、张廷佑、甘以成等突围后，被当地的乡保长俘获，关进监狱。王庸率领卢光星等8名游击队员突围脱险，转移到巫溪县汤家坝分散隐蔽，保存了部分力量。

第二大队于1月14日离开老寨子,向云阳县农坝乡进发。游击队冲破敌军的围追堵截,于1月20日到达云奉交界的上三坝。鉴于敌我力量悬殊,斗争环境非常恶劣,又获悉第一大队被打散,彭咏梧等领导人下落不明。带队的卢光特、吴子见商量后决定:吴伦璧、宋海清、刘民等愿意去农坝的队员继续按计划行动;不愿意去农坝的队员分散转移,潜伏待命。随后,卢光特、吴子见按计划分别前往董家坝。1月23日,吴伦璧、宋海清、刘民率领的游击队员,与云阳县保安队在云奉交界的大垭神堂遭遇,战斗历时一整天,打退了敌军4次进攻,击毙敌兵28人,游击队员黄桂扬、秦玉在战斗中壮烈牺牲。战斗结束后,各小队分开行动。吴伦璧率队回到原来活动的万开边界一带,宋海清率队前往开县。刘民率领26名队员,转移到巫溪汤家坝,因未能与王庸等会合,无法立足,又转移到红池坝,同巴北支队赵唯派去的郎绍六接上联系后,与敌五八一团连续接战两次。战斗中,会使双枪的年轻女队员陈昌秀,与刘树平、张美才(女)、刘宗第、周运来、刘宗田、邓麻子等人在战斗中牺牲。在红池坝一带转战时,刘民率队与奉大巫支队司令员陈太侯及队员陶世品、谭国保等人会合。陈太侯因老寨子分兵时领取给养未赶上队伍,后来转战到红池坝。于是,陈太侯便率领郎少六、刘民等共计19名队员,历尽艰险,于3月19日转战到城口县菜子坝,准备从这里奔赴陕南,再转向鄂西解放军靠拢。队伍在行进中与城口县保安队遭遇,双方接火发生激战,郎少六、谭国保壮烈牺牲。由于四面受敌,游击队行动艰难,陈太侯将剩下的17人化整为零,分散潜伏,待机再聚。陈太侯只身返回昙花乡,刘民等回青莲乡潜伏。这时,青莲、昙花一带,已是一片白色恐怖,凡与武装起义有关的人员均被追捕,陈太侯、肖和中、廖竹和部分游击队员的房屋被敌军烧毁。反水的乡长张戴坤勾结驻军,先后杀害游击队员及其亲属20余人。

支队司令员陈太侯潜回昙花乡后,因是敌军追捕的"首犯",难以立足。他先去巫溪汤家坝找王庸未果,后又计划到重庆联系卢光特。1948年4月,邹予明派陈太侯的弟弟陈元凯赴重庆,与川东临委取得了联系,恰逢重庆《挺进报》破坏事件发生,陈元凯又返回奉节,通知陈太侯离开本地隐蔽。陈太侯历尽艰辛,于8月辗转到达鄂西北解放区,加入了中国人民解放军,于1949年12月初解放奉节时随部队返回。

1949年11月,隐蔽在巫溪县上磺和奉节县黄村一带的原奉大巫支队的游击队员,分别重新集结,再次举起奉大巫游击队的旗号,袭击国民党溃军,并与巫山县长溪河游击队会合,配合人民解放军于12月14日,解放了巫溪县城。①

二、巴北支队的战斗

1948年1月24日,巴北支队在云阳县农坝乡汛水坝正式成立,纵队司令员赵唯兼任支队司令员,李汝为任政委,有游击队员50余人。支队下设两个大队,钟浩然任一大队大队长,赵子卿任二大队大队长。原于1947年11月组建的中共汤溪工委,负责人李汝为(书记)、沈凯(副书记)以及委员赵唯、陈汉书、赵学做、赵学稼、陈恒之、刘子俊等人随队活动。

巴北支队成立后,立即在司令员赵唯、政委李汝为的率领下,奔袭鹿子坪,以夺取伍醉星(原任团总)的枪支来武装队员。鹿子坪离农坝乡约5华里,游击队员冒着大雪,乘夜出发。迅速接近伍醉星的住宅,因院墙高大,一时无法入内。1月25日拂晓,伍家的女佣起来煮早饭,忽听门外狗叫,便开门观看,守候在门外的游击队员乘机而入。躺在床上的伍醉星被俘,被迫下令叫家丁将枪支交给游击队。游击队没放一枪一弹,缴获大连枪1支、长枪6支,子弹100余发,手榴弹10枚。

随后,巴北支队在农坝乡大湾一带开展军事训练。为了进一步开展游击战争,打通云阳至开县的游击通道,支队决定袭击开县河堰口据点。河堰口是云阳、开县、巫溪三县交界的交通要道。敌军在这里设有据点,驻有两个保安分队。1月29日晚,由汤溪工委委员陈汉书、赵学做率领20多名游击队员,到河堰口附近党员赵子白家隐蔽,察看地形,了解敌情。碉堡里原来驻扎的两个保安分队,其中一个分队已随队长前往县城,剩下一个中队40余人留守。1月30日黄昏,陈汉书、赵学做率领大部分队员埋伏在碉堡对面的小山包上,监视碉堡内的动向。郎少六、陶荣等4名队员化装成保安队便衣,大摇大摆地向碉堡走去。哨兵发觉后喝问:"做什么的?"郎少六回答:"我们是开县陆区长派来给你们队长送信的。"边说边往前走。哨兵喝令站住,郎少六开枪击毙哨兵。4名游击队员飞快地冲进碉堡,高喊"缴枪不杀!"敌军慌做一团,只好缴械投降。

---

① 杜之祥著,《三峡风雷——下川东中共党史采珍》,四川民族出版社1992年版,第113—121页。

战斗迅速结束,俘虏房保安队40余人,缴获枪支40余支及子弹1400余发,顺利拔除了云阳与开县之间阻碍游击队行动的这颗钉子。

河堰口战斗结束后,国民党正规军七十九师五八一团一个加强营和云、奉、开、巫4县保安队1000余人,由万县专署专员李鸿焘坐镇云阳江口指挥,向农坝地区开进,"围剿"巴北支队。面对这一严峻形势,游击队内部意见不统一,有的提出转移去巫溪、城口一带,有的要求就地分散作战。2月初,下川东地工委委员杨虞裳从云安镇到达游击队驻地农坝乡。针对当时的严峻形势,立即组织召开会议,研究作战部署,提出"避实就虚,变被动为主动"的作战方针。

2月7日下午,按照"敌进我也进"的策略,赵唯、杨虞裳、李汝为率领50多名游击队员,从山间小路跳出敌军的包围圈,秘密转移到百余里外的龙潭乡,这里离云安盐场不到10里路程。为了引诱敌军撤出农坝一带,赵唯还指示游击队员公开亮出游击队的旗号,在群众中四处传播"赵唯的游击队要来打云安盐场了!"敌军在农坝扑了空,得到"游击队要打云安盐场"的消息后,急忙从农坝撤军,往云安扑来。随后,巴北支队突袭原龙潭乡团总、恶霸地主李彦成的箭楼宅院,缴获了一批枪支弹药和粮食物资。

2月9日凌晨,敌军五八一团加强营在营长钱一鸣的指挥下,会同当地保安队近千人,占领了制高点,将游击队围困在路阳山。发现敌情后,赵唯率部突围。行至后山腰时,中队长郎少六带领的尖兵便与敌接火,道路已被封锁,游击队被压在山腰。赵唯、杨虞裳等一面观察敌人火力部署,一面组织力量突围。由杨虞裳、李汝为带领大部分游击队员潜伏在树丛中,伏击敌军,虚张声势,吸引火力,再伺机冲出包围圈;同时,组织小分队迅速向左右两边山头迂回,出其不意地从侧面向敌军发起猛烈进攻,将敌击退下山。杨虞裳、李汝为率部乘势向北突围。而北面垭口敌军的机枪猛烈开火,使突围部队受到威胁。败下山去的敌军又重新集结,向山头发起冲锋。危急时刻,赵唯率郎少六等7名队员携带短枪、手榴弹,悄悄摸到敌军机枪阵地背后,发动突袭,歼灭了这股敌军。游击队发起反攻,敌军死伤数十人,纷纷溃逃,游击队仅轻伤1人。路阳山突围战获胜后,游击队突出了包围圈,向北往农坝乡转移。

2月10日(农历大年初一),巴北支队在农坝乡小谷坪召开会议,研究下一步行动计划,杨虞裳提出:"为了牵制或摆脱'围剿'的敌人,游击支队应采取小分队或武装小组进行活动。"经研究决定,任命陈恒之为巴北支队副司令员。支队兵分3路,分别转移到云阳、巫溪和奉节活动。杨虞裳由江口赶赴万县,向下川东地工委汇报情况。

2月19日夜,支队司令员赵唯、政委李汝为率领一路游击队员,在转移途中与敌军遭遇,人员被打散,牺牲1人。赵唯在突围时被打散后,撤到附近路阳乡的黄泥沟隐蔽,后与通信员王家志转移到巫溪县尖山坝一带活动。李汝为突围时掉进路边的河沟,因高度近视而眼镜又失掉,在黑夜中迷路,待拂晓爬上山路时,被搜寻的敌军俘获。面对酷刑,李汝为毫不屈服。2月22日清晨,李汝为被押往农坝乡窄口子场头处决。在就义前,李汝为吟诗高歌:"你们的电刑莫奈我何,你们的野蛮我早就领教过。我冷眼对杀场,笑脸迎山河,鲜血换来的是自由,屠杀,也挽救不了你们的没落!"[1]高呼"打倒蒋介石!""中国共产党万岁!"英勇牺牲,时年26岁。

另两路游击队,一路由赵学做、陈汉书率领,一路由陈恒之率领,分别开展活动。不久,两路队员又在巫溪县中坝塪相遇,便会合在一起,先去巫溪县百草坝,后又转到毗邻农坝的汛水坝一带活动。队伍在仁和寨宿营时,敌军一个连闻讯赶来,分两路向游击队宿营地包抄过来,一股敌人悄悄爬进寨子,向游击队发起猛烈攻击。陈汉书率领驻寨内的20余名队员,顽强抵抗。队员刘守星壮烈牺牲,陈汉书率部跳墙突围。此时,驻扎在寨外的游击队领导人陈恒之、赵学做听到枪声后,立即带领游击队员,击退了另一股敌人后,赶来增援,才知陈汉书已率部突围。陈汉书在仁和寨突围时,因跳墙跌伤,不便和部队一起行动,就离开队伍,转移至万县活动。

2月24日,陈恒之、赵学做率领40余名游击队员,转移到岱金坝一带。此时,叛变投敌的谭寿龄带领一小股敌军在鱼泉场一带搜捕共产党员和受伤的游击队员。陈恒之、赵学做决定,攻打鱼泉场,消灭场上的这股敌军。晚上,游击队兵分两路,进入鱼泉场,却不见敌军。原来,敌军得知游击队要来进攻,在天黑前即已向沙沱方向逃离。在鱼泉场,游击队缴获了镇公所步枪5支,子弹200多发;没收土豪劣绅的部分财物,分给贫苦群众,还张贴了"打倒土豪劣绅"

---

[1] 中共万县地委党史工作委员会编,《碧血丹心——下川东英烈》,四川人民出版社1989年版,第292页。

"打富济贫"等标语。然后,游击队转移到巫溪县的白草坝、刘家河一带,依靠白草坝党支部,开展活动。在四周强敌环伺的情况下,陈恒之、赵学做决定,将队伍化整为零,分散到云阳、巫溪、开县等地隐蔽。队伍分散时,规定了五条纪律:1. 随时听令,按时集结,参加战斗;2. 依靠当地党组织和群众进行掩护;3. 严守游击队纪律,维护共产党荣誉;4. 保存武器,做到人在武器在;5. 不得叛变、投敌、自首。

巴北支队副司令员陈恒之、汤溪工委副书记沈凯等转移到奉节县公坪、高治一带,发动群众,发展党员,建立小型武装组织,先后在奉节桃树坪、公坪组建了巴北支队第三大队、第四大队。解放前夕,第四大队20多名游击队员在奉节大寨乡白鹤寺阻击国民党溃军赵子宜部,缴获收发报机各1部,日本式单机70部,长短枪80余支,子弹1000余发,其他通讯器材6挑,俘敌200多名,通过教育后遣送回家。[①]

1949年2月,赵唯、陈仕仲等游击队领导人在农坝乡开会决定:为了适应斗争需要,重新组建川东游击纵队及巴北支队临时领导机构,赵唯任纵队司令员,刘孟伉任纵队政委(未到职,在南岸领导开展武装斗争),陈仕仲任纵队参谋长;赵唯兼任巴北支队司令员,陈仕仲兼任七南支队司令员,继续领导下川东地区的武装斗争。

三、七南支队的战斗

七南支队是在刘孟伉的组织领导下逐步发展建立的。刘孟伉是云阳县曜灵乡(今重庆市云阳县清水土家族乡)人,1927年初在参加刘伯承领导的泸州起义时加入中国共产党。泸州起义失败后,经刘伯承推荐到向成杰部任秘书,驻彭水。1930年随军辗转经鄂西返川,与党组织失去联系,先后在开县、云阳、万县等地中学、师范执教。1933年举家迁至万县市定居,以刻章卖字为生。1938年4月,刘孟伉恢复组织关系,先后担任万县特支、万县县委、万县中心县委委员,负责宣传、组织、统战工作,发展时任省第九行政督察区保安副司令萧中鼎入党。1939年2月,刘孟伉参与创办并出任中共万县中心县委领导的国华中学副董事长,秘密为党培养输送干部。6月,学校被当局查封,刘孟伉受到

---

① 杜之祥著,《三峡风雷——下川东中共党史采珍》,四川民族出版社1992年版,第121—126页。

通缉，被迫转移重庆，后潜回老家隐蔽。蛰居乡下8年，致力于文史研究。1946年6月，刘孟伉到重庆，向中共四川省委副书记王维舟汇报自己的经历。在王维舟安排下，与彭咏梧取得联系，受委派回家乡发动群众，为开展武装斗争做准备。刘孟伉通过外甥黄绪鼎和学生石文钧、张惠中等关系，在万县白土、龙驹、恒合等乡以及湖北省利川县太平乡一带，秘密串联，以组织"铺盖会"等形式，发展积极分子。1947年7月，正式组建了一支50余人的游击队。8月22日（农历七月初七），游击队第一次出击，活捉大地主、万县白土乡前任乡长黄佐中，逼其交出连枪2支、马枪1支、中正式步枪6支、子弹1箱、法币3000万元，游击队的装备得到进一步改善。

1948年2月中旬，根据彭咏梧、江竹筠的安排，吴子见、杨建成、罗曙南、刘本德等人秘密到达长江南岸，与刘孟伉接上关系，在泥溪口张惠中家开会，正式成立了中共七曜山临时工委，刘孟伉任书记，统一领导七曜山区的工作。[①] 同时，正式组建川东游击纵队第四支队（后改称七南支队），刘孟伉任司令员，吴子见任政治委员，刘尔训任副司令员。七南支队主要活动在云阳、奉节、万县长江南岸七曜山一带。4月，接中共下川东地工委通知，中共七曜山临工委改组为中共云奉南岸工委，刘孟伉任书记，杨建成任常委分管组织，刘本德任常委分管宣传，吴子见调开县工委工作。七南支队的活动，使国民党反动派十分惊恐，便调集重兵，加紧对云奉南岸进行清乡和盘查，并悬赏2000万元缉拿刘孟伉。刘孟伉在这一带无法立足，先后转移到奉节、湖北一带活动。下川东地工委调派原开县工委委员、开县支队司令员陈仕仲到七南支队，接替刘孟伉领导武装斗争。

4月下旬，陈仕仲秘密到达奉节县吐祥坝，与党员朱自东、张仁厚、黄问衢、彭树诚、朱吉六等接上关系，商讨开展武装斗争的计划。陈仕仲化名傅德祥，以做药材生意为掩护，将游击队由云阳清水塘、泥溪口一带转移至奉节的吐祥坝一带，开辟新区。同时，先后发展曹刚奎、朱图麟、朱大月等40余人入党，建立芳草坪、脚不干、军田、麻山、下坝等党支部。

6月中旬，由于叛徒的出卖，下川东地工委及各县党组织遭到严重破坏。地工委书记涂孝文被捕叛变，地工委委员、川鄂边游击队政委唐虚谷，地工委

---

① 杜之祥著，《三峡风雷——下川东中共党史采珍》，四川民族出版社1992年版，第128页。

委员兼开县工委书记杨虞裳,川东临委和下川东地工委联络员江竹筠,以及万县县委书记雷震等20多名党的各级负责人相继被捕。游击队与上级的联系突然中断,陈仕仲带领党员干部,继续坚持和贯彻党在敌后开展武装斗争的方针,经过艰苦努力,组成了一支30余人的游击队,以朱大月为队长。10月,成立中共吐祥特支,陈仕仲任书记,朱自东任副书记,积极组织开展武装斗争。

12月8日,游击队从奉节县吐祥坝黄营厂出发,飞兵奇袭80里外的云阳县蔈草场。天黑以后,游击队摸进蔈草场街中的乡公所,敌乡长和乡队副正在乡公所里大摆赌场,乡长摇骰子当宝倌,乡队副维持赌局好抽头。游击队神兵天降,包围了赌场,缴获乡长和乡队副短枪2支。接着,又缴获乡公所的全部枪支弹药,共有长枪30余支,手榴弹70余枚,子弹2000余发。游击队还砸开牢房,放出被关押的壮丁20余名,把没收的赌本分发给壮丁们让其回家。游击队未放一枪一弹而首战告捷,来时尚有部分队员持梭镖、长矛,战后都换成了短枪、长枪。

1949年1月,中共云安工委书记谭悌生与陈仕仲取得联系,陈仕仲便赴农坝乡与赵唯等人开会。会议决定:为了狠狠地打击敌人,巴北支队和七南支队在长江两岸继续开展武装斗争。2月,陈仕仲从云阳农坝乡返回到奉节吐祥,召开了特支扩大会议,为了加强党的领导,任命吐祥特支委员李君明为七南支队政委,特支委员彭树诚为支队党代表,[①]制定作战计划,研究部署攻打湖北省恩施县板桥乡公所。

板桥距离吐祥50余里,是川鄂交界的重镇,敌乡长田希明(外号田大麻子)土匪出身,无恶不作。乡公所有乡丁100余名,枪支100余支,还有机枪2挺。袭击板桥,既可为民除害,又能缴获大批武器。2月22日傍晚,在李君明、彭树诚、朱大月率领下,100余名游击队从吐祥向板桥进发,23日黎明到达板桥,上午10时左右,队员们装扮成赶场的农民,将长枪装进麻袋捆在柴火中,短枪班每人除腰插短枪外,还带一把锋利的杀猪刀,夹杂在赶场的人流中,顺利地混进场内。板桥场是长蛇形,一条独街,上下场口各有一道栅门。部署到位后,一声信号,上下场的栅门全被游击队员堵住,电话线被剪断。短枪班冲进乡公所,击毙两名企图顽抗的乡丁和田大麻子,其余乡丁们纷纷缴械投降。

---

① 杜之祥著,《三峡风雷——下川东中共党史采珍》,四川民族出版社1992年版,第130页。

此役缴获短枪4支,长枪80余支;两挺机枪因送去恩施修理,故未缴获。游击队打开牢房,放出被关押的壮丁30余名,当场有3名壮丁加入了游击队。

七南支队袭击蒌草、攻打板桥的胜利,有力打击了国民党地方反动派。国民党军一二二师三六四团和奉节县长冯斌等带两个保安队包围了吐祥一带,驻万县的第九区保安副司令杨悟农也率两个保安中队进驻吐祥,敌军大肆清查,烧毁了党员朱自东、彭树诚、吴楚桥的房屋,游击队驻扎的落水洞一带的农户被抢劫一空。

为解吐祥之围,陈仕仲在游击队宿营地黄四营召开紧急会议,决定攻打奉节县安坪乡公所,调虎离山;并任命由云阳调来的宋家佑任支队参谋长。3月19日,刘尔训、宋家佑、李君明、彭树诚率领100余名游击队员,从黄四营出发,急行军80里,奔袭安坪场。拂晓,乡公所伙夫起床开门煮饭,游击队员蜂拥而入,乡丁正在蒙头大睡,全部被俘,乡长王旭东也被活捉。此役缴获长枪32支,手枪4支,子弹近万发,手榴弹30余枚;收缴了该乡的全部税款和筹集的七八百块银元,以补充游击队的给养。安坪还是国民党政府在奉节南岸征粮的集中点,游击队打开粮库,将粮食分给贫苦群众。当包围吐祥的国民党军队赶至安坪时,游击队早已迂回转移,回到了吐祥游击根据地。

国民党军队又集中约20个连的兵力,对游击队展开"围剿"。对此,陈仕仲指出:"我们游击队的主要任务,就是在敌人的后方牵制他的兵力,扰乱秩序,破坏交通和粮仓,不要同敌人硬拼,毛主席有句名言,叫做'打得赢就打,打不赢就走'。往哪里走?向云阳清水塘方向走!刘孟优同志在那里有基础。那里有个黄绪鼎,还有十几条枪,与他会合后,把队伍拉到万县去打沱口兵工厂,好好武装一下我们的队伍。"游击队利用七曜山一带山多沟深的有利条件,与敌周旋。一会儿在吐祥落水洞对敌交火,一会儿又转移到数十里外的木耳山、范家沟与敌开战。

游击队转移到吐祥沙子岭时,为了行动方便,便将100余人的队伍分为三路突围。一路由支队副司令员刘尔训、政委李君明率领20余人,向小白岩方向突围;一路由大队长朱大月率领30余人,向马口驿方向突围;一路由司务长向福林率领部分队员及后勤人员40余人,向青麟寺方向突围。三路突围都获得成功。前两路突围的队伍向北到高雅乡厚坪胜利会师,4月8日再向西转移到云阳赶场坝红椿坪朱大月的家乡，4月10日从云阳东洋子乘木船渡过长江，到达云阳北岸盐渠滩，与巴北支队会合。

向青麟寺突围的一路，突出重围后又回到吐祥落水洞一带。支队派大队长朱大月返回吐祥，领导这支队伍，与朱自东、朱图麟等一起，转战在吐祥麻山一带。6月，朱大月率领10余名队员，秘密回到赶场坝，将作恶多端的敌保长郑复成绑至赶场街上当众枪决，为民除害。7月，朱大月去巫山探望转移的家属，被叛徒告密，在巫山县城被捕后押到奉节县城，宁死不屈，英勇就义。

当七南支队与巴北支队会合时，被通缉的支队司令员刘孟伉秘密返回家乡，领导一支游击队，独立作战。1949年4月，刘孟伉派黄绪鼎率15名游击队员，袭击云阳县清水塘乡公所。行动前，预先做好乡丁刘祥根和石某的工作，作为内应。游击队抵达乡公所后，不费一枪一弹就缴获枪支10余支，刘祥根和石某也参加了游击队。接着，黄绪鼎又率游击队去捉拿作恶多端的大地主黄绪宽、黄佐友父子，黄绪宽未捉到，黄佐友被游击队处决，解救了被黄绪宽父子霸占的3名妇女，广大群众拍手称快。5月20日（农历四月二十一日），为了筹集活动经费，黄绪鼎又率15名游击队员，抓获蒙草场恶霸地主杨雪楼，缴获手枪1支，夹板枪2支，地瓜手榴弹2枚，并逼着杨拿出银元1000多块，银子数十锭。①由于游击队的活动影响不断扩大，刘孟伉、黄绪鼎等受到国民党反动政府的通缉。

7月，中共万县中心县委发出"停止武装斗争积极准备迎接解放"的指示。8月，刘孟伉率部先后转移到湖南龙山和湖北利川一带隐蔽。10月，刘孟伉在利川迎接解放，参加当地的接管建政和咨询工作。

四、开县支队的战斗

开县支队的前身，是土地革命战争时期的南山游击队。1934年初，中共四川省委派遣郭代林到开县义和乡一带开展工作，发展党员，建立组织，在义和乡蔡家湾、太平乡水磨滩、谭家湾一带，组织了一支有50余人、20余支枪的游击武装。南山游击队曾数次派人与红军联系，皆因战事频繁不断转移而未联系上。后来，由于开县党组织遭到破坏，负责人先后被捕，南山游击队的武装

---

① 杜之祥著，《三峡风雷——下川东中共党史采珍》，四川民族出版社1992年版，第133页。

队员便分散隐蔽下来。

1946年6月,与党组织失掉联系的中共党员陈仕仲、温可久,在开县临东乡一带组织"开县民主联合会",广泛发动群众,进行反对内战、反对国民党政府专制独裁的革命活动,并通过各种方式筹集武器,准备开展武装斗争。

1948年1月,中共下川东地工委派谭悌生到开县,与温可久接上组织关系,恢复了陈仕仲的党籍。此时,陈仕仲、温可久等人已筹集步枪200余支,手枪30余支,手榴弹100余枚,组建了400余人的武装队伍。这些武装人员,一手拿锄头,一手握枪杆,平时参加生产劳动,如有需要便召之即来。谭悌生对陈仕仲、温可久的工作给予高度肯定,并将组织武装的情况向地工委报告。地工委决定,成立开县游击队,陈仕仲任司令员,温可久任政委,同时负责党的工作,积极发动群众,大力发展党员。到1948年2月,便在临东、临江和太平一带,发展了党员250余人,建立基层组织16个;大力开展统战工作,使临东乡乡长袁德朗、太平乡乡长熊圣赓同情和支持游击队。2月中旬,下川东地工委调派地工委委员杨虞裳从云阳到开县,加强组织领导。杨虞裳赶到离城60里的临江镇,与温可久详细商讨了开展武装斗争的有关事宜。2月14日,陈仕仲组织武装人员,把义和乡恶霸地主熊茂林抓到临东乡南山的毛垭头,要他交枪40支,交不出枪就用金钱折价,熊茂林只好写信给老婆。熊茂林的老婆接信后,便交给了国民党县政府。3月11日,县长吴超然电令与南山接壤的13个乡镇集结武装,对游击队进行联合"清剿",游击队遂将大恶霸熊茂林处决。

4月上旬,杨虞裳在临东乡组织召开会议,传达下川东地工委对开县工作的指示,宣布正式组建中共开县工委,由杨虞裳任书记,温可久任副书记,荣世正任组织委员,吴子见(从七南支队调来)任宣传委员,委员陈仕仲分管军事和武装斗争。杨虞裳、温可久、陈仕仲等在临东乡南山开会,专门研究加强武装斗争问题。在开县开展武装斗争,可以减轻云阳、奉节、巫山一带游击队的压力。杨虞裳提出:"为了减少反动派对武装斗争的注意,接受奉大巫支队和巴北支队起义的教训,不打旗帜,分散隐蔽,集中对敌,并以灰色的面目出击。"[①]4月中旬,陈仕仲调到长江南岸领导七南支队的斗争,温可久转移去外地,游击队员转入隐蔽斗争。

---

① 杜之祥著,《三峡风雷——下川东中共党史采珍》,四川民族出版社1992年版,第135页。

国民党反动当局组织武装耗时一月半对南山游击队的联合"清剿",未取得任何成果。5月至8月,又出动警察和乡镇反动武装千余人,分六路在南山一带进行大搜索,挨门挨户翻箱倒柜,到处抓人。共产党员陈仲书、刘文蔚、张光伟、张兆琦和进步女青年朱世君、民主人士袁德朗先后被捕(押解至重庆渣滓洞集中营关押后牺牲),还抓走保甲长20余人。

1949年11月下旬,国民党军一二七军军长赵子宜率部溃逃,路经开县东里、城关、临江、临东、太平等地区,准备向开江方向逃窜。开县党组织立即以《情况通报》形式发出书面通知,要求各级党组织集结武装,组织群众以鸣锣、吹筒、呐喊等办法,相机吃掉赵子宜部的尾子,保卫人民利益不受侵犯。于是原开县支队的武装力量重新集结起来,在长达近100华里的地带分段出击,阻击国民党溃军,取得重大胜利,缴获战马1匹,战炮1门,步枪8支,子弹400发,手榴弹80余枚,俘敌24人。[①]

五、巴北支队与七南支队联合作战

1949年4月,七南支队与巴北支队在长江北岸云阳盐渠滩会合,开县支队的陈仕仲等加入队伍。两个支队在一起休整训练了4天,随后决定攻打农坝乡窄子口场上的"三县联防办事处",除掉办事处主任万忠瑞(绰号万边眼)。万忠瑞率部从1949年1月"围剿"巴北支队以来,在农坝乡一带大肆进行烧杀掳掠,制造白色恐怖。当游击队到窄子口侦察时,才知万忠瑞已率部到巫溪尖山一带"追剿"游击队去了。游击队负责人便在小谷坪麦光禄家举行会议,赵唯分析了情况,权衡利弊,决定两支队伍联合攻打开县温泉(温汤井)盐场。

温泉盐场离开县城60里,年产食盐8万余担,年收盐税法币13亿8000多万元,有常驻税警两个中队100余人。队伍装备精良,有步枪100余支、机枪7挺、短枪10余支。武装人员除在场署、盐垣驻守外,还在场镇四周要隘设置了5个岗卡。税警队武器精良,缴获后可以装备队伍,壮大力量;盐场又有大量银钱,可以充实后勤资财。攻打温泉盐场有较好的基础,温泉镇镇长杨曾唯、镇公所文书刘直、盐工子弟校校长吴仁山及其妻子鄢登泓、教师郑礼仪都是共产党员。同时,开县城厢镇党组织负责人黄楠材与县自卫总队中队长、共产党员

---

① 杜之祥著,《三峡风雷——下川东中共党史采珍》,四川民族出版社1992年版,第134—137页。

彭林议定,只要游击队在温泉盐场一打响,彭林便率中队赶到温泉镇进行策应。

4月12日晚,七南支队与巴北支队的部分队员在赵唯率领下,分别从云阳县的祁家坡和小谷坪出发,到离温泉镇20余里的阴坡休整1天,集合了开县组织的部分突击队员,共计50余人。15日拂晓,战斗打响后,游击队向七处攻击点先后开火、迅速攻下场四周的5个岗卡。接着,游击队进攻驻扎重兵的盐垣和税警大本营盐场公署。战斗从黎明打到下午4时许,因缺乏重武器无法攻克。城里援兵因等候游击队联系,未能按时赶到。战斗中,巴北支队副司令员陈恒之身受重伤,队员苏安英勇牺牲。温泉盐场无法攻克,游击队便主动撤出战斗。城厢镇党支部负责人陈楠材,因配合游击队攻打温泉镇,在城区开展宣传和组织武装力量被发觉,于当天深夜被捕,押解到重庆渣滓洞集中营关押后牺牲。

七南支队与巴北支队合力攻打温泉镇盐场,虽未达到预期目的,但取得了攻占外围据点的战果。打死敌军2人,打伤敌军10余人,俘虏10余人,缴获长短枪15支,子弹2000余发。随后,国民党调派正规军十六兵团四十一军一二二师副师长黄伯亮率一个团进驻开县,进行"清剿"。

巴北支队副司令员陈恒之伤愈后,又率领30余名游击队员,到离温泉镇60里的紫水乡碗架山,袭击攻占恶霸地主陈鸿轩庄园,缴获长枪1支,短枪3支,子弹4000余发。然后,游击队到农坝乡与纵队司令员赵唯会师。

中共川东临委和下川东地工委遭破坏后,下川东各地党组织和游击队便与上级党组织失去了联系。1948年秋,云阳县党组织负责人谭悌生专程去重庆寻找党组织,由于白色恐怖严重,前后找了3个月,却一无所获。1949年1月,中共川东特别区委员会(简称"川东特委")在川东临委基础上重新组建。4月,国民党《中央日报》"各地通讯"栏简略地报道了巴北支队和七南支队袭击温泉盐场一事,文字虽短,却在社会上引起很大震动,川东特委负责人也通过报纸获悉了这一消息。为此,川东特委决定,立即派专人赴下川东地区,寻找联络游击队,重建地方党组织。

4月下旬,川东特委指派原云奉工委常委杨建成,从重庆返回下川东地区,寻找联系川东游击纵队领导赵唯、陈仕仲等人,了解当前下川东党的工作及武

第四章 掀起武装反抗国民党反动派新的高潮

装斗争等情况。杨建成到达云阳后,通过原来的特殊联络渠道,很快联系到了谭悌生。通过谭悌生,联系上了七南支队司令员陈仕仲。

杨建成听取了谭悌生和陈仕仲的汇报:从1948年6月下川东地县两级党组织遭到彻底破坏后,到1949年4月,各县基层党组织和川东游击纵队部分领导人赵唯、刘孟伉、陈仕仲、谭悌生、陈恒之、沈凯等,仍然坚持斗争,独立领导开展游击战,以配合解放军的正面战场作战。在敌军联防、"围剿"、清乡的险恶环境中,组织小型武装队伍独立作战,机动灵活地穿插回旋,抓住时机袭击敌人。然后,利用熟悉的广大山区隐蔽自己。杨建成传达了川东特委关于"停止武装、积蓄力量、迎接解放、配合接管"的指示,以及重建地区一级党组织的有关决定。

随后,杨建成返回重庆,向川东特委汇报了下川东党的活动及武装斗争等情况。川东特委对下川东党的工作及小型武装队伍独立作战,以斗争求生存的做法,给予了充分肯定。决定由杨建成再赴下川东地区,牵头重建党组织,全面开展迎接解放的工作。

5月初,川东特委派杨建成、王庸前往下川东,中共下川东临工委(又称云开万奉大巫临工委)正式组建。为了防止或减少国民党反动当局的搜捕和破坏,临工委决定,暂时不建立各县党的领导机构,由临工委领导成员划县分管:书记杨建成(化名朱海清)负责全面工作兼管奉节、万县党的工作;委员邹予明(化名周开莲、刘行之)分管云阳北岸党的工作;陈仕仲(化名傅德祥)分管云奉南岸党的工作;王庸(化名王银洲)分管开县党的工作;谭悌生(化名谭雪峰)分管巫山、巫溪党的工作。8月,中共下川东临工委更名为万县中心县委。

随后,川东特委又派罗曙南、周一生等陆续到达下川东,与赵唯、陈仕仲和谭悌生等会商,传达中共中央的指示:人民解放军在解放战争中已取得决定性胜利。百万雄师已渡过长江,全国胜利指日可待。要停止敌后的武装斗争,转入隐蔽斗争,保存实力,发动群众,做好迎接解放军入川的准备。

在下川东地工委的领导下,七南支队与巴北支队立即采取行动:主要负责人分散转移,游击队员就地设法隐蔽。陈恒之转移到奉节的公平、桃李乡一带,刘尔训和李传宾转移到巫山的长溪河一带,刘云程转移到石柱县西界沱一带,彭树成转移到云阳双土乡一带,刘直大转移到奉节安坪乡一带,就地扎根,发动组织群众,积极迎接解放。

陈恒之等在奉节的公平、桃李、高治一带,组织群众,发展党员,建立组织。彭树诚在云阳双土乡发展了袁正辑等10人入党,建立了土垣支部;后又转移至大斧头煤矿,发展党员10余人。刘直大在奉节安坪,与吐祥坝的党员接上关系,领导开展活动。刘云程在石柱西界沱参加了忠石万游击的武装斗争,迎来了进军西南的人民解放军。赵唯从奉节县公平乡转回云阳县龙洞乡的董家坝一带,积极作上层人士的统战工作,写信给云阳县的军政负责人,讲形势,指出路,对云阳的和平解放,起到了积极作用。刘尔训、李传宾等转移到巫山县长溪河一带,在当地党组织领导下,组织群众,建立了川东游击纵队长溪河支队。

在吐祥坚持斗争的朱图麟,得知利川县解放的消息后,立即翻山越岭到达利川县城,找到了在那里坚持斗争的七南支队司令员兼政委刘孟伉,并与人民解放军部队联系,汇报了七曜山区的情况。11月中旬,解放军驻利川部队派出一个连,由朱图麟作向导,向七曜山进军,解放了奉节县柏杨坝,第二天进军吐祥坝,招降敌军两个连,活捉孙元良兵团的"七曜山指挥部"指挥官廖作为,击毙了当地反共头子"十九乡联防办事处"主任毛芳谷。11月15日,吐祥坝胜利解放,比奉节县城的解放提前20天。

六、长溪河游击队的战斗

1949年11月,人民解放军逼近下川东地区。中共两巫特支在书记谭悌生和委员卢恺言、陈恒之的领导下,组织队伍,树起了长溪河游击队旗帜,以战斗的姿态加速了巫山、巫溪国民党反动政权的垮台,有力地配合了人民解放军解放下川东地区的军事斗争。

(一)党组织发动群众伏击国民党溃军

1949年10月,中共龙溪支部积极开展迎接解放军解放巫山的准备工作。支部书记卢少衡,密切联系其舅舅、在当地有影响力的苏竹勋,出面组织龙溪乡民众自卫大队,交由卢少衡暗地控制指挥。同时,动员组织群众,相机歼灭国民党残余部队。11月18日,驻防龙溪乡的国民党军潘清州师七〇三团撤逃奉节,一二七军三一〇师警卫营由大昌移防龙溪,龙溪一片混乱。

11月29日,人民解放军一二四师对驻扎在巫山县长江北岸的国民党守军发起总攻,国民党守军全线崩溃,向西逃窜。驻龙溪的国民党军一二七军三一〇师警卫营即开始向西逃窜,苏竹勋组织龙溪乡民众自卫大队骨干成员苏泽源、苏泽政、苏泽瀛、胡厚玉等10余人,携枪五六支,于当晚在龙溪乡青扒子地方拦击逃军1个班,夺得逃军背包1个,银元50块。

11月30日夜,解放军抵近巫山县城。巫山县县长黄种强带领部分国民党官员和自卫总队,从县城向福田、巫溪方向逃窜。已与巫溪党组织取得联系的自卫总队第一中队长苏廷举,率自卫总队随县长撤离。12月2日凌晨,苏廷举率队行至福田史家垭时,与准备迎接解放军入城的中共两巫特支书记谭悌生、委员卢恺言联系见面,商定由苏廷举率自卫总队暂住上田坝,拖住县长,等待解放军来接收。苏廷举即命人马在史家垭一带停止前进,并派人送信到黄家岭家中。苏祖学接信后,立即与住在他家的川东游击纵队干部刘尔训、李传宾商量,商定由苏祖学出面请黄种强到家休息,活捉黄种强。下午2时许,黄种强偕同秘书、兵役科长、警察局长、巡官第二区区长等人及其家属、区丁、轿夫、挑夫与裹胁随逃的青年学生,计30余人进入苏家。①在行动中,黄种强掏枪反击时被李传宾击伤,傍晚毙命,其余武装人员皆被擒获。当即缴获长短枪28支,鸦片100余两,其他物品和文卷10余箱。

12月1日下午,解放军一二四师一个尖兵排,由骡坪沿垭口龄、白果寺,经大昌朝上田坝方向执行任务,巫山县第二区(大昌)区长肖定安、大昌镇长黄载之率少数区丁逃离。12月2日凌晨,中共水口支部书记崔殿升率共产党员和进步青年15人冲进大昌区公所,在早已争取过来的区丁队队长张家珍、班长徐万海配合下,提取区丁队步枪19支、子弹1箱,顺利占领大昌镇。崔殿升随即派出岗哨,警戒巡逻,派人沿街鸣锣,宣传共产党的政策,安定民心。

12月2日上午,驻防龙溪被群众称为"吃光队"的国民党一二七军三一〇师警卫营,派副官到龙溪乡公所,强要民夫50名、滑竿20乘,准备逃离。龙溪支部书记卢少衡召集地方人士商议,当即决定在敌军必经之地铁厂沟,以"坐径截尾"战术伏击敌军。并决定,由曾庆康组织群众拒派民夫,买500个大火

---

① 中共巫山县委党史研究室著,《中国共产党重庆历史巫山县卷》,重庆出版社2013年版,第125页。

炮送到万家山,供人民自救会会员战斗时充当枪声之用;设法将乡警察队拖出乡公所,扎于擂鼓台控制有利地形,尾敌而动,在双河口堵住进入铁厂沟的"径口"。卢少衡命苏泽源、苏敦厚通知苏泽浩、杨天贵等自卫大队干部,率员到铁厂沟内的秦家河、红岩子险要地段两岸山上埋伏;动员人民自救会会员在秦家河两岸山上放火炮、吹吹筒、呐喊助威。随后,卢少衡与打入警察队工作的曾庆康,到警察队亮明身份,讲明当前形势,警察队人员纷纷表示,愿意参加伏击"吃光队"的作战。午后3时许,敌军从龙溪场镇撤离,曾庆康即率驻扎于擂鼓台的乡警察队尾敌而行。由于敌军没有向南进入预伏的铁厂沟,而是从铁厂沟口双河口径直向西朝巫溪县谭家乡方向逃离。5时许,被解放军撵得四处乱窜的一二七军三一〇师120余人,从奉巫边境窜入铁厂沟。在山上占领伏击位置的武装队员,一齐向敌开火。无枪的队员,有的往铁桶里燃放火炮当机枪,有的吹吹筒、造声势,有的朝山下敌军砸石头,有的呐喊助威。由于远距离开枪,加上武器太差、射击技术低劣,虽没击中一个敌兵,但仍打得敌兵晕头转向,身陷峡谷,进退两难。警察队听到铁厂沟枪声后,加速赶往双河口堵"径口",敌军已有三四十人冲出铁厂沟向西逃去。曾庆康立即命司号员吹起冲锋号,堵死径口。在"缴枪不杀""欢迎投降"喊话的攻势下,敌军纷纷投降。此战共俘敌军官兵80余人,缴获轻机枪4挺,枪支40余支,子弹、炸药10余箱,电话机1部,还有三一〇师关防大印1枚及其他军用物品。次日,对投降的官兵进行登记造册、教育后,每人发给路粮8斤,自行回家。

(二)组建长溪河游击队

龙溪和黄家岭两股群众武装力量,在击毙县长黄种强和伏击"吃光队"后,军威大振,龙溪乡政府为群众武装占据。12月3日,奉卢少衡、苏竹勋之命,龙溪武装人员和人民自救会会员携带战利品,到龙溪场上集中;黄家岭的武装队也开到龙溪场镇,两地武装会师龙溪。经讨论决定建立长溪河武装队。由中共两巫特支委员卢少衡、卢恺言负责政治工作,刘尔训、李传宾负责军事指挥,苏竹勋负责对敌上层人物的政治瓦解工作。[①]

长溪河武装队有持枪队员140余人,编成3个队6个分队,确定了队长、分

---

① 中共巫山县委党史研究室著,《中国共产党重庆历史巫山县卷》,重庆出版社2013年版,第127页。

队长。红色被面上书写"长溪河武装队"6个大字,制成队旗。在龙溪场镇半边街河坝召开群众大会,宣布"长溪河武装队"成立。卢少衡、刘尔训分别讲话,宣传共产党的政策,安定人心;宣讲成立长溪河武装队的宗旨与任务;宣布武装队不拿群众一针一线、不打骂群众、买卖公平等纪律;号召群众支援武装队,配合解放军作战。不久,长溪河武装队又吸收了毗邻龙溪的巫溪县庙溪河的20余人枪,编为第四队;调集袭占大昌镇的中共水口支部领导的20余人枪,编为水口分队。随后,"长溪河武装队"更名为"长溪河游击队"。

(三)袭击谭家乡

在国民党下川东防务行将崩溃之际,国民党川鄂绥署主任孙震命令,将各县地方武装改组成"反共游击军"。巫溪县县长王渊逃离后,巫溪县清共委员会主任向鉴秋,被委任为"反共游击军"第一师师长、"两巫清剿指挥部"指挥长、代理县长。巫山县解放后,人民解放军迅速西进追歼逃敌,来不及扫荡盘踞巫溪城乡的反动武装。

长溪河武装队成立后,毗邻龙溪的巫溪县谭家乡,仍为"反共游击军"营长、谭家乡乡长李濂溪率部武装盘踞,对新生的长溪河武装队构成威胁。12月4日,武装队领导人卢少衡、刘尔训、李传宾研究决定,用先礼后兵的战术袭击谭家乡。5日凌晨,刘尔训、李传宾、苏竹勋率武装队员120余人,沿双河口、酒店子向龙溪以西40余里的谭家乡进发,巫溪籍党员周道纯一同前往。11时许,武装队包围了谭家乡乡公所。卢恺言、苏竹勋、周道纯三人首先进入乡公所,与李濂溪谈判,讲明共产党的政策,劝其缴械投降。谈判一个多小时无果,刘尔训、李传宾即率部冲入乡公所。李濂溪宣布投降,交出了乡公所的枪支,并令乡队副李崇福通知各保,将散存在各保的枪支送交乡公所。武装队一枪未发,缴获长短枪30余支。

(四)奔袭巫溪县城

12月3日,国民党巫溪县代理县长向鉴秋得知巫山县已经解放,率地方武装数百人,撤至城西凤凰一带,占据有利地形,只在城内埋伏耳目,县城一时处于真空状态。中共巫溪城厢支部请民主人士何策言出面,组织维持会,维持城区治安。由于城内革命武装力量太弱,难以控制局面,城厢支部书记陈世富便派党员周道纯、王国裕,先后到长溪河武装队请求支援。

卢少衡、卢恺言决定,武装支援巫溪。武装队挑选骨干75人,编成3个队6个分队,每队配备轻机枪1挺,挑选较好的步枪、冲锋枪、手枪84支,装备队伍。由卢恺言、刘尔训、李传宾率队出征,周道纯随队行动,每个队请向导1人。卢少衡指挥其余武装队员留守长溪河,提供后勤保障。同时,加紧开展政治攻势,利用苏竹勋的影响力,由苏竹勋给向鉴秋等地方反动头目写劝降信。

12月8日,在卢恺言、刘尔训、李传宾的率领下,由巫溪党组织派出的严能信、杜正本、姚元纪为向导,队伍向巫溪县城进发。行至庙溪河,该地吕建侯、吕发生领导的游击武装20余人请求参战,当即被编为第四队,由吕建侯、吕发生任正、副队长。吕建侯在奉大巫起义时入党,作战勇敢,在攻打云阳南溪箭楼子时负伤,返乡养好伤后组建了游击武装。下午4时许,队伍行至城西10余里的西山时,捕获向鉴秋部送情报的人员以及出城刺探情报的保长李远酉,得知县城西门敌军有60余人的情报。武装队当即决定,夜袭巫溪县城。

黄昏时分,武装队进抵城西赵家坝。天黑后,派出由吕建侯、李成科、赵泽禹、赵泽贵4人组成的尖兵组,向西来关搜索前进。尖兵组挟持李保长以送情报为名,叫开城门,擒缚敌哨兵,探得其口令,夺得入城之道,迅速入城。李传宾率苏祖学第二队进入西来关,迅速抢占城西北的制高点炮台;第一队队长曾庆康率队从西来关直插水洞子,由东门入城,经河街迅速占领北门,向大宁厂方向组织防御;第三队队长苏泽源率队把守西来关;第四队在吕发生率领下占领观音庙。敌军遭到突然袭击,猝不及防,仓皇逃窜。武装队顺利占领巫溪县城,俘敌10余人,缴获步枪10余支,炮台弹药库子弹40箱,手榴弹300余枚。

占领县城后,武装队赓即在城内杜福兴商号设立指挥部,处理善后事宜,将缴获的弹药补充队伍。潜伏在城内的敌军耳目,将游击队的情况报告给向鉴秋。当晚,武装队侦察得知,向鉴秋将反扑攻城,卢恺言即回长溪河去组织力量增援。

12月9日10时许,向鉴秋所部300余人从城西镇泉乡的文家坪、麻古石两地出发,兵分两路进攻县城。李传宾命各队坚守阵地,沉着应战。苏祖学先后派出3个战斗小组,占据有利地形,阻击敌人。午后3时,敌军向炮台和北门发起进攻。武装队沉着应战,奋勇还击。战斗至天黑,终因众寡悬殊,武装队交替掩护,逐队撤离战场,分水陆两路撤回长溪河。

(五)配合解放军解放巫溪县城

卢恺言从巫溪县城返回长溪河后,将留守长溪河的60余名队员进行战斗编组。苏竹勋到大昌,调水口支部书记崔殿升率领的20余人到长溪河,编为水口分队。增援巫溪作战的准备工作尚未就绪,游击队主力已从巫溪县城撤回长溪河。两巫特支将集中的长溪河游击队全体队员180余人进行整训,准备再次进攻巫溪县城。解放军一二四师对解放巫溪县早有部署,部队电话通知两巫特支,派少量向导即可。但游击队总想为解放巫溪多出点力,仍派出了一支20余人的分队前去助战。

12月13日黄昏时分,卢恺言率队到达巫溪城西赵家坝,与巫溪上磺和奉节黄村的游击武装会合。一二四师三七〇团第三营1个连,在团副政委王威、营长马振国、营副教导员屈成田率领下,由奉节竹园坪经古路、上磺到达赵家坝,游击队与解放军会师。部队首长邀请各路游击武装负责人,在赵家坝凉亭子研究部署解放巫溪县城的战斗。

14日凌晨,解放军抵近巫溪县城,对空发射红色信号弹3发,向县城发起进攻,游击队员紧随其后。信号弹划破夜空,盘踞巫溪县城的敌军惊慌失措,弃城而逃。解放军和游击队胜利进入县城,巫溪解放。[①]

七、川鄂边游击队的战斗

在长江南岸万县、石柱、利川三县交界地带,一直是党组织的重要活动区域。土地革命战争时期,贺龙红军、平民革命军、四川红军第三路游击队、共产军等革命武装,先后在这一带进行战斗。抗日战争时期,党组织在这一带建立了众多的基层党支部,开展抗日救亡活动,为开展武装斗争奠定了良好的基础。

---

① 中共巫山县委党史研究室著,《中国共产党重庆历史巫山县卷》,重庆出版社2013年版,第127页。

(一)党组织筹建游击武装

1944年秋,受中共万县中心县委派遣,县委委员唐虚谷化名黄仲山,与妻子、共产党员张静芳一起到达万县南岸的长滩乡工作。他们在辅民煤厂工人、进步青年黄佐玛的老家沙滩建立了地下交通站,负责领导下川东地区南岸党的工作。发动当地农民入股,组建了"沙滩合作社"(位于今长滩镇沙滩村一组),设信贷部和日杂部。信贷部以低微的利息开展存贷款业务,收益分给入股农民,沉重地打击了猖獗的高利贷活动,大大减轻了农民的负担;日杂部以微利、低于投机商的商品价格,销售盐和煤油等重要生活用品,极大地方便了劳苦大众的日常生活。唐虚谷夫妇还免费为穷苦百姓看病治病;兴办业余小学,义务教授贫困儿童读书识字,深受群众爱戴。

1944年冬,中共中央南方局青年组派遣共产党员秦禄廷到石柱、丰都、忠县一带清理党的组织,联络仍然坚持斗争的共产党员18人。1945年4月,南方局青年组张佛翔召集王敏、秦禄廷、王家滋在重庆千斯门三义公旅馆开会。会议宣布:由王敏、秦禄廷、王家滋组成五一工作组,王敏任组长,秦禄廷任副组长,去川鄂边区创建革命根据地,准备打游击。[①]随后,三人参加了新华日报社组织的培训学习。7月,王敏、秦禄廷、王家滋赴石柱、丰都、利川开展革命活动,发展"民主战士联盟"盟员50余人。

1945年9月,中共万县中心县委由达县迁回万县,唐麟任书记,唐虚谷、杨虞裳、冉益智为委员。1946年4月,中心县委改组为下川东区工委,唐虚谷仍为委员,在万县长滩、沙滩一带组织领导农民群众,开展有理、有利、有节的"抗丁、抗粮、抗捐"斗争。1947年2月,为实施下川东区工委关于筹备开展武装斗争、建立川鄂边区政府的指示,唐虚谷、张静芳由长滩迁往龙驹坝,开设安普客栈(意为"安居天下的无产阶级","普"即法语无产阶级音译"普罗列塔利亚"的第一字)和利民商号(位于今龙驹镇永兴街112—114号),以做生意、进货为名,筹集经费,暗地购买枪支弹药。客栈又是党的秘密联络站,江竹筠、吴子见、刘德彬等共产党人后来到此联络住宿,开展革命活动。

1947年3月8日,中共中央在《关于在蒋管区发动农民武装斗争问题的指示》中指出:"要趁国民党统治区后方兵力空虚,征兵征粮使得民不聊生,群众

---

① 《川鄂边游击队》编委会,《川鄂边游击队》,四川人民出版社1988年版,第17页。

斗争情绪普遍增高的有利时机,根据各地的情况,有步骤地发动与组织农民群众,开展游击战争,建立农村游击根据地。"在万县龙驹、白土、长滩、梨树、地宝一带,唐虚谷领导秘密组建游击大队,方钦若任大队长,唐虚谷任政委。他们率领骨干成员,伪装成国民党"高官",从白土乡公所"收取"步枪60支,手枪2支。随后,游击队还从各地土豪劣绅处获得一批武器。

同时,在石柱、丰都、万县、忠县一带,五一工作组通过开展"抗丁、抗粮、抗税"活动,广泛发动群众,组建"三抗"小组170余个,组员近2000人。通过派人打入国民党基层政权,开展统战工作,控制了16个乡镇政权,秘密组建4个武装工作组。

1947年10月,中共川东临委成立后,部署加快开展武装斗争工作。同时,中共下川东区工委改称下川东地工委,唐虚谷仍为委员;成立中共石柱特支,秦禄廷任书记,由下川东地工委领导。为了给石柱县的游击武装筹集枪支,唐虚谷和秦禄廷等领导人,就组织游击队员,到离龙驹坝不远的万县走马区大恶霸、伪走马区区长唐锡珠家,除掉了这个作恶多端的大恶霸地主,从他家里夺走步枪30多支,当地群众莫不拍手称快。[①]

12月,在石柱特支领导下,组建中共石(柱)利(川)万(县)忠(县)边区区委,邵容光任书记,黎万川任副书记,黎旭阳任组织委员。区委工作范围包括石柱县北路、忠县东南岸、万县西南部和利川县齐岳山以西的广大地区,先后在西界沱、武陵、庙坡、石家坝、陈冲坝等地组建党支部,发展党员100余人。

同时,在石柱特支和边区区委的领导下,组建石利万忠边区游击队,冉启发负责政治工作,向光煊任队长,肖瑞廷任副队长。游击队活动在石柱县临溪、西界沱和利川县乐福店、太平镇、建南等地区;派游击队员孙相传等前往利川县、云阳县边境,设法与七南支队一大队大队长黄绪鼎等人取得联系,以便相互支援,协同作战。

(二)川鄂边游击队的组建

1947年底,唐虚谷在万县白土镇把东寺秘密召集游击队部分领导干部开会,决定将分散的游击武装集中起来,举行武装起义。1948年1月,当各地武

---

① 中共万县地委党史资料征集办公室,《万县地区党史资料》,1983年第9期,第33页。

装在万县地宝滩集结之时,与国民党"清剿"部队突然遭遇。唐虚谷指挥若定,利用凌晨大雾看不清虚实的有利条件,率领游击队员占据险要地势,向敌军发动突袭。敌军以为中了埋伏,仓惶撤退30余里。唐虚谷率领队伍,穿越峡谷,进入密林,从容不迫地疏散了人员。唐虚谷领导的游击战与石利万忠边区游击队的活动,揭开了川鄂边区游击战争的序幕。

1948年2月,中共川东临委副书记兼下川东地工委书记涂孝文,召集唐虚谷、秦禄廷等人,在万县师范学校的六角亭开会,宣布成立中共川东南岸工作委员会(简称"南岸工委"),领导万县、忠县、丰都、石柱、云阳等地长江南岸党的工作,唐虚谷任工委书记兼西沱区委书记、川鄂边游击队政委,秦禄廷任工委副书记兼石柱特支书记,领导组建川鄂边游击队。唐虚谷负责万县、云阳及石柱县西沱地区的工作,多次到西沱、武陵一带开展活动,指导将武工队改编为游击队,利用各种关系为游击队筹集经费,购买提供枪支弹药。秦禄廷负责丰都、石柱、利川、忠县长江南岸地区党的工作,为了加快武装斗争步伐,在群众基础较好的石柱县蒲家、三星、临溪等地举办骨干人员训练班,有100余人参加训练。

1948年5月,秦禄廷又分别在石柱县五龙、五斗等地举办第二期武装骨干训练班,白仲山讲授《中国土地法大纲》《中国人民解放军宣言》《三大纪律八项注意》和游击战的战略战术以及党关于在国统区开展游击战的重要策略。训练班结束后,南岸工委决定:组建川鄂边游击队丰石边区大队,由余大河任指导员兼大队长,胡朝聘任副大队长,下辖5个游击中队,共有队员260人,枪141支及部分火枪、刀矛等。武器弹药主要采取买、夺、控、借、带等办法筹集。如秦禄廷、秦枢廷等买枪40余支,子弹20箱,手榴弹1箱;西沱支部、游击队员凑钱买枪20余支。采取巧妙方式,将乡保政权的枪支控制在游击队员手中。还动员队员带枪入队,如郎玉田、杜辉安、余宗堂等自带长短枪共90余支入队。

1948年6月中旬,由于叛徒出卖,唐虚谷、张静芳在龙驹坝被捕,后关押于重庆渣滓洞监狱牺牲。这时,中共川东临委和下川东地工委遭到破坏,南岸工委与上级党组织失去了联系。党组织和游击队的领导重担就落在了秦禄廷的肩上,他充分依靠各级党组织和各支游击队,积极组织发动群众,坚持开展游击战争。

1948年7月,南岸工委决定,组建川鄂边游击队石南边区大队,由秦月廷任指导员兼大队长,罗德顺任副大队长,下辖5个游击中队,共有队员500余人。8月,南岸工委决定,在原石利万忠边区游击队的基础上,组建川鄂边游击队石利万忠边区大队,由邵容光任指导员,黎万川任大队长,下辖3个游击中队,共有队员80余人,长短枪60余支。

至1948年12月在三星会师时,川鄂边游击队在激烈的武装斗争中逐渐成长壮大,游击队员达760余人,有长短枪500余支,还有部分火炮和刀矛。

(三)两边岩大捷

1948年10月,丰都、石柱两县的反共势力召开联协会议,决定合力"清剿"游击队,调集部队进驻栗子、崇实、长坡、下路、五龙等乡,对游击队实行大包围,叫嚣要"剿灭"共产党游击队。南岸工委决定:必须严惩来犯之敌,粉碎敌人的猖狂"围剿",打击敌人的嚣张气焰。

12月4日,国民党丰忠石三县联防中队中队长杨巨武率军进抵石柱县大窝凼,"围剿"五龙游击区。丰石边区游击大队决定,利用有利地形,在铁炉沟、两边岩一带组织伏击敌军。待敌军越过张官槽山梁后,由第四、五两个中队断其后路;第二、三两个中队,则埋伏在两边岩左右两翼;第一中队负责正面攻击。

12月5日凌晨,杨巨武坐着滑竿,率军奔向五龙乡,开展"清剿"行动。当敌军进入铁炉沟时,担任关门任务的四、五中队,从敌军后面发射密集炮火。敌军见归路被切断,只好向前面的两边岩一带逃窜。而埋伏在两边岩的二、三中队,从左右两翼冲杀而出;第一中队则从正面发起猛攻,堵住敌军去路。前来助战的群众,也高举刀矛、棍棒,从密林深处蜂拥而来。顿时,枪声、喊声、冲杀声震撼山谷。敌军被逼进沟坎马家独院,负隅顽抗。杨臣武派人送信求援,亦被抓获。敌军锐气大挫,求援无望,被迫喊道:"不要打,我们缴枪!"打起白旗,放下武器,举手求降。这次伏击战酣战两小时,全歼国民党丰忠石三县联防中队,活捉中队长杨巨武,俘获官兵50余人,缴获长短枪50余支,子弹3700余发。全体俘虏经秦禄廷训话教育后,予以释放。

（四）扩大游击区与会师曾家院

1948年12月5日晚,南岸工委组织召开干部会议,分析形势,统一认识。为了迷惑敌人,决定南北夹击,主动进攻,牵制敌人兵力,与三星游击队协同行动,在石柱县三星、都会、湖海和利川县建南、乐福等地展开一系列战斗,迅速扩大游击区。

12月6日,石柱县政府派指导员熊西民在三星乡公所召集新任乡长牟鑫斋、都会乡乡长牟世湘等人开会,商讨"剿共"行动方案,扬言"要马上肃清三星共产党",并悬赏银元400块,通缉捉拿秦禄廷。为了慑服敌人,工委决定:由石南游击大队先取三星,再克都会。6日下午,牟鑫斋派保长周万荣、郎玉慈企图诱捕共产党员、游击队中队长郎玉田。游击队将计就计,把2名保长扣押起来。随后,石南游击大队调集3个中队,兵分两路,左右夹击:一路由第二中队长秦宗儒率100人攻打三星乡公所,一路由第一中队长郎玉田率200余人袭取位于三星中街的乡长牟鑫斋家。第二中队3名游击队员押着两个保长,到三星乡公所门外喊开门。果然,乡丁中计,将门打开,游击队员乘势冲入乡公所,牟世湘见事不妙,大声惊呼:"共匪来了!"转身就跑。刚卸任的三星乡乡长秦玉茂开枪顽抗,被当场击毙。经过一个多小时的激烈战斗,击毙副乡长牟代奎等5人,活捉乡丁4人,熊西民、牟世湘二人负伤侥幸逃脱。第一中队包围乡长牟鑫斋的宅院后,喊话令其缴械投降。牟鑫斋自恃宅院坚固,拒不投降。游击队一边组织队员猛撞击大门;一面派队员绕道后门,攻入院内,连破四道内门,然后打开大门。游击队顺势进攻大楼,击毙牟鑫斋的警卫员刘学成,牟鑫斋跳窗而逃。战斗胜利结束,游击队缴获长短枪68支,子弹5000余发,手榴弹50枚。

12月7日晚,彭年贵、秦泽元率领石南游击大队60名队员,从三星经栗子垭,翻越齐岳山天险大风门,跋涉80余华里,于8日拂晓到达都会乡。两支小分队分别包围了乡公所和保长吴锡之家。游击队员冲入乡公所,大声吼道:"不准动,举起手来!"乡队副崔德安和乡丁4人,乖乖地举手投降。在保长吴锡之家,游击队鸣枪警告,吴锡之吓得惊慌失措,一边后退一边说:"我缴枪。"秦泽元一个箭步上前将其揪住,在其家中收缴武器弹药。两处战斗结束后,游击队共计缴获步枪28支,子弹500余发,手榴弹35枚。战斗极大地震慑了当地的反动势力,三汇乡队副谭松传、武平地主徐元武等派人,主动送来步枪21支和大量子弹,以避免游击队对其发动攻击。

12月7日夜,余大河、胡朝聘奉命率领崇实、五龙游击队到曾家院子会师。行前,打入五龙乡公所的共产党员、乡队副余宗塘率乡丁25人,携枪25支、子弹250余发,加入游击队。12月8日拂晓,余大河率一、五两个中队的游击队员,突袭湖海乡公所,猛然砸开大门,冲进乡丁屋内,将梦中惊醒的18名乡丁全部俘获,活捉乡长郎言昌,副乡长周世沛,缴获长短枪22支,子弹500余发,手榴弹100余枚。与此同时,北路由冉启华、向华兴率领45名游击队员,于12月8日连续袭击利川县建南、乐福两地,夺取地主张阳波、保长姚和清的步枪4支及一批弹药。

12月8日下午,丰石边区游击大队260余人到达石柱县三星地区,与石南游击大队500余人,在曾家院胜利会师。当晚,南岸工委召开干部会议。经研究决定:根据川鄂边区游击队的活动区域,在原石利万忠边区大队、石南边区大队、丰石边区大队下辖17个中队的基础上,增设2个独立中队:丰都蒲家独立中队,由秦仕富任中队长,秦光顺任副中队长;利川文斗独立中队,由区委书记郎宗文任中队长。

(五)反"清剿"斗争

川鄂边游击队攻打三星、都会、湖海乡公所取得胜利后,石柱县军政官员大为震惊,一边立即宣布全县戒严,一面报告重庆绥靖公署。12月9日,重庆绥靖公署电令四川省第九区专署(驻万县),命令南、巴、武、涪、长、垫、梁、忠边区八县清剿指挥所指挥官樊龄,率领第八区、第九区专署保安队以及总自卫队、两个警卫连等共1300余人,对川鄂边游击队进行"清剿"。

12月9日上午,敌军从三星出发,经对面坡向陡坡子进犯,用机枪、小钢炮,对游击队阵地发动猛烈攻击。石南、丰石边区游击队坚守陡坡子,丰石一个游击中队从右翼抄袭敌人。激战6小时,击退敌军多次冲锋。敌怕夜战,天黑收兵,游击队派出三五人组成的小分队,摸到敌军周围,打枪呐喊进行骚扰,诱使敌人机枪、步枪彻夜打个不停。

12月10日凌晨,樊龄到达前线,指挥敌军经陡坡子向黄草坪一带发起进攻。游击队利用有利地形,由张谦祥、余宗消等神枪手,沉着阻击,郎秀禄开枪打伤敌指挥官谭蛹成。阵地前沿,毙敌7人,伤敌20余人。激战至中午,由于游击队弹药不足,南岸工委决定实施转移。由余大河率一个中队坚持战斗,掩护大部队撤退。午后5时,游击队主力安全转移到齐岳山和方斗山一带,分散隐蔽在五龙、河面、三星和都会等地,南岸工委也从五龙转移到河面乡。在黄草坪大战中,胡绍宾牺牲,傅永芳等负伤,余宗贵、向朝玉等5名队员在转移途中被捕,惨遭杀害。

在黄草坪大战开始之前,南岸工委派秦枢廷、郎中文和谭登凯领导的两个中队,隐蔽在太运乡傅家坝的险要地带,阻击敌增援部队。12月13日,傅家坝的恶霸地主秦子厚带枪支人马逼贫农女子"黑牡丹"作妾,游击队包围其宅院,活捉秦子厚,解救了平民女子。秦子厚跪地求饶,交出长短枪3支及一批弹药。游击队打开秦家粮仓,将12000余斤粮食分给贫苦群众,受到乡亲们的高度称赞。12月15日,游击队又包围太平镇地主汪治海的碉楼,汪治海负隅顽抗,吹筒报警,游击队将碉楼焚毁。

12月24日,邵容光率领部分队员,奇袭黎王乡公所。队员江洪、江诗信以制造"打架"纠纷,假装要到乡公所评理。两人在乡公所门口吵闹,混淆视听,围观的群众越来越多,20余名游击队员混入人群,悄悄包围了乡公所。见时机成熟,江洪、江诗信喝令哨兵"缴枪",哨兵还以为在开玩笑,枪即被夺走。游击队员乘势冲入乡公所,冉寒明夺下冲锋枪,对准乡丁高喊"不准动",乡丁纷纷缴械投降。游击队缴获步枪8支及一批弹药,放出被关押的壮丁20余人。

随后,游击队决定,攻打位于石柱、万县、忠县交界处的楠木垭哨所,扫除游击队活动道路上的一大障碍。12月31日,为西沱赶场天,便于装扮成赶场的群众接近目标。游击队行至楠木垭大水井时,突然发现一班敌兵正向垭口走来。游击队立即利用有利地势设伏,队员王章云上前喝令:"不准动。"一敌兵欲举枪射击,王云章开枪将敌兵击毙。樊学林向敌群连发8弹,吓得敌兵四散溃逃,联防队朝石宝寨方向逃窜。游击队缴获步枪1支,子弹50发。从此,楠木垭哨所也就销声匿迹了。

1949年1月13晚,庙坡、陈冲坝游击队,急行军50余里,与西沱游击中队会合。黎万川、黎旭阳率3个中队,在午夜3时包围了鱼池乡公所。游击队撞开乡公所大门,击毙乡丁2名,其余乡丁见状大惊,丢下武器逃命。此役缴获步枪26支,手榴弹240枚,子弹1000余发。天明后,石柱县县长程友民率两个中队赶来,游击队且战且退,撤至大山坪,相持到天黑沟,游击队才胜利转移。在战斗中,游击分队队长江远志壮烈牺牲,敌军砍下其首级,挂在县城北门"示众",国民党反动派的残暴兽行,可见一斑。

从1948年10月至1949年1月,川鄂边游击队经过近4个月的艰苦奋战,历经大小战斗30余次,取得了反"围剿"的重大胜利。一是粉碎了国民党军警和地方武装的"围剿",在转移中建立了新的游击根据地。二是队伍得到锻炼并发展壮大。在反"围剿"战斗中,先后缴获各种枪支420余支,各种子弹13680余发,手榴弹430余枚。队员从组建时的750余人发展到1853人,政治军事素质也得到了很大的提高。三是打乱了国民党在川鄂边区的部署,吸引歼灭了国民党军队和地方武装的有生力量,为策应支援解放区战场起到了积极的作用。

(六)反"清乡"斗争

1948年10月,国民党军队和地方武装"清剿"行动开始后,在川鄂边各游击区进行血腥屠杀,先后在三星、五龙、石家等地抓捕游击队员、地下党员、统战人士和革命群众100余人。在惨无人道地施用酷刑后,不少人员惨遭杀害。游击队员余家贵、孙应昌等被杀害后,还被剖腹剜心,暴尸三天。无辜群众秦大良,被拖出监狱大门折磨至死。还有一批党员、队员和群众,因严刑致残。种种残暴行为,不胜枚举,罄竹难书。

1949年2月,在与中共川南第二工委失去联系8个月之后,南岸工委终于与上级党组织接上了关系。中共川南第二工委派杜文泽到南岸工委秘密驻地河面乡豆地湾,传达中央关于中国人民解放军即将进军西南、游击队不主动出击、应保存力量、加强党的建设、发动群众、培养干部、配合接管的指示后,准备迎接解放。结合边区实际,南岸工委向各区委作了传达和部署:保存实力,争取反清乡斗争的胜利,把建党、培养干部、发动群众、搞好统战等各项工作深入地开展起来。巩固老区,发展扩大新区。

1.慰问受害群众,加强对隐蔽人员的领导

各区领导,分别深入到受害群众和家属中进行慰问,对被烧毁的房屋,设法帮助修建;被打伤致残及抱病的人员,资助治疗;安抚被敌杀害、逮捕的人员家属,尽力帮助解决生产与生活中的困难。如余大河到被敌杀害的队员余宗贵家,慰问其父。余父泪流满面,语重心长地说:"老弟!你怎么这长时间不来我家了?是以为我贵儿遭敌人杀了,我要找你要人吗?你放心,我儿子干革命没有错,他是为了穷苦人民而死的,我想得通……"秦禄廷、罗德顺到被敌吊打受伤的队员汪荣兴、群众孙中田家慰问,二人表示要革命到底。三星乡队员周万荣家中的房屋被捣毁,家中多日无米下锅。但在接受慰问时却悄悄借米煮饭,招待游击队的同志,周母热泪盈眶地说:"请你们告诉万荣,家里事叫他别管,要安心好好跟着你们干。"

蒲家区委书记秦仕游,在反"清剿"时星夜转移到龙滩,不久肺结核病恶化,受到党员秦雄士、群众秦淳士等人精心照顾。同时,他们还在高地的大树上和斑竹林里搭哨棚严密监视敌军,防止突然袭击。在极其艰苦的环境里,秦仕游白天住在深山密林或岩洞,夜间坚持工作,和群众建立了深厚的情谊。三汇乡队员谭登忠,克服种种困难,将游击小分队隐蔽了1个多月时间,在统战人士陈廷宽的帮助下,妥善解决了吃住问题。石南区的三汇、三星、五斗等乡的党支部,派有专人,领导和管理隐蔽人员。支部还召开会议,汇报隐蔽人员的生活思想情况,做到了"分散隐蔽快,集中战斗快,隐蔽中绝对安全"。

2. 开仓济贫,解决群众困难

1949年春,川鄂边区遭遇春荒,再加之国民党的腐朽统治,导致物价飞涨,广大人民群众挣扎在饥寒交迫之中。3月,游击队派范文正率领1个小分队,组织群众400余人,前往下路蔡家坝,里应外合,打开"国大"代表江秉彝的粮仓,分给群众大米14000多斤。余大河率领游击队员100余人,组织群众300余人,到窝凼恶霸地主秦仕汶家,打开粮仓,将玉米18000余斤分给群众,还缴获新式步枪1支。在丰石边区,胡朝聘、余宗堂等率领游击队,打开地主孙子君、曾元厚、熊润斋等8大富户的粮仓,向群众分发粮食80000余斤。南路区游击队打开地主王廷杰、唐片言的粮仓,向群众分发粮食20000余斤。

在大柏等偏远地区,没有实力雄厚的大地主,游击队便采取对开明士绅和小地主借粮的办法,筹集粮食12000余斤,帮助当地群众,安全度过春荒。在鱼池、西沱,游击队开仓济贫。同时,组织群众向豪绅地主、乡保人员展开了反敲诈勒索、追退实物的斗争。在敌人"清乡"时,有趁火打劫和敲诈勒索队员家属及群众的现象出现。如五龙、崇实等地被勒索黄谷20余石,五龙乡逼迫群众分摊"慰劳费"20多亿元,乡保人员中饱私囊。对此,游击队采取不同方式追回钱物,退还给受害群众。反勒索追退实物,大大震慑了国民党乡保人员。一些平日作恶的乡保长,见势不妙,有的卸职,有的主动给游击队和群众说好话,收敛恶行。

4月27日,崇实游击队队长向明龙率队前往建国乡簸箕山,攻打恶霸地主张春丰宅院,缴枪3支,开仓向群众分发粮食20000余斤。在返回途中,游击队在木场垭误入高镇警察中队的埋伏圈。游击队奋起反击,队员黄应文、牟代永冒着枪林弹雨,爬到敌军机枪下,牟代永抓住敌机枪脚架往下拖,不幸中弹牺牲,黄应义紧跟上去,死死抱住打得红烫的机枪筒,以身体堵住喷火的枪口。游击队乘势发起冲锋,安全突围。

3. 严惩反动分子和特务,巩固游击根据地

1949年2月27日,江池乡恶霸大地主、乡民代表主席郎爵昌,到山上谭碧英家吃散灵酒。游击队决定利用这一机会,除掉这个叫嚣"不消灭地下党死不瞑目"的死硬反共分子,由余大河率队在途中伏击。当郎爵昌进入伏击圈后,余大河一枪击中其右臂,秦光谦等连发数枪,将其击毙,保镖们拔腿逃跑。紧接着,杜宗银、孙相传去做郎爵昌儿子郎裕仁的工作。郎裕仁有进步倾向,不计父仇,愿意参加革命,并交出步枪15支,冲锋枪1支,手枪3支,子弹数百发。由于表现较好,经工委批准,安排郎裕仁到利川县长顺区,在当地党组织领导下做群众工作。

3月,敌军调集10多个中队,分驻五龙、王基、大月坝等地,进行大规模"清乡"。游击队避实就虚,展开战斗。4月26日,南路游击队包围了洗新乡公所,乡长秦抟九听见门外"秦抟九缴械投降"的喊声,急令乡丁们抵抗。游击队员爬登岩上,翻滚大石头,砸破房顶楼板。游击队集中火力,击毙秦志轩及乡队副,乡丁们纷纷把枪甩出来,举手投降。这次战斗,毙敌2人,俘虏乡丁10余人,缴获长短枪26支,子弹1000余发,手榴弹100余枚。

5月23日,南路区委书记秦月廷,带30多名游击队员,在三星帮队员周万荣家插秧。午后,队员们正在歇气,反共分子牟鑫斋派出的侦探郎吉山,突然

闯进屋来。在问答中,队员们见他吞吞吐吐,前后矛盾,便围住严厉查问,郎吉山供出实情。为了确保安全,游击队将其就地处决。

6月7日,石柱县长肖俊得知洗新乡公所被游击队袭击,乡长秦抟九被打死,便亲率2个自卫中队和区乡团丁共计200余人,到洗新乡一带"清乡",游击队决定:乘敌立脚未定,打他个措手不及。游击队中队长林吉安率3个分队100余名队员,带着自制的青冈土炮,连夜赶到栗子坪。夜间,因山风大,在点燃火绳使用火枪时,被敌哨兵发现,鸣枪报警,敌军一阵乱枪袭来,游击队奋力还击。由于火药潮湿,游击队的火枪打不响,敌军发起冲锋后,游击队以夜色作掩护,迅速转移到深山密林中。肖俊非常胆怯,也赶紧收兵回城去了。

6月19日,石利万忠边区游击队江诗明率3名精干队员,到黎家坝斩除中统特务、"清乡"办事处主任杨义芳兄弟二人。当晚,杨义芳举行"单刀会",袍哥知名人士群聚在谭宁福家,杨义芳正躺在床上吸鸦片。内应、厨师谭祥法按预定计划,进入卧室说:"杨大爷,菜已准备好了,准备喝酒吧?"杨义芳应了一声。谭祥法返回厨房后,用刀在菜板上有节奏地剁响菜板(约定暗号),队员谭祥明到后门与谭祥法交换了情况。谭祥明守住大门,江诗明和黎万福、谭祥法手执短枪,闯入卧室,一枪击毙杨义芳。接着,黎万福刀劈保长杨义明,客屋内众人吓得魂不附体,个个垂下脑袋。江诗明对乡民代表李华英警告说:"今晚本应斩掉你,我们信守党的宽大政策,如果你继续作恶,将会像杨义芳一样下场!"李华英连连点头称是。事后,群众编了一首顺口溜:"杀了黎家狗头羊,革命人民斗志昂;谁个胆敢再捣蛋,下场跟羊一个样!"斩除二杨后,中统特务王抱冰夹着尾巴逃回万县去了。

7月,向光禄派江远达、周贵发等,带领群众30余人到建安乡烧榜溪,处决与敌军勾结的地主张荣兴,开仓济贫,向群众分发粮食1000余斤。

4. 巩固根据地,发展新区

1949年3月以后,南岸工委遵照迎接解放、配合接管的指示,加强调查了解敌军布防情况和区乡反动政权的动态,进一步加强统战策反工作,广泛深入地组织和发动群众,做好拥军支前的准备工作。并组织好武装力量,分别维持社会秩序,保卫地方安全,严格防止敌军的骚扰破坏。各区先后举办各种类型的干部训练班,为迎接解放、配合接管,培训干部500余人。在提高认识、统一思想的基础上,调整充实党的各地组织,加强党的组织建设和领导力量;在整编游击队时,调整少数领导干部,表彰一批优秀战士。对个别严重违法乱纪的队员进行处分,对不纯分子予以清洗出队,对敌特分子予以清除。

为了巩固根据地,各区委派人到群众基础差和偏僻地区开展工作。丰石边区派孙厚纯等人,到干树坝、岩丰寺、红豆子梁一带开展工作。1949年5月底,从太运到湖海郎家坪,方圆一百华里地区的群众普遍发动起来了。石利万忠边区由黎旭阳、江诗明等人,深入到白岩沟等地发动群众,掌握控制了由石柱黎家坝到利川的门户鱼泉口,使石利游击区连成一片。派郎中文等人前往长顺工作,把群众发动起来后,使黄土、五峰、仁和三地的反动统治陷于瘫痪状态。7月,南岸工委又调一批干部去开辟新区,派孙相传、李民远等10人去利川县文斗乡。经过2个多月的努力,培养大批积极分子,发展建立了党的基层组织,为反清乡斗争、迎接解放、配合接管,打下了坚实的基础。

1949年11月初,人民解放军以排山倒海之势由鄂西入川,敌军节节败退。川鄂边游击队所辖各大队、中队,率领游击队员和革命群众,积极配合人民解放军,拦击国民党溃军,做好接管工作,彻底推翻了国民党的反动统治,为川鄂边区的解放作出了突出的贡献。

八、与武装斗争密切配合的革命运动

解放战争时期,在党组织的领导下,下川东地区的革命运动开展得生气勃勃,轰轰烈烈。其中,规模较大的有万县的学生运动,忠县、梁山和开县的农民运动,为配合武装斗争,迎接下川东的解放,作出了积极的贡献。

(一)学生运动风起云涌

1945年9月抗日战争胜利后,中共中央南方局组织部干事唐麟,受中共中央南方局派遣到达县,接任中共万县中心县委书记,将万县中心县委从达县迁回万县。唐麟,以万县女子中学(今重庆市万州第三中学)语文教师身份作掩护,清理重建下川东各级党组织,恢复联系失散的党员,着手发展新党员,壮大革命队伍。1946年4月,中共万县中心县委改建为下川东区工委,唐麟仍任书记,领导开展革命斗争。

1946年8月,国民党发动全面内战后,唐麟即在万县女子中学培养了黄玉清、贺启惠(贺辉)、邓惠平等进步学生,成立党的外围组织"新民主学会"。通过组织学习《大众哲学》《新华日报》和《群众》等革命书报,会员的政治觉悟得到很大提高。唐麟还以补习功课的形式,辅导学生阅读革命书刊,定期上党课,进行党的基本知识、革命形势教育,讲授群众工作的基本方法,开展革命活动。

当时,万女中校长唐惠菁对学生的思想行动实行严密控制,学校办得像一座修道院,还将学生的伙食费拿去存款放利,中饱私囊。由于物价上涨,法币不断贬值,学生伙食质量每况愈下。同学们不堪忍受,要求校方公开伙食费存款生息的账目,把利息用来改善学生伙食,并实行"伙食管理自治"。这些正当要求全被唐惠菁拒绝,她一面威胁学生"戡乱期间不许闹事",另一面又分化学生,说什么"女娃娃把钱拿出去放账放塌了怎么办?学校要对学生家长负责"。遵照下川东区工委的指示,以新民主学会会员黄玉清领头,与反动校长开展了针锋相对的斗争。通过斗争,学校同意,选出数名在财政金融界做事的学生家长,代学生管理存款;由学生代表黄玉清等组成伙食管理委员会,下设伙食团由黄玉清兼任团长,堵塞漏洞,改善学生生活。这场斗争的胜利,不仅维护了学生的经济利益,更重要的是在万女中这所沉寂的"修道院"里掀起了斗争的波澜,为促进万县学生运动的开展起到了重要推动作用。

1946年冬,经过斗争的考验,黄玉清、贺启惠相继加入中国共产党。1947年初,美国士兵强奸北大女学生的消息传到万县,在下川东区工委的领导发动下,万县大中学学生立即组织示威游行。德堡镇(管辖陆家街至广场百步梯一带)镇长靳寿生率镇丁逮捕数名法学院学生并拷打致伤。中共党员雷震以法学院校友会的名义,组织各界代表慰问受伤学生,组织发动反美抗暴和反饥饿、反内战、反迫害的群众游行示威活动,并向万县地方法院递交控告书。由于雷震事先给审案的法官做工作,法官判决学生无罪释放,靳寿生及肇事镇丁被暂时收押,并向学生赔礼道歉,赔偿医药费。

1947年2月,中共中央调唐麟到延安工作,担任中共中央城工部党务组秘书兼支委委员,新民主学会的工作由党员陈继贤继续领导。1947年春,邓惠平担任万女中学生会主席,徐观蓉担任高中毕业班的级长。为了在万县女中进一步开展进步活动,邓惠平、徐观蓉等人组织演出了曹禺名剧《雷雨》,徐观蓉扮演周朴园,邓惠平扮鲁妈,演出不仅收到了很好的宣传效果,也有力地推动了学生运动的开展。

1947年8月,中共重庆市委派李青林到万县工作,负责领导新民主学会。遵照党的指示,广泛联系外校学生,进一步开展学生运动。邓惠平于1983年4月在武汉所写《火炬接力棒——一九四六至一九四八年万县学生运动的片段回忆》[①]一文,记述了李青林领导开展学生运动的情况:

> 李青林住在贺启惠同志家中,继续把贺启惠的表姐家作为和我们联络的地方,她直接抓万女中新民主学会小组的工作。她对我们布置的任务都由黄玉清同志转达。
>
> 遵照李青林同志的指示和学会小组的决定,我对外校同学广泛地进行了联系,在三条线上展开了活动。一条线是万男中(注:指万一中,因解放以前一直只招男生,俗称万男中),主要接触的是汪燕生、刘培黎(即林铁同志之子林培黎)、吴承汉等同学。另一条线是省职校(注:1944年创办的四川省立万县高级职业学校,原址位于枇杷坪,抗战胜利后迁沱口),主要接触的是丁耀庭、陆兴邦(后改名为陆一平)等同学,并通过丁耀庭和简师联系。再一条线是省万师,主要接触的是李蜀君等同学。我向他们推荐《大众哲学》,提供《新华日报》《群众》等杂志,并和他们一起议论时政和各地学运情况。
>
> 所有这些活动,大有"指点江山,激扬文字,粪土当年万户侯"之概,使万县学生运动日益活跃壮大。
>
> 我是一九四八年二月由李青林同志介绍入党的,进法学院已是三月份。李青林当时的社会身份是清泉乡第二保(注:原文回忆有误,应是第六保)国民学校教员,该校校长是贺启惠同志。
>
> 我入党不久后的一天,黄玉清同志通知我去贺启惠同志家。我去后,李青林同志已先在那里。李青林同志笑着对玉清说:"你们三个人还是你来当组长,直接由我领导。"然后,我们便开始研究今后如

---

① 中共万县市委党史工委办公室,《万县市党史资料》,1985年第11期,第13页。

何工作,这天天气很冷,李青林、黄玉清、贺启惠和我,坐在一张床上,用被子盖着脚,一直谈了一个通宵。

  此后,大约每隔半个月,黄玉清同志便召集贺启惠和我研究一次工作。每一次李青林同志也都参加研究,主要是讨论如何开展组织和宣传工作。李青林同志强调指出,我们这个系统多是女党员,缺少男党员,对深入开展工作不利,必须积极慎重地物色和发展若干个男党员。经过反复研究,我提出了豫章中学的丁耀庭、陆兴邦、汪燕生、刘培黎等同学,黄玉清提出了豫章中学教师付寒松,贺启惠提出了辅成法学院职员罗敦诗。

中共万县县委向学生推荐学习《大众哲学》,提供《新华日报》《群众》等进步报刊供大家学习。在党组织的领导下,这批进步学生积极在本校开展进步活动。汪燕生、刘培黎等在万男中办起了进步油印刊物《星群》;丁耀庭、陆兴邦等在省职校组织新生学术社,团结20余个进步同学,传阅进步书刊,讨论时事政治,创办壁报,传播进步思想,组织文艺晚会。同时,还在万县简易师范联系蒋超群等进步同学开展学运。李蜀君在省万师也团结了一批进步同学,积极从事学运工作。为了更好地推动万县的学运,新民主学会组织了万女中和万男中两校相应班级的互访,不仅增进了两校学生的团结和了解,还使两校男女同学之间的接触公开化、合法化,对当时的封建卫道士给予了一次有力的回击。学会会员还把活动的范围扩大到地方报纸,他们在《川东日报》副刊上开辟了"学生园地"专栏,发表要求民主自由、反对内战独裁等进步文章。

1948年4月,因《挺进报》暴露,中共重庆市委书记刘国定、副书记冉益智相继被捕叛变,大肆出卖党的组织。6月中旬,中共下川东地工委及各县党组织遭到严重破坏。李青林、黄玉清被捕,邓惠平、贺启惠、徐观蓉被迫转移。万县的学生运动暂时遭到了挫折。

1949年初春,原川东游击纵队巴北支队领导人之一的陈汉书和赵学做,转移撤退到万县县城,与云安镇转移到万县的姚伯勋组成党支部,在万县的省职校、省万师等学校积极开展学运工作。

在省职校,陈汉书培养了一批积极分子。当时,三大战役已经胜利结束,蒋介石被迫宣布下野求和,全国解放在望。陈汉书向积极分子肖长修、陈华银等分析形势指出,历史已经肯定,人民解放战争必胜,要配合军事战线,组织同学们在敌人后方开辟第二战线,加速国民党反动派的彻底垮台。

对省职校校方实施封建奴化教育,严格限制男女生之间交往,制造男女同学之间的隔阂,学生们早已深感不满。肖长修、陈华银等便酝酿召开男女同学一起参加的诗歌联欢晚会,以突破封建束缚。校长余湘闻讯后,当即挂出"戡乱时期,禁止一切集会活动"的"第一号通令"。通令一出,激起了同学们的无比义愤。经过秘密协商,肖长修、陈华银等决定,将诗歌联欢晚会改为"师生联欢慰劳晚会"。大家表示,只许成功,决不后退。陈汉书告诉领导学运的同学,余湘与川鄂绥靖公署主任孙震勾结很紧,大家在开展活动的同时,还应提高警惕,防止他们进行血腥镇压。在师生联欢慰劳晚会召开前夕,学校又挂出"第二号通令",通令原文转抄川鄂绥靖公署的反动命令:"现值戡乱紧急时期,取缔一切集会、结社、游行等活动,如违者,定以军法从事。"通令发出后,余湘的心腹和学校校警到处乱窜,随时准备对学生下手。但同学们毫不畏缩,理直气壮地说:"我们在校内开个慰问老师的晚会,不上街游行请愿,犯什么法?"陈华银等决定提前举行晚会。由于事先组织得好,集合的钟声一响,全校师生很快齐集于操场。当大会主持人宣布师生联欢慰劳晚会开始时,男女同学全体起立,向辛勤的老师致敬,接着师生联欢,然后大会主持人讲话,揭露学校当局施行封建奴化教育,制造男女同学之间的对立;贪污师生伙食费大做生意、残害师生身体;盗卖兵工厂器材等等罪行。主持人越讲越激愤,止不住高呼:我们要自由!我们要和平!我们要生存!大会主持人对学校当局的揭露,激起了师生们的愤恨,一致要求校长余湘答复,否则罢课。

余湘见压服无效,便气急败坏地召开教师大会,提出要开除学生,讨论时,遭到进步教师陈端等的坚决反对,使会议毫无结果。当晚,余湘又同他的心腹密谋策划,准备第二天上午开除并要求川鄂绥靖公署逮捕为首闹事的陈华银、张步科、肖长修等学生。第二天上午,按照大会布置,各班同学继续揭发和讨论校长余湘的罪行。听说余湘正在会议室研究开除学生的事,更是火上加油,在陈华银、肖长修、张步科等带领下,同学们一齐向会议室涌去,边跑边呼口号:"反对内战,还我文化阵地!""反对封建奴化教育,争取男女平等!""取消

一、二号通令,我们要民主!""反对贪污师生伙食费,我们要生存!"余湘听到学生的怒吼声,知道事情不妙,便拼命逃出会议室,向距学校15里的县城逃去。

获悉余湘逃走后,党支部立即开会研究,认为余湘逃往县城,一定要去找川鄂绥署主任孙震,派军队镇压学生。当即决定,通知正在赶赴县城进行请愿等活动的同学们,暂停进城,避免发生不必要的牺牲。同学们继续上课,将提出的条件交学校要求校方答复。当天下午,孙震派出一连荷枪实弹的军队开到学校时,同学们正在安静地听老师讲课,余湘找不到借口,阴谋未能得逞。

为了巩固这次学潮的成果,党支部先后吸收陈华银、张步科、肖长修等学生入党。在支部的领导下,利用专员李鸿焘与孙震之间的矛盾,说服学校会计交出余湘为贪污师生伙食费做的假账和私刻的图章,并找到了余湘盗卖兵工厂器材的买主。然后,向万县地方法院控告余湘。由于证据确凿,加上同学们的坚决斗争,取得了缺席审判余湘的胜利。省职校的这次学潮,沉重地打击了反动派,引导一批青年走上革命道路。

(二)万县河口乡农民互助会的革命活动

1948年,人民解放战争进入夺取全国胜利的决定性阶段。3月,中共川康特委副书记马识途传达了党中央关于面向农村,放手发动群众,组织武装斗争,迎接解放的方针。7月,受马识途派遣,共产党员何懋金、蒋开萍、崔干平、唐万宇、郝耀青、余泽民等四川大学学生,到万县开展革命工作。根据马识途的指示,何懋金等人到忠县师范学校,找到原川大同学共产党员饶顺照,组成了川东工作队,并成立党支部,由饶顺照任支部书记,何懋金任支部副书记。因当时下川东党组织刚刚遭到严重破坏,因此,支部直接和川康党组织联系。经支部研究决定,队员返回各自的家乡,组织开展革命活动。

何懋金回到老家万县河口乡后,立即开展工作,以拜访亲戚朋友为名,走家串户,与当地群众亲切交谈,实地了解群众的生活及思想状况。何懋金的胞叔何宋冰曾任河口乡副乡长,但为人较正直,在地方上有一定的影响。摆谈中,他对何懋金说:"这年月兵荒马乱的,一会儿抽丁,一会儿派款。这样那样的,不得安宁,吃亏的总是老百姓。""我看蒋介石没得几天搞头了。"经过一段时间相处,何懋金发现胞叔十分厌恶当时的社会制度,对劳动人民的处境深表同情。如果利用胞叔去开展工作,有利条件很多。于是,何懋金因势利导,向胞叔宣传党的政策,讲解人民解放军已打过长江,正向全国进军的大好形势,使他看到黑暗中的光明,觉悟也逐渐提高。不久,何宋冰要求加入中国共产党。党组织通过进一步的教育考察,吸收何宋冰入党。

随后,何懋金、何宋冰深入农民群众,宣传革命道理,先后发展张承富、何顺模、吴正丰、黄华祥、苟世功、唐朝富、唐朝贵等一批农民积极分子。10月,河口乡农民互助会正式成立,由何懋金、何宋冰、张承富3人具体负责组织领导工作。在成立会上,何懋金讲了"农民互助会"的宗旨是把广大贫苦农民组织起来,互相帮助,互相爱护,同国民党拉丁、拉夫、派款作斗争。方法是采取软拖硬抗。打得赢就打,打不赢就跑。他还对到会的成员交代了工作任务和方法。要求大家分别串联穷苦兄弟。强调串联时,一定要摸清对方的情况,不能把保甲长、乡绅的狗腿子之类的人串联进来。每当串联到几人后,就召集在一起开这样的会。开会不要在白天,不要走在一路,路上不要打灯笼火把,不要说话,不要带小孩等。要特别注意保密,会后不能随便摆谈会议内容。

会后,大家分头展开活动,黄华祥、黄佐纪到河口的坳口、七合面一带(包括双河、毛坝、国家、楼坪)发展会员黄波、杜文学等150余人;吴正丰、向世海到河口的滩边河、洋河溪一带发展会员陈开胜、杨寿山、吴正国、吴正方等800余人;吴继寿、何世功到河口的面坊一带发展会员有王代政、王世禄等80余人;钟一德、邓光锡到河口的中学一带串联发展的会员有吴正凤、钟一凰等120余人。为了不过早暴露实力,避免不必要的挫折,学习活动分散进行,农民互助会先后在滩边河的凉水井垮洞子、七合面洞子、粉坊老母冲等地,分别召开会员会议,由何懋金给大家讲解国内形势,讲组织起来力量大的道理,号召大家立即行动起来,抗丁、抗粮、抗捐,实行"二五"减租。

在党支部的领导下,农民互助会不断发展壮大,各项工作顺利开展。在农民运动的洪流中,涌现出一大批积极分子。经严格考察,有11人被发展成为中共党员。其中农村党员有张承富、何顺模,吴正本、向世海、黄佐纪、黄华祥,教育界有王友三(王梦松)、何阳(任世功)、何遗元、何国贞、何梦光。一天晚上,在老母冲举行了隆重的集体入党宣誓。从此,河口乡的党组织更加壮大,党领导的农民运动更加活跃。至1949年2月底,会员达到1250余人。

为了更进一步发动群众,组织武装斗争,迎接解放,何懋金同张承富、何宋冰商量,决定把农民互助会改变为游击队。何宋冰通过有关渠道,秘密串联了河口乡公所的20余名乡丁,大家都愿意弃暗投明,跟着共产党搞武装斗争。

正当革命形势蓬勃发展的时候,四川大学一个由何懋金介绍入党的学生被捕叛变,供出了何懋金等共产党员。1949年3月25日,何懋金在家乡被捕,后被押送重庆渣滓洞监狱关押。面对敌特的酷刑,何懋金坚贞不屈,最后壮烈牺牲。在敌强我弱的情况下,河口乡的共产党员只好暂时转移隐蔽,农民互助会的活动也只好暂时停止。直到解放前夕,党员们才陆续回来,继续领导农民互助会会员,组织力量,维持治安,迎接解放。[①]

(三)党组织领导的梁山、忠县农民运动

从1948年秋天开始,新民主主义青年社(简称"新青社")在梁山县、忠县的先进青年中发展社员。梁山县先后发展新青社员50余名,忠县发展新青社员160余名。在当地党组织的统一领导下,新青社员采取"人秘密,事公开"的方式进行活动,在斗争中接受考验,达到党员条件就吸收入党。两个县的新青社员们,白天在正常地工作或生产,晚上深入群众,开展农民运动。

当时,两县党的组织,为了发动广大贫苦农民起来同国民党反动派进行斗争,决定大量发展农民翻身会(简称"农翻会")会员,这项任务多交给新青社员去完成。新青社员采取探亲访友、互相串联等方法,向农民宣传"天下农民是一家,有事大家帮""打倒地主分田地"等革命道理。在提高认识的基础上,用"喝雄鸡血酒"的形式盟誓,将其中的积极分子发展为农翻会会员。如1949年3月,中共忠县县委书记罗永晔和党员周成荣在黄金乡双岭包发展方兴远为新青社员后,分析研究了斗牛石附近知识青年和农民的情况。4月中旬,方兴远便发展了10多名农民宣誓入会,誓词大意是"大家紧紧裹在一起,同生死,共患难,反对拉兵派款,反对敲诈勒索,一人有事,大家帮忙"。接着,又以这10多名会员为骨干,串联发展了130余人参加农翻会。据不完全统计,梁山县发展农翻会员2000余人,忠县发展农翻会员1600余人。两县党组织以这些农翻会员为骨干,在广大农村开展了轰轰烈烈的抗丁、抗捐、抗粮的"三抗"斗争。

---

① 中共万县县委党史研究室,《万县风云》,成都科技大学出版社1992年版,第149—153页。

为了在农运中做到耳聪目明,党组织指示新青社员,纷纷建立联络站或联络点,为党接送干部和传递情报。1949年,中共川东临委从华蓥山游击区撤出大批干部到忠县、梁山等地开展工作,便是由新青社员接待和安排的。如梁山县石安乡新青社员谭健负责设立了联络点,凡是外来的党员或革命同志,都由他出面接待,安排食宿,保证他们顺利开展工作及人身安全。5月,忠县黄金乡新青社员方兴远得到组织上的通知,要他去县城接县委书记罗永晔和女党员李维庸到黄金乡工作。从县城到黄金乡途中的干井场一带,由国民党一二五师驻扎,稍有不慎,就有被捕的危险。方兴远在县城设法找到服装,将自己和罗永晔装扮成国民党军官,又将李维庸和另一名女同志装扮成军官太太,大摇大摆地通过了国民党军的驻地,顺利到达黄金乡。8月中旬,被反动政府通缉在案的党组织负责人常成凡,因紧急任务要去双龙乡,途中必须经过石黄场。当天恰逢石黄赶场,常成凡因久藏外地,长发乱须,容貌异常,十分惹人注目,容易被哨卡敌兵发觉。党支部决定,由新青社员成世忠等人找来一乘轿子,让常成凡装病坐进轿内,紧闭轿门。路过石黄场哨卡时,便声称抬重病人去官坝场急诊,从而顺利地通过了石黄场,将常成凡安全送到双龙乡。为了掩护党组织设立的联络点,忠县同德乡的女新青社员罗鉴琉、罗坤娥、刘道尊等组织有10多名妇女参加的"妇女合作社",以刺绣、做童装和搭伙做生意为名,常常借口外出采购货物,为党接送干部。忠县兴隆乡党组织指派新青社员范远钊、陈守恒、范昌宽等人,在场上、学校和农村设立了3个联络站和8个联络点,通过这些联络站(点),及时向全乡26名新青社员和150多名农翻会员布置工作,了解和收集情况。

抓两面政权,是下川东临委指示新青社员在农运中开展的另一重要工作。遵照党的部署,采取"打进来,拉出去"的办法,千方百计地控制部分乡保基层政权。1949年初,在忠县县委直接安排下,兴隆乡党组织吸收了副乡长范远椿、乡大队长范衡湘、中心校校长范昌宽为新青社员后,乡公所的实权完全被党组织所掌握。社员以公开合法的身份,应付场面,侦察敌情,暗中则处处保护革命同志的安全。梁山县共产党员钟鼎铭和朱西元,路过忠县与梁山县边境的兴隆场时,被哨所挡住扭送兴隆乡公所,准备当壮丁送去国民党部队。范衡湘得知后,便向乡长邹发钧说:"这两个人是梁山紫照乡的,同我们是毗邻地区。这次如果我们送他们梁山的人去当壮丁,今后他们也会抓我们忠县的人,那样一来,就会闹出大纠纷。"以这一"正当理由",范衡湘公开将这两个共产党员放走了。8月上旬,兴隆乡十五保保长因病辞职,实权可能落到反动分子手里。这个保武力雄厚,有16支步枪,党组织通过保民代表、新青社员陈正国等在群众中开展工作,乡公所的新青社员范远椿等积极配合,使两名新青社员分别担任了正副保长,掌握了该保的武装。双河乡、成隆乡的乡长都是新青社员,掌握了基层政权,控制住乡保的反动武装。汝溪乡公所一个班的乡丁,全部是新青社员或农翻会员,除掌握全部武装外,还经常收集情报,及时报告给党组织,使党的工作能够安全地开展。梁山县的新青社员和农翻会员,纷纷利用各种关系,打入乡自卫队或保丁队,如聚奎、仁贤、石安、回龙、文化等乡的自卫队或保里的武装,多由新青社员、农翻会员所掌握。

1949年春,国民党反动当局派罗广文部队到忠县后乡地区进行"清剿",在当地乡保设卡放哨,盘查过往行人,搜捕共产党员。忠县县委及时指示党员和新青社员,针锋相对地开展斗争,以挫败敌人的阴谋。花桥乡是党组织活动的一个据点,新青社员莫吉训以卸任乡长的身份,联络新任乡长及县参议员等出面与敌周旋,天天陪同部队带队的张排长吃喝打牌,借以探听消息,掌握敌军动态。有一天,排长询问道:"听说你们乡的第七保和十四保,有华蓥山派来的'共匪'在活动。"莫吉训立即机智地回答:"我当了一年多乡长,刚刚交接,从未听到说哪个保有异党活动,更没有听说什么华蓥山派来有'共匪'在活动这个事,我们敢打保票。"由于带队的排长被莫吉训招待得好,对他的话便十分相信。部队在花桥乡住了1个月,临走时只找乡长出具一张"本乡无异党活动"的保结,就将"清乡"队伍撤走了,确保了党组织的安全和革命活动的顺利开展。与花桥乡毗邻的马灌乡马口河哨所,是忠县后乡通往梁山、垫江等县的必经之地,实际为党员成儒鸿和新青社员成良华掌握。有一次,敌军一个班长化装巡查这个哨所,成儒鸿和成良华假装不认识,将他捆绑起来送交马灌乡敌驻军连部,从而取得敌驻军头目的信任,夸奖他们很负责。从此以后,敌军很少再来检查这个哨所。

1949年11月解放前夕,为了收缴国民党的反动武装,忠县县委领导新青社员,有的放矢地开展工作。家住忠县的原国民党二三四师师长冉良臣死后,家里藏有大批武器,由其妻朱慧卿掌管。党组织便派新青社员方兴远,以亲戚关系说服朱慧卿,使其交出机枪1挺、驳壳枪10余支、冲锋枪1支、步枪10支,子弹10多箱及一批手榴弹,由党组织发给新青社员及农翻会员使用,以维持地方秩序。11月底,忠县自卫团一营二连连长唐伯泉率领残部逃到黄龙场黑虎寨,妄图负隅顽抗,兴隆乡党组织对其进行宣传教育,劝其缴械投降,未能奏效。12月5日,党组织指示新青社员范昌宽派人送去最后通牒,命令唐伯泉在24小时内缴械投降。唐伯泉迫于形势,不得不于次日派20余人携带机枪5挺、冲锋枪2支、步枪70支,子弹15箱,缴给党组织。12月6日,忠县县长黄幼甫潜逃到官坝乡,躲进官僚吕心孚家。12月8日晚,新青社员范昌宽、范衡湘等提供情报后,党组织立即进行部署。12月9日上午,由范昌宽率领20余名武装人员,急行军18里,包围了吕心孚的宅院。范昌宽高声喊话,命黄幼甫放下武器,向人民投降,黄幼甫只好缴械投降。未费一枪一弹,缴获美制手枪和匣枪各1支,子弹30发,忠县县印1枚,重要文件1捆。

为了团结反蒋,实现梁山、忠县的和平解放,两县党的县委指示,所有党员和新青社员尽可能利用各种关系作统战策反工作。梁山聚奎乡在公路两旁,是万县去重庆、成都的交通要道。1949年7月,梁山县委分配新青社员周泽耀去作乡长廖诗益的策反工作。周泽耀利用各种关系接近廖诗益,相机宣传革命形势,讲共产党的政策,消除了廖诗益思想顾虑,停止反动活动。10月,在梁山县解放前夕,周泽耀正式向廖诗益传达党组织提出的条件:及时停止拉丁派款,不侦察共产党的活动,不向县里和敌驻军告密;解放军来时不得抵抗和破坏,不拉上山;就地保护好国家粮食和人民的生命财产。廖诗益对这些条件一一接受,遵照执行。忠县石宝乡新青社员马洪德,遵照党组织的指示,多次做其兄马剑秋的策反工作。马剑秋是忠县实权人物,时任三青团忠县团部干事长、国民党忠县党部副书记长、常备自卫队副总队长、自卫团副团长、县参议员等党政军要职。临近解放时,马洪德又受党组织的派遣,专程前往县城,敦促马剑秋起义,要他千方百计保护县城公私财产和文件档案不受破坏。马剑秋接受起义条件,与自卫团长罗新元等人代表忠县县政府、自卫团、警察局,于12月7日上午签署了响应万县专员李鸿焘的起义通电,实现了忠县的和平解放。

（四）开县"三二九"吃大户斗争

1948年3月29日，开县县城的数千名群众，组成了浩浩荡荡的大军，到大地主兼资本家的何成之家吃大户。这就是中共开县工委在民主革命运动中，领导开县人民向封建势力作斗争的一次革命运动。

何成之是当时开县有名的大户人家，除拥有大量土地对农民进行残酷剥削外，还与县政府财政科长韦安之等人勾结，垄断城市人民生活必需的米和煤供应。在开县大量抢购米、煤后，运往武汉等地高价出售，牟取暴利。当时，国民党统治区通货恶性膨胀，再加上何成之等少数大户垄断了全县米和煤的购销，物价一日数涨，广大劳动人民用劳动所换来的微薄收入，上午可以买一升米，中午就只能买半升米，下午连半升米也买不到了。为此，曾发生过群众自发抢走何成之用船运往武汉大米的事件。[①]

为了减轻人民群众的生活压力，打击何成之、韦安之等人的反动气焰，中共开县工委书记杨虞裳、委员荣世正等共产党员，决定发动群众，开展一次吃大户的群众运动。

为了组织群众吃大户，开县工委指示，城关区委田学元、张锦成、王兴全、任崇福等党员，深入开展宣传群众、发动群众、组织群众的工作，工作重点放在贫民居住的南河边、院巷内和城墙一带。经过访贫问苦，向群众讲清米煤等生活必需品一日数涨是因为何成之等大户囤积居奇造成的。由于工作扎实，并结合了群众的切身利益，因此，城区各贫民区域便很快地响起了"走，吃大户去""走！到何成之屋里吃大户去"的呼喊声。

3月29日下午2时许，吃大户的群众运动爆发了。开县工委确定，群众集合地点定在城外体育场。首先到达体育场的是城关区委动员的积极分子傅级爱（女，又名傅九九）带领的群众队伍。随后，李辉有、蒋志春、李吉书等带领的群众队伍也先后到达。不一会，体育场便聚集了群众数千人。

开县工委领导杨虞裳、荣世正等共产党员，也与群众队伍走在一起。由于群众的队伍逐渐扩大，使政府官员十分惊慌。县长吴超然立即命令警察中队，做好镇压的一切准备工作。又急电驻万县的四川省第九区专员公署，要求调动驻防的国民党正规部队前往镇压。还命令军事科长周邦政会同特委会秘书

---

① 中共万县地委党史资料征集办公室，《万县地区党史资料》，1982年第5期，第16页。

易璋等人,迅速到体育场瓦解群众队伍。

周邦政、易璋等人到达体育场后,软硬兼施。先以强硬的态度,企图用武力把群众燃烧起来的怒火压服,但广大群众不惧镇压,拒不撤退。然后,又用花言巧语,企图麻痹群众,松懈群众的斗志,劝说群众离开。城关区委培养的骨干傅级爱,突然从人群中挺身而出,严厉地斥责说:"我们再不上你们的当了,花言巧语是没有用的,有米有炭快拿出来!"广大群众立即高呼:"我们决不能上当,我们的妻室儿女要吃饭!""没有米,没有炭,我们决不罢休!"

在群情激愤的情况下,傅级爱勇敢地走上高台,大声地号召:"同胞们!我们要活命,大家团结起来,走,到何成之屋里吃大户去!"全场的群众热烈响应。一支气势雄壮的吃大户队伍,随即离开体育场,浩浩荡荡地从寻盛门进城,经东渠河,绕道大南街,出南门,径直开往何成之的庄园。在行进中,沿途的群众自发地加入到队伍的行列里来,队伍越来越庞大。

何成之庄园在离县城不到5华里的文峰乡,县城与庄园之间隔着一条南河。这时,南河上的木桥已经拆除,河面上的木船也全部靠在对岸。因此,队伍不能前进了。群众立在河岸,十分愤怒,有的说:"龟儿子的何成之好歹毒!"有的说:"不怕,踩水过河!"有的说:"何成之在东街铺子里,抓住他就好办事。"这时候,城关区委的张锦成在南门洞找到了杨虞裳,汇报了发生的情况。杨虞裳说:"既然何成之在铺子里,不过河了,到何家碗铺抓住何成之,一道去文峰乡他家住宅吃大户。"张锦成急忙来到群众中,将意见传达给傅级爱等人。傅级爱立即在人群中高喊:"不过河了。现在何成之正在铺子里。快!到东街何家碗铺找他算账去。"

很快,聚集在河边的人群掉过头来,如潮水般涌进大南门,开往东街何家碗铺。这时,何家碗铺大门上杠紧闭,愤怒的人群齐集在大门前,"何成之站出来"的呼喊声与砸门声响成一片。县长吴超然立即下令派警察开着消防水龙前来镇压。群众怒不可遏,李歧三等群众便动手打烂了消防机械,砸坏了水管。警察局长张资琛带领荷枪实弹的警察来到现场,马上下令:"朝天开枪,冲进去!"一阵凄厉的枪声响过之后,警察们便用枪托毒打砸门的徒手群众。然后,乘机窜入何家大门门前,摆开一字长蛇阵,保护何成之的家门。张资琛提着手枪,狐假虎威地站在门口嚎叫:"不准动,谁动就打死谁!"

群众毫不示弱,在何家碗铺大门前围成一个包围圈,怒视对面荷枪实弹的警察。突然,像冰雹似的石子从包围圈的外层,不断地向警察们打来。张资琛注视着石子袭来的方向,发现李吉书从包围圈正面方向投来一块较大的石块,他便拼命地穿过包围圈,扑向李吉书。趁着张资琛离开大门的有利时机,站在群众中的杨虞裳和荣世正,异口同声地对大家喊:"冲!"傅级爱一个箭步冲上去,扑倒了张资琛,许多群众立即跟上,将张资琛裹在外围。警察的防线便被突破了,但大门仍砸不开。这时,年轻的藤器工人蒋志春和年仅12岁的小学生杜之荣,先后从邱衍地的肩上,爬进楼上的窗内,然后跳下楼去,从屋里把大门打开。人群欢呼着,像潮水一样涌进大门。

但是,何成之见群众人多势众,已从后墙搭木楼梯越墙逃跑了。愤怒的群众把何家碗铺的坛坛罐罐砸得稀烂,将囤积的桐油泼洒满地,将棉纱扯坏布匹撕毁。杨虞裳和荣世正见主要目的已经达到,便动员群众陆续离开。

反动政府下令,当晚10时起,全城戒严,开始大逮捕,先后逮捕了傅级爱、蒋志春、李吉书、李辉有和廖华山等72人。为了扑灭革命烈火,县长吴超然当夜即书面手令,将被捕的傅级爱(已身怀有孕)、蒋志春、李吉书和李辉有等4人于第二日凌晨枪决。但又做贼心虚,在上报时即谎称:"警察出城外清查余党,行至城厢镇第一保老关嘴,该犯等意图逃跑,队长鸣枪制止,均误中流弹毙命。"

傅级爱等4人被枪杀后,成百上千的群众冒雨前去老关嘴,为他们送葬,久久不愿离去。反动当局害怕事态进一步扩大,于3月30日上午8时召开紧急会议。会上,对米煤购销问题作出如下决定:

一、关于平抑米价的办法:1. 禁止米粮出境;2. 限制购买量,以每人每日购买一斗(六十斤)为限;3. 令知船业工会,不准装米外运;4. 令陈家、南门区乡公所,管制大量米粮出境。

二、如何供应本城燃料:1. 令商会按照米粮价二斤半碛米(按,买一市担煤)随时调整;2. 电令和谦乡炭业公会负责人来城商议供应办法。[1]

---

[1] 中共万县地委党史资料征集办公室,《万县地区党史资料》,1982年第5期,第18页。

随即,县政府贴出了上述"不准米粮外运"等平抑物价的通告。开县"三二九"吃大户斗争虽然遭到了血腥的镇压,但反动当局也被迫作出了让步。地主和不法资本家不能为所欲为地垄断米和煤的供应,人民群众的生活暂时得以安定下来,基本上实现了党组织领导群众斗争的预期目标。

全国解放战争时期,中国共产党领导的革命斗争在下川东地区此起彼伏、波澜壮阔,书写了整个新民主主义革命时期最为壮丽的华章。这一时期,下川东党组织一方面组织发动人民群众进行反内战、反饥饿、反迫害的斗争,不断发展壮大革命力量,并在白色恐怖中经受住了国民党反动派的疯狂破坏;另一方面,随着革命形势的发展特别是当人民解放战争从战略防御转入全面进攻后,根据川东临委部署,先后组建起川东游击纵队和川鄂边游击队,以农村武装斗争为重点,发动农民进行武装起义,开展游击战争,成功地在下川东地区开辟了第二战场,极大地打击了国民党反动派在下川东的统治力量,同时牵制削弱敌人大量兵力,破坏国民党反动派的兵源粮源的后方,砸烂了蒋介石"小厨房"的坛坛罐罐,有力地配合人民解放军正面战场作战。在斗争中,以彭咏梧、赵唯、李汝为、江竹筠、唐虚谷等为代表的无数共产党人和革命先烈,胸怀"只要饥溺得解放,烧房杀头何所惜"的坚定信念和对革命的无限忠诚,在党的领导下,浴血奋战,前赴后继,用碧血书写春秋,以生命捍卫革命,为迎来下川东地区的解放作出了不可磨灭的重要贡献。

在此期间,由于对武装起义的时机、作战部署、力量组织等把握不够,使得这些斗争付出了惨痛的牺牲,正如下川东地工委在总结奉大巫起义教训时指出:第一,时机未成熟,准备不充分,就过早发动起义;第二,完全是公开的根据地作风,一切暴露在敌人面前;第三,单纯的军事冒险,计划起义后接连在十几个场镇起事,这样疲劳战斗,违反游击战原则,也没有与其他区域取得联系,成为孤立的军事冒险;第四,经验不够,把绿林武装错误地以为是我们的基本力量。加上这一时期党内极少数领导人的叛变投敌,致使下川东地区党组织受到重大破坏,武装斗争随之也遭受重大挫折。但这一时期的武装斗争,无论是战斗规模、战斗成果,或者牵制反动派兵力上,都是前所未有的。总体上看,呈现出以下特点:一是很好地坚持党指挥枪的原则;二是贯彻执行党关于武装斗争的指导思想坚决彻底,并运用到实际战斗中;三是紧紧团结和依靠人民群众,争取各种进步力量加入游击战;四是游击队广大指战员用热血和生命诠释了革命理想高于天的英雄气概。因此,党领导的下川东革命斗争在历经各种艰难险阻后,即将迎来整个下川东地区的全面解放。

第五章　配合人民解放军迎来下川东的解放

解放战争时期,为夺取新民主主义革命在下川东的胜利,争取下川东早日解放,成为下川东党组织奋斗的主要目标。这一时期,下川东地方党组织经历了"发展壮大—严重挫折—恢复发展"的过程,党的队伍在此过程中,不断得到发展壮大,成为配合人民解放军迎来下川东解放的重要力量。

1949年10月1日,中华人民共和国成立。开国大典的礼炮声犹闻在耳,人民解放军即遵照中央军委的部署,继续向华南、西南进军,以雷霆万钧之势扫荡残敌。下川东各地党组织密切配合,积极进行统战策反,展开"保卫城乡、迎接解放、配合接管"的斗争。国民党反动派势力大多迫于人民解放军大军压境,纷纷闻风而逃或者宣布投诚起义,少数地方顽固武装在人民解放军势如破竹的攻势下,溃不成军,或被歼灭,或缴械投降。11月,川鄂边区的利川、石柱、丰都等县相继解放。12月,下川东地区的巫山、奉节、云阳、梁山(梁平)、忠县、万县、开县、城口、巫溪及达县、开江、宣汉、万源等地,相继获得解放。

一、下川东地区解放前夕的形势

下川东地区跨大巴山、巫山、七曜山区和盆东平行岭谷区,长江自西向东横贯全境,穿瞿塘峡、巫峡,东出湖北,三峡天险紧锁川东大门,为历代兵家必争之地,战略地位极为重要。

国民党反动派在穷途末路的形势下,调集重兵,加强川东防务,妄图依托险峻地势,阻止人民解放军入川西进,以实现其"确保四川,割据西南"的梦想。1949年8月24日,蒋介石飞抵重庆后,频繁接见各级将领,他说"我们和共产党势不两立,共产党得势,我们这些人是会死无葬身之地的"[1],要这些将领作最后的挣扎,反共到底。8月29日,蒋介石召开军事会议,提出了"确保大西南"的方针,并调整军事部署:由胡宗南集团13个军约20万人以秦岭山脉为主要

---

[1] 中共重庆市委党史工作委员会编,《重庆的解放》,重庆出版社1989年版,第219页。

防线,阻止由陕入川的解放军;以川湘鄂边区绥靖公署主任宋希濂8个军22个师10余万人,在川湘鄂边界地区择险设防,沿巴东、恩施、咸丰、五峰、大庸、吉首一线,构成防守西南的阵地,屏障川东门户,以阻止解放军由川东入川;将孙震的川东绥靖司令部改组为川鄂边区绥靖公署,孙震仍为主任,所部分别驻守忠县、丰都、万县、云阳、巫山、巫溪以及城口、万源等地区,特别注意对长江的设防和封锁。①孙震则根据蒋介石的部署,在辖区内又划定13个联防区,委任地方实力人物任联防区指挥官;将孙元良十六兵团的两个军,直属的3个师和溃退川东的河南赵子立部、湖北朱鼎卿部,重点部署于巫山、巫溪、奉节、云阳、万县和忠县境内,巫山、巫溪全境被辟为战场。同时,将各保安团编成军,委派所属专区国民党专员兼任司令官,还将各县地方武装组成反共救国军游击队,由各县县长任司令,实行战时军政一体化。

  国民党反动派不仅调集重兵把守下川东,而且还部署了大量的警察、宪兵和特务,企图强化其反动统治。11月20日,蒋经国奉蒋介石之命,亲临万县督察川东防务,叫嚣要守住三峡天险。②

  针对国民党割据西南的战略企图,1949年5月23日,中央军委向各野战军发出指示:"二野应准备于两个月后,以主力或以全军向西南进军,经营川、黔、康。"随后决定,第二野战军配属华北第十八兵团及第一、第四野战军各一部,由第二野战军司令员刘伯承、政治委员邓小平和西北军区司令员贺龙指挥,准备进军西南,解放四川、西康、云南、贵州诸省。毛泽东主席还根据战争形势的发展和特点,提出了大迂回、大包围、大歼灭的战略方针。8月19日,刘、邓首长在南京发出《野战军向川黔进军作战的基本命令》,10月23日和29日,又下达了"进军川黔的作战命令和补充命令"。人民解放军以第四野战军第五十军、第四十二军主力与湖北省军区独立第一、第二师为右路集团,由湖北省军区指挥,其主力沿川鄂公路直插建始、恩施、宣恩等地区,一部监视驻防万县地区的孙元良第十六兵团等部,保障主力右侧安全;以第三兵团之第十一军、十二军及第四野战军第四十七军主力为左路集团,由第三兵团指挥,沿川湘公路及龙山、来凤一线,进攻酉阳、秀山及咸丰、黔江地区,截断宋希濂部西退川、黔

---

① 中共重庆市委党史研究室著,《中国共产党重庆历史·第一卷》(1926—1949),重庆出版社2011年版,第553页。
② 《立言晚报》,1949年11月24日第一版。

通道。左、右两路实施南北钳击,力求歼宋希濂集团于湘西、鄂西山区。

1949年11月1日,人民解放军以迅猛的动作,发起川、黔战役,在北起湖北巴东,南至贵州天柱的千里战线上,向守敌宋希濂部发起进攻。左路之第十一军、第十二军,由石门、慈利等地向预定作战地域开进,第四十七军主力由永顺进到龙山以南待机,监视和吸引国民党守军,右路集团由宜昌、秭归等地向西运动,南渡长江,于11月2日解放巴东,3日向建始以东野三关等敌军发起攻击,拉开了解放大西南的战幕。

此时,宋希濂以为鄂西方向的人民解放军进击兵力不大,自信防线阵地不易突破,令其两个军凭借有利地形进行阻击,而将3个军南调龙山、来凤地区,企图集中兵力堵截向永顺地区集结的人民解放军左路集团。左路集团则乘势发起攻击,第十一军相继攻占龙山、来凤,逼进咸丰;第十二军亦攻占永绥、秀山等地,直指酉阳。左、右两路形成了南北钳击之势。

人民解放军的军事行动,完全出敌意外。宋希濂见鄂西防线已被突破,于11月8日下令全线西撤,企图重新在龚滩、黔江、彭水地域布防,把守川湘咽喉,解放军于同日全线发起追击。右路集团于10日攻占宣恩后,迎战正在西逃之敌十四兵团4个师,14日至19日,在威丰地区全歼该敌。左路集团第十二军于11日解放酉阳后,14日攻占龚滩,直逼乌江;第十一军攻占咸丰后,乘胜向黔江方向挺进,16日解放彭水;第四十七军主力插进彭水至涪陵之间,19日解放石柱,21日,在白涛镇截歼西逃之敌第十四兵团余部,俘敌兵团司令钟彬。28日解放涪陵。11月29日,蒋介石离开重庆林园,前往白市驿机场,次日凌晨逃往成都。[①]30日,二野三兵团主力和四野四十七军一部解放了西南重镇重庆。至此,人民解放军对下川东地区已形成东南西三面包围之势,下川东地区国民党军犹如惊弓之鸟,纷纷往川北方向逃窜。12月2日,孙震撤离万县,将下川东防务交与从湖北溃退万县的朱鼎卿部防守。5日,朱鼎卿部撤逃。6日,万县县长马足骥带领其亲信逃跑。

国民党反动派在下川东集结重兵,给下川东人民带来了深重的灾难。国民党军队军纪败坏,走一路抢一路,屠虐奸淫、无恶不作。老百姓痛恨地称他们为"吃光队"。国民党地方政府则对人民实施高压统治,强行抽丁拉夫,搜刮

---

① 《中国民主报》,1949年12月9日第一版。

粮款。一时间,物价飞涨,人心惶惶,民不聊生,整个下川东陷于兵荒马乱的战时状态。人民在愤怒和反抗中,期待黎明早日到来!

二、重建党组织迎接解放

1948年6月,下川东党组织遭到严重破坏后,云奉巫游击区的党组织继续坚持活动。各游击支队南征北战,声威重振。1949年4月,川东特委(由原川东临委改建)派原云奉南岸工委常委杨建成,从重庆到下川东清理组织,将遭受大破坏后断了近一年的组织关系重新接上,并于5月重建下川东临工委,又称云(阳)开(县)万(县)奉(节)大(宁)巫(山)临工委。为了防止国民党反动当局的搜捕和破坏,决定不再建立所属各县党的领导机构,由临工委领导成员划县分管:书记杨建成(化名朱海清)负责全面工作兼管奉节、万县,委员邹予明(化名周开莲、刘行之)分管云阳北岸,陈仕仲(化名傅德祥)分管云奉南岸,王庸(化名王银洲)分管开县,谭悌生(化名谭雪峰)分管巫山、巫溪。[①]随后,临工委成员分头开展工作,清理、恢复各县党组织,积极发展党员,对一些党的力量薄弱之地,建立了一批基层组织。由于党组织发展快,党员人数多,至8月,各县党员已恢复、发展到2200多人。由于大批新党员缺乏实际斗争锻炼,各地党组织采取多种方式对党员进行革命形势和气节教育,使党员通过教育认清形势,提高觉悟,增强党性,更好地参加迎接解放的斗争。

8月,下川东临工委根据上级指示改名万县中心县委,成员不变。9月,川东特委调谈剑啸到下川东,参加万县中心县委工作,并指定杨建成、邹予明、谈剑啸为万县中心县委常委。在万县上游,中共忠梁垫工作委员会于4月在忠县成立,7月扩大为中共长寿中心县委,领导忠县、梁山、长寿等7县党的地下工作。

此时,人民解放战争渡江战役取得胜利,夺取全国胜利指日可待。国民党蒋介石集团妄图在川康等地负隅顽抗,调动大军西移。面对强大的敌人,中共万县中心县委在云阳县城八角楼,中共长寿中心县委在忠县马灌乡分别召开会议,传达中共上海局的指示,即:待解放地区党组织的任务是迎接解放,配合接管;工作重点要转移到城市,使工厂、学校、机关不受破坏;要调查城市的社

[①] 中共万州区委党史研究室著,《中国共产党重庆历史万州区卷》,重庆出版社2011年版,第63页。

会、政治、经济、文化等方面的情况;加强统战策反工作;在农村的任务,主要是做好群众工作,迎接解放,不要扩充武装队伍;各级地下组织都要注意掩护、保存力量,避免损失。会议进行了认真的讨论,要求各级党组织把工作重点由武装斗争转入迎接解放,由农村转入城市,由基层转入上层。会后,下川东地区各级党组织,认真执行上级指示,在农村,继续组织人民群众,建立各种进步组织和团体,开展抗捐、抗粮、抗丁的斗争;在城镇,依靠工人,团结各界人士,保护工厂、学校、档案和金融企业。中共地下组织的各级领导人,集中精力开展统战策反工作,争取国民党地方官员、地方武装和军、警、宪、特人员起义,化阻力为助力,为下川东地区的解放作了内应条件的准备。中共地下党组织领导的武装力量,则划分成小型武装队,配合解放军向下川东地区进军,截击国民党溃军,保卫城乡人民生命财产的安全。一些地下党员,打入国民党基层政权和地方武装队伍,乘解放军进军之势,策动起义,接管了一些基层政权组织。

三、川鄂边游击队配合人民解放军解放川鄂边区

(一)利川、石柱、丰都的解放

1949年11月初,游击队员杜宗银、王定阳得知,大股敌军从咸丰县向利川县文斗境内窜犯,便决定,组织部分游击队骨干和100余名群众,与田兰亭带领的已改造的绿林武装100余人,积极配合,共同到岩垭口设伏。当敌军进入伏击区后,游击队居高临下,向敌军猛烈扫射,击毙敌机枪手1名。在杀声震天的呼喊声中,敌军丢盔弃甲,狼狈逃命。战斗结束后,缴获手枪1支,步枪108支,机枪2挺及一批弹药。

11月11日,敌军1个排从葫芦溪路经黎家坝企图窜出长江,天快黑时,敌军饥饿疲惫,在柏杨坪吃饭休息。这时,游击队员陈贞炳送信,巧遇陈树清、陈之龙、谭祥法、赖大顺等4名队员。5人仅带步枪1支,火药枪2支。陈之龙、陈贞炳机智地奔赴敌前沿阵地喊话,宣传党的政策,指出他们已被游击队包围,游击队会优待俘虏。敌军负隅顽抗,但在漆黑的夜晚摸不清底细。陈树清在黎家坝碉楼上放枪,队员陈之龙用火药枪忽东忽西,来回点放。敌军认定已被包围,终于缴械投降。共缴获机枪2挺、步枪27支、弹药3000余发,这批俘虏留待第二天下午被遣送出境。

11月14日清晨,中国人民解放军镇江支队(湖北军区独立二师)八团三营九连攻克石板岭,进军利川县城。利川县国民党军政人员犹如惊弓之鸟,纷纷溃逃。傍晚,在党组织和人民群众的欢迎声中,解放军进入县城,利川解放。

11月17日,国民党残兵100余人,向石柱黎家坝窜扰,黎旭阳组织部分游击队员和100余名基本群众,将这股残兵围困,激战两小时,击毙敌副团长张某,部分残兵溃逃。此战缴获手枪7支,步枪50余支,子弹15箱和一批手榴弹。俘虏40余人,优待食宿一天,经过教育后,发给路费,遣送出境。在激战中,游击队员靖启兴、何朝玉与群众李忠国3人牺牲,赖大顺等5人负伤。

11月19日凌晨,中国人民解放军唐山支队(第四野战军四十二军一二四师)在石柱县大歇小学后垭口,向国民党军队发起攻击,激战5小时,全歼敌军,活捉敌军3名团长。在战斗中,5名解放军战士英勇牺牲。午后4时,解放军先遣战斗组到达石柱县城北门外,在绿豆塘渡滩口涉水过河时,遭遇旗山上守敌石柱县警队的机枪扫射,战士王志德壮烈牺牲。解放军以猛烈炮火打得敌警队弃尸逃窜,然后迅速进占县城,石柱解放。

解放军解放石柱县城时,石柱县自卫常备总队副总队长彭潜飞率领一、三中队仓皇窜逃沙谷一带。丰石边游击大队第八中队谭登凯闻讯,立即率队并组织群众100余人,手持刀枪棍棒,连夜追到沙谷石庙,将敌重重包围。经过一番攻心战和劝降,100余名敌兵举手投降。清查时未发现彭潜飞,群众孙厚慎报告彭潜飞带着勤务兵和家眷隐藏在下路长滩河马家。谭登凯立即率队赶到下路长滩河,将彭潜飞和勤务兵擒获。此战瓦解敌军两个中队,缴获长短枪共159支,手榴弹300余枚,子弹5500余发。

11月20日,解放军唐山支队1个连抵达三星,敌警察二中队杨世吉率队逃到下路毛坪。石南游击大队秦泽远、谭登臣分队,配合解放军追歼逃敌。双方在毛坪接火后,敌警队被击溃,杨世吉带20余名残兵逃到龙骨寨。游击队发扬连续作战的作风,追到双庆的黄家山。除杨世吉只身逃脱外,其余敌兵全部缴械。此战歼敌警1个中队,俘敌官兵100余人,收缴步枪108支,子弹6000余发,手榴弹2箱,战马1匹。

11月21日,解放军镇江三支队50余名指战员抵达西沱附近。周一生率游击队员10余人集中于朱家槽,与解放军会合后,直下大树岭,进攻西沱镇。西沱是扼守长江的军事要镇,与石宝寨成掎角之势。敌谢果成团1个营、石柱二中队、石忠万三县联防办事处及西沱乡、上复兴乡等武装人员共五六百人聚集于此,粮弹充足、布防在黄桷岩至金家湾一带。解放军和游击队研究决定,兵分两路,主力直插黄桷岩,由江诗群、江诗信等带路。金玉凡则带20余名游击队员和部分群众从鹅公嘴上双河到金家湾,拔除金家湾敌据点,然而包抄夹击黄桷岩守敌,在夜幕下发起进攻。敌军从黄龙桥过水磨溪,向石宝寨方向逃窜。驻守石宝寨的罗广文部,集中炮火增援,掩护西沱守敌,不料炮弹竟击中逃军。解放军迅速击溃黄桷岩之敌。解放军与游击队共120余人,击败了五倍于己的国民党正规军,以寡敌众,获得全胜。11月24日,在西沱成立了石忠万边治安委员会,杨宁平任主任,崔吉隆为副主任,周一生、金玉凡、崔英福等为委员。接着,成立了支前委员会,周一生任主任,崔吉隆兼副主任,做好支前与接管工作,利用和成商号为解放军筹集运送大米1万余斤,柴5万余斤,菜油2000斤,桐油1000余斤,稻草2000余斤及数十包食盐。

11月22日,先后有两股敌军100余人,溃逃到石家乡梓桐沟、黄连沟一带。游击队员张秩武、田紫轩分别带领队员和群众,将敌军包围。经过战斗和阵地宣传教育,敌军有的弃枪逃跑,多数缴枪投降,共缴获步枪50支,机枪5挺,子弹2500余发,电话机2部。

11月25日,中共丰石区委书记余大河在江池乡季口与解放军首长一起研究解放丰都的有关问题,派范超带领游击队员40人,群众60人,担架30副,配合解放丰都县城。当时,国民党四十七军一二五师一个营驻守双路口,扼守莲花洞通往县城的要隘青杠垭。

11月26日,由游击队员带路,解放军从江池出发,翻越万斗山,穿过大柴垭,猛攻青杠垭。敌军居高临下,阻击解放军。解放军以一部组织正面进攻,吸引敌军火力;另一部绕到青杠垭后侧,向敌军发起突袭,击毙敌机枪手。随即,正面进攻的解放军乘势发起猛攻,迅速占领青杠垭,并将残敌追至长江边予以全歼。战斗结束后,由谭登凯率游击队员护送在战斗中负伤的55名解放军战士,前往利川县鱼泉口,再转赴恩施的野战医院治疗。

解放军到达崇实后,游击队派陈光德、王明龙等赶到大月坝沟口,为解放军当向导。当队伍抵达长江南岸时,由于船只全被敌军锁在北岸,无法渡江。

栗子支部书记陈如元带人到乌杨树、王家渡、代家渡一带,发动群众找船。丰石边区委得知这一情况后,立即派向明龙和游击队员向楷联系找船,与鲤鱼凼舵手段学礼、船工段学诗一起,到木屑溪找船业工会,才了解到有一只被船工沉放在鲤鱼凼水下的木船。12月1日晚,向楷、秦仕绍等人潜入冰凉的河水里,把船打捞起来,重新制舵、桡和桨脚架。

12月3日拂晓,在长沙坝张家溪,借着大炮、机枪的掩护,由段学礼掌舵,水手陈海林、陈世祥撑船,一只木船往返运送解放军战士横渡长江。先过江的解放军战士,由游击队带路,翻越青牛山,过两汇口,占领了丰都县城制高点名山、鹿鸣寺、双桂山等地,再向县城发起攻势,顺利攻入城内。城内的党组织,组织群众,迎接解放军进城,并将北岸的一批木船划向江南,迎接大军渡江。丰都解放后,经与部队首长研究,成立丰都人民接管办事处,由白仲山任主任,陈如元任副主任,支前工作由黎明负责。同时,调胡朝聘、张千祥、范超率领的3个游击中队组成县治安大队,胡朝聘任大队长,维护社会治安,巩固人民政权,开展支前工作。

(二)开展拥军支前工作

从1949年9月开始,在南岸工委的组织安排下,各区乡都充分做好了迎接人民解放军的准备工作。文斗区委书记郎中文派廖树华、雷剑飞、何达江等人,分赴长顺、黄土、文斗各乡,召开积极分子大会,建立拥军支前委员会,动员大家做好拥军支前工作。要求在解放大军到来之时,由拥军支前委员会组织群众热烈欢迎,刷写标语,组织秧歌队迎来送往,各地还安排休息住处,设茶水站,准备充足的粮食柴草和肉菜等物品,并组成炊事班、担架队,主动积极为解放军带路,侦察敌情,力争做到要人有人,要物有物,随要随到。

11月17日,南岸工委接到通知,解放军西湖支队(湖北军区独立一师)、唐山支队正从黔江向长顺方向进军时,即命郎中文带群众到中渡口搭建浮桥,迎接解放大军过河。支前委员会组织群众,为解放军运送粮食3万余斤,柴草5万余斤。

11月17日,解放军西湖支队从彭水县进入石柱县,经过五斗乡时,游击队组织群众热烈欢迎,分别设立茶水站,安排住地。当天,解放军1个连住宿五斗乡,游击队和群众及时送来粮食柴草,杀猪备菜,还以当地的"天锅酒"热情接待解放军,并举行联欢活动。

11月18日,由游击队员带路,随解放军前往江池。根据解放军首长指示,游击队分别派人到三星、三汇、湖海、都会等乡,立即接管乡政权,组织支前委员会,先后为解放军运送大米16余万斤,蔬菜4万余斤,肥猪65头,木柴20万斤,草料15万斤,还有部分粮草直送石柱县城。同时,游击队积极配合解放军,维护社会治安。解放军每到一地,游击队和群众便兴高采烈,烧茶煮饭,忙得不亦乐乎。

11月21日,解放军西湖支队的白相国政委、齐鲁师长进石柱县城,研究了石柱县临时人民政府的人选。经上级批准后于22日宣布石柱县临时人民政府成立,秦禄廷任县长,部队干部陈仲祥任副县长。

11月24日上午,在石柱县城举行5000多人参加的军民联欢大会。会上,副县长陈仲祥宣讲了《约法八章》。解放军宣传队教唱歌曲,表演了扭秧歌舞、花枪舞等节目,会场一片欢腾。

四、万县地区各县相继解放

1949年11月初,人民解放军第四野战军四十二军一二四师到达湖北宜昌。此时,解放大西南的川、黔战役已经打响,二野刘、邓首长命令该部队从三峡地区沿长江北岸入川作战,务于11月下旬抵达接战地域。

一二四师受命后,在师长翟毅东、政委丁国钰、副师长苏克之、参谋长丁学策、政治部主任汤从列等率领下,昼夜兼程,向三峡地区开进。11月中旬,部队分别抵达兴山和秭归,完成战役集结。为迷惑敌人、壮大声威,一二四师奉命扩大番号,对外称四十二军,代号唐山部队(所属三七〇团对外称一二四师,三七一团对外称一二五师,三七二团对外称一二六师,代号分别为唐山部队一、二、三支队,本文用原番号)。

一二四师进攻的首要目标,是国民党军队死守四川的重要防区之一——长江三峡。这里崇山峻岭、绝壁悬崖、密林深涧、易守难攻。国民党一二七军3个团,纠集湖北保安第三旅和"川东反共救国军"第一纵队,计5000余兵力,在长江北岸巫山的骡坪地区,占据有利地形,修筑工事,组织火网,构成防御枢纽。湖北保安第四师一部、独立军和湖北绥靖第八团，计2000余兵力，在江南之培石、瓜瓢、铜鼓地域设防，与江北守敌相呼应。妄图依托三峡天险，阻止人民解放军进入川东。

11月24日，一二四师指挥部下达向进攻出发地域骡坪地区推进的命令。三七一团和三七二团在苏克之率领下，于25日从巴东龙船河渡江，次日攻占火锋及其以西之黄家山，三七〇团从兴山县城出发，于27日在巴东沿渡河、罗溪坝以西占领进攻出发阵地。侦察查明：敌九三三团在鸳鸯池一带设防，敌九三二团在关坪一带设防，敌九三一团在三会铺一带设防。敌保三旅在火锋一带设防，地方民团在其周围警戒。一二四师指挥部的攻击部署是：三七〇团为师右翼，向鸳鸯池地区之敌进攻；三七二团为师左翼，在主要突击方向运动，实施左翼迂回，向敌防御枢纽三会铺之敌冲击，得手后向巫山县城方向进攻；三七一团为师的预备队，在三七二团队形后跟进。29日，一二四师向敌全面出击，警戒阵地之敌不战而退，顺利突破敌第一警戒地，中午，跨越湖北境推进至四川巫山县境，入暮后，第二警戒地之敌纷纷龟缩。30日零时许，一二四师各团利用夜幕隐蔽接敌，中午，右翼三七〇团向敌发起攻击，经过数次激战，歼敌一部，余敌逃窜。左翼三七二团在拂晓前完成了对三会铺之敌的半包围，接着发起进攻，敌凭据有利地形，以强大火力还击，三七二团进攻受阻。师指挥所再次组织进攻，在三七一团的配合下，三七二团以猛烈火力压制守敌，交替掩护前进。经数小时激战，至下午3时，敌全线崩溃，向西逃窜，三会铺被攻克。三会铺战役，俘敌1400余人，湖北保安第三旅旅长王子云率部1300多人投诚。

三会铺战役的胜利，突破了敌军在三峡天险的封锁线，打开了进军万县地区的大门。

三会铺战役胜利结束后，三七一团和三七二团挥师西进，乘胜追歼逃敌。三七〇团赓即解放巫山县城。

为使巫山县城免遭战争破坏，一二四师指挥部决定，对县城内的国民党部队，一是让其主动撤出，二是以军事压力挤出城外围歼。12月1日，三七〇团一部占领巫山城东之七星铺、水田坝和文峰观等高地，并派出部队进行侦察。在解放军兵临城下之际，巫山县长黄种强胁迫自卫总队向巫溪方向逃跑，城内守敌一二七军残部纷纷向西北方撤退。

第五章 配合人民解放军迎来下川东的解放

当敌人撤出县城后,经解放军策动的巫山县士绅李栋成于12月2日晨,派邢轩林等3人持二野四川情报站"高参谋"的名片,前往江东方向迎接解放军。9时许,三七〇团侦察分队在邢轩林引导下,率先从江东嘴渡河入城,随后,三七〇团政委陈鹏率团部和第三营入城。解放军入城的消息很快传开,人们倾城出动,沿宁河码头至东门口夹道欢迎。巫山县在万县地区首先获得解放。

解放巫山县城后,人民解放军立即着手维护社会秩序,宣传党的新区政策。在地方各界人士会议上,团政委陈鹏宣读《中国人民解放军布告》《约法八章》和《三大纪律八项注意》,号召巫山人民团结起来,拥护中国共产党和中央人民政府,维护社会秩序,配合人民解放军消灭国民党反动派残余势力。下午2时,在城内广场召开了欢迎解放军和庆祝巫山解放的群众大会。

当天下午,中共两巫特支武装人员刘尔巽、李传宾等在黄家岭击毙了巫山县长黄种强。晚上,特支委员卢少衡又组织武装人员在铁厂沟伏击了国民党一二七军三一〇师师部及警卫营,俘敌80余人。

与此同时,中共两巫特支负责人谭悌生、卢恺言抵达县城,向一二四师师长翟毅东和三七〇团政委陈鹏等汇报巫山县的情况,报告了巫山县县民众自卫总队副总队长李非武和第一中队队长苏廷举经地下党策反,早在5月就与地下党达成在巫山待解放期间,自卫总队负责维持地方治安,管好枪支弹药,监视国民党县政府的动向,解放军一到达就立即起义的协议。部队首长听完谭悌生、卢恺言的报告后,当即决定:请卢恺言马上把民众自卫总队带回城。3日,卢恺言追踪到福田,向苏廷举传达了与解放军接头的情况及部队首长的指示。4日,自卫总队由福田返城,行至龙雾坝时,与前来迎接的三七〇团参谋长苑世仁率领的一个连会合,自卫总队起义官兵随解放军返回县城。

当巫山县人民欢庆解放的时候,沿长江北岸崎岖山路追歼逃敌的一二四师主力进入奉节县境。12月3日中午,前锋三七一团在奉节县石马河一带,追上敌三一一师1个团,一阵猛打,敌军溃散,俘敌100余名,后又在白帝城附近歼敌1个连。

12月3日下午,三七一团政委张山峰率部从大东门入城,解放了下川东军事重镇奉节县城。中共万县中心县委委员、奉节地下党负责人谈剑啸立即与解放军联系,向三七一团首长汇报了对奉节县县长屈进修和民众自卫总队开展策反工作的情况。

奉节县县长屈进修和民众自卫总队副总队长车运生,经中共地下组织策反,选择了起义的道路,因实力有限不敢举事。12月2日,赵子立部撤离县城时,要屈进修带领县府人员随其逃走,屈进修征得地下党的同意后,率县府部分官员和警卫班佯装撤离,尾随其后,然后寻机摆脱赵部控制。车运生则根据地下党的意见,将自卫总队拉到城外莲花寺驻扎。4日,地下党派人将其接回县城,三七一团指战员和奉节地下党的负责人对屈进修和车运生的义举表示欢迎。

在奉节县城解放的同一天,驻奉节吐祥的国民党川鄂边区绥靖公署七曜山"清剿"指挥部上校指挥官廖作为,在中共奉节吐祥特支的策动下,率部起义。12月5日,湖北省军区独立第二师一部接收了廖作为所部。

一二四师一路西进,所向披靡。驻云阳的国民党军和该县县长付诗闻风丧胆,慌忙逃跑,最后一支国民党军于12月5日晚逃离县城。6日拂晓,一二四师师指挥部和三七二团大部,涉过冰冷刺骨的乌洋溪,向云阳县城前进。被地下党策反的云阳县民众自卫总队副总队长湛廷举部驻城郊栖霞宫一带,当解放军徒涉乌洋溪时,被湛部发现,湛廷举当即令部后撤,不准放枪,并与占领县城的解放军联系,一二四师参谋长丁学策命令湛部官兵去掉帽徽符号,率部回城。湛廷举立即向全体官兵讲明情况,宣布起义,随后带着队伍,返回县城。在此期间,经过地下党策反,云阳县警察局督察李鹏举率警士50多人在高阳起义。12月7日,一二四师三七一团解放云安镇,云安盐警队近200人投诚。①

在一二四师西进的同时,人民解放军湖北省军区独立第一师(代号"西湖部队")随东路大军在彭水以东地区歼灭宋希濂主力后,奉命直插丰都。12月3日,部队横渡长江,解放了丰都县城。独立第一师在丰都稍作休整后,师指挥部决定,兵分两路,向万县方向合围,第三团从丰都直奔梁山,第二团沿长江北岸,向忠县进发。忠县地方势力雄厚,不仅有一个常备自卫团,还有城关东坡、云根、乐天三镇的地方武装,控制着全县城乡局面。解放前夕,中共忠县地下党组织为了迎接解放,组织力量积极策反,使忠县城关东坡等三镇武装的实力人物杨星五接受地下党的主张,并同意地下党员江岸平住进武装队伍内部。

---

① 中共万县地委党史研究室编,《万县地区的解放》,四川大学出版社1991年版,第9页。

同时,地下党还做好了常备自卫团团长罗新元、副团长马剑秋的起义工作。12月7日,罗新元等人以县长黄幼甫的名义,发出响应李鸿焘起义的通电。

12月7日上午,独立第一师二团先头部队出现在忠县县城附近的杨家溪,三镇武装哨卡人员发现后,立即返城报告,地下党员江岸平与苏达三(武装大队长)协商后,决定将三镇武装集中在各自驻地,听候解放军的命令。下午,独立第一师二团在团长袁春田、政委张振国率领下,顺利进入忠县县城,缴获两艘敌舰,接收和改编了常备自卫团第三中队和三镇武装。12月8日,潜逃到兴隆的忠县县长黄幼甫,被当地进步群众抓获,次日,押到忠县县城,交临时治安委员会处理。

忠县解放后,部队一方面组织地方各界人士维护社会治安,一方面召开会议,研究解放万县的作战部署,并与万县方面进行联系。

独立第一师三团攻下丰都后,奉命向梁山县进发。12月7日凌晨,在易长青、吴登云指挥下,占领了梁山机场,缴获弹药库两座。击溃国民党九十八师残部,俘敌师长朱声沛、参谋长单树均及以下40余人。集结在城郊的朱鼎卿部听见枪声,望风而逃。梁山县县长、新编第十四师师长蒋醴澄也带领少数亲信溜走。驻在城内的国民党梁山自卫中队在解放军接近县城时,队长谢青云率部撤至南门的刘家沟,企图伺机抵抗。解放军跟踪追至刘家沟,边喊话边逼近敌人。在解放军政治攻势下,谢青云及其自卫队100余名官兵投降,被解放军押回县城。

独立一师第三团解放梁山后,得知毗邻梁山的万县新场有残敌,立即分兵一部奔袭新场。部队急行军到距新场30华里的万县余家场驻扎,派出部队侦察,摸清敌情,了解新场情况,做好攻击新场之敌的战斗准备。随后,解放军兵分三路,于深夜抵达新场,占领周围各制高点并向敌军发起攻击,经过激烈战斗,俘获国民党暂九军二十六师副师长、国民党万县县长马足骧等2000余人,缴获大批武器弹药。

万县是下川东地区政治、经济、文化中心,也是国民党政府四川省第九行政督察专员公署所在地。1949年10月,中共万县中心县委书记杨建成在此指挥了对国民党政府专县两级上层人士的统战策反工作。在此之前,川西地下党派外围组织十月社领导人周基印带领该社成员李茂军(系国民党政府四川省第九行政督察专员李鸿焘之子)等来到万县,开始做李鸿焘的策反工作。由于川鄂边区绥靖公署主任孙震对李鸿焘控制严密,同时解放战争形势还未发展到兵临城下,所以李鸿焘一直不为所动。12月初,孙震率部从万县逃跑后,周基印、李茂军抓住时机,动员李鸿焘起义,万县中心县委书记杨建成也加紧做李鸿焘的工作,通过地下党掌握的关系,对李鸿焘晓以大义,指明出路。李鸿焘权衡得失利弊,下定决心起义。与此同时,杨建成通过县参议会参议员周正轼策反了参议长陈希柏。

12月3日,李鸿焘率专署职员及保安司令部官兵1000余人,在李茂军陪同下,到达云阳县双江镇,于12月7日发出起义通电:"吾人苦于虐政久矣!今者义师西指,正地方拨乱反正之时,谨揭二义,昭告大众:第一,拥护毛泽东所领导之新政府;第二,欢迎解放军。"①接着李鸿焘又通电万县、开县、忠县、云阳、城口等各县长:"一、本区各县已经和平解放,该县所有档案不得焚毁,各机关人员仍应照常办公;二、各县治安应切实维持,并盼所属各乡镇与解放军切取联系;即希遵照为要。"②同日上午,李鸿焘乘船东下到达已经解放的云阳县城,与人民解放军一二四师首长翟毅东、丁国钰、丁学策等谈判,达成起义协议,即8日上午,李鸿焘所属部队在云阳双江放下武器,由李鸿焘同万县联系,派船到云阳接运解放军。8日凌晨,一二四师指挥部率三七二团登上由万县派来的四艘客轮,溯江而上,向万县进发,师参谋长丁学策率部分人员和三七一团一部,登上民生公司派来的另3艘客轮,在李茂军等的引导下,前往双江接收李鸿焘的队伍。

陈希柏接受我党提出的"保存档案、维护社会秩序,迎接解放军入城"等条件后,于12月4日以万县参议会名义,通过民生公司电台向驻湖北宜昌的人民解放军西进指挥部汇报万县情况,欢迎解放军进入万县。同时,陈希柏召集万县国民党地方武装负责人,成立国民党万县警备司令部,以维持万县城内秩序。7日,陈希柏又召开万县各机关法团负责人会议,成立万县人民临时治安委员会,部署迎接人民解放军入城等事宜。

---

① 中共万州区委党史研究室著,《中国共产党重庆历史万州区卷》,重庆出版社2011年版,第81页。
② 中共万州区委党史研究室著,《中国共产党重庆历史万州区卷》,重庆出版社2011年版,第82页。

第五章　配合人民解放军迎来下川东的解放

12月8日,下川东重镇万县和平解放。9时50分,人民解放军湖北省军区独立第一师师部及第二团部队,在师长齐勇等率领下,乘坐从忠县缴获的两艘军舰,率先抵达万县港。稍后,人民解放军第四野战军四十二军一二四师一部在师长翟毅东、政委丁国钰等率领下,从云阳乘船抵达万县,胜利会师。随后,解放军以严整的军容进入城区,受到万县人民热烈欢迎,民众不断高呼:"毛主席万岁!共产党万岁!人民解放军万岁!"12时,独立第一师师长齐勇代表人民解放军向万县各界知名人士发表讲话,感谢万县人民的热烈欢迎,宣布共产党有关政策和解放军入城纪律,并规定:1.各机关立即进行公物登记;2.各机关未离职人员,仍归原位办公,听命处理;3.市区各部队武装,除警察照常工作暂不解除外,其余一律将武器收存在各部队驻营地,听候处理;4.各机关由解放军分别派人前往视察,以便明了实际情况;5.银元暂不兑换,银元券不用,镍币及铜币照常行使。

人民解放军向川东进军,势如破竹。开县地下党积极贯彻上级指示,加紧对国民党地方官员和武装人员进行策反,促使开县、城口两县在解放军到达之前宣告解放。

1949年10月,孙震委任廖敬安为开县、开江、城口、巫溪四县联防"清剿"指挥官。廖敬安是国民党卸任师长,不愿接受这个"于名于利都说不上"的联防指挥官。中共万县中心县委委员、开县地下党负责人王庸通过关系了解这一情况后,于11月底,接触到廖敬安,在党的政策的感召下,廖敬安接受了中共开县地下组织提出的要求,表示愿意起义。12月初,廖敬安召集县党部书记长、民众自卫总队副总队长等20余人开会,王庸冒险参加会议。在会上,王庸介绍了解放战争的形势和共产党对起义投诚人员的政策,希望大家共同为开县的解放出力。在大军压境的形势下,与会人员没有反对。12月8日,廖敬安发出通告,宣布开县解放,并下令所属各级政府,维护好地方秩序,做好准备,等候人民政府接管,同时成立开县治安委员会。次日,廖敬安向全县转发了国民党四川省第九区行政督察专员公署专员李鸿焘的起义通电,安定民心。12月13日,解放军一二四师三七〇团一部,在政委陈鹏率领下到达开县城,受到开县各界人士和人民群众的热烈欢迎。

驻扎在城口的国民党军一四〇师撤走后,城口县长敖本惠坚持与人民为敌,于12月8日召开紧急会议,命令县政府人员携带家属到川北打游击,遭到多数人员的抵制。10日,敖本惠带少数亲信和自卫队官兵逃离县城。在此之前,开县地下党员陈秀松利用统治阶层的内部矛盾开展策反,先后争取了四川省参议员、第九行政区党务督导员徐植林和城口县党部组宣总干事朱宁侯等人。在敖本惠准备逃跑期间,朱宁侯两次召开秘密会议,动员大家一致行动,阻止敖本惠出逃,做好城口的解放工作,并在县城争取部分自卫队官兵起义。朱宁侯得知敖本惠离开县城,立即在县城公开活动,以城口县党政军上层人士和徐植林的名义,向人民解放军万县驻军发出起义电,迅速与全县各乡联系,昭告民众,安定民心;组织县府职员,清理档案、公物,并严加保管。敖本惠出逃途中,被朱宁侯组织的武装人员追获,随敖本惠出逃的警察中队起义倒戈。12月12日,起义队伍返回县城,并决定改为解放大队,警察所改为解放大队第三中队。13日晚,陈秀松、朱宁侯召开会议,推选王彬如为城口县临时人民政府代理县长。

巫溪县地处大巴山东段南侧,山峦叠嶂,沟壑纵横,交通不便,是国民党军川东防地之一。11月下旬,人民解放军向下川东急进。25日,驻防巫溪的国民党军潘清洲师撤退后,巫溪县长王渊也慌忙逃跑。孙震又委任反共联防总指挥向鉴秋为反共救国军第一师师长兼巫溪县代县长。向鉴秋拼命召集全县警察、谍报人员、乡自卫队和散兵游勇,组成反共武装,妄图死守巫溪城。12月初,巫山、奉节相继解放,巫溪解放指日可待。向鉴秋担心驻扎城里会成为瓮中之鳖,便将所部撤至城北凤凰一带高地,以观动静。此间,中共巫溪城厢支部派地下党员周道纯、王国裕邀请进步人士何策言出面,在城内成立巫溪县临时治安委员会,维持县城秩序。向鉴秋闻讯后,于7日晚打回县城,地下党员与何策言等被迫转移到城外丛树坳一带。

为打退向鉴秋的反扑,地下党组织派周道纯、王国裕前往巫山长溪河,向中共两巫特支负责人汇报巫溪情况,请求支援。特支决定,由特支委员卢恺言等率领长溪河游击队向巫溪进发。12月8日,游击队到达巫溪城外,立即做好攻城准备,入夜后,游击队派出4名队员组成尖兵组,挟持保长李远酋以送情报为名,叫开城门,游击队员紧随而入。守敌不知虚实,惊惶逃窜,游击队占领县城,分兵把守要隘。次日,向鉴秋发现是游击队攻占了县城,派王品章等率

300余人反扑。11时许敌人接近县城,向游击队发起进攻。游击队奋起还击,战至天黑,因力量悬殊,游击队趁着夜色,相互掩护,撤出县城。之后,地下党派党员卢光星到奉节与解放军联系,请求解放军进军巫溪。13日晚,人民解放军一二四师三七〇团一部在副政委王威率领下,从奉节竹园坪出发,经古路、上磺抵达巫溪城西赵家坝,与等候的两巫游击武装会合。14日凌晨,解放军在游击队配合下,逼近县城。敌人发现人民解放军到达,仓皇向深山逃窜。解放军和游击队顺利解放巫溪。至此,万县地区全境解放!

五、策反"同心"号军舰起义

中共万县中心县委在开展"迎接解放、配合接管"的斗争中,不仅积极领导各县城争取和平解放的工作,也密切注意长江中蒋介石集团舰艇的动向,指示党员把策反起义的工作,深入到敌人的"禁区"。

1949年9月,国民党联勤部的同心、同德、同源3艘军舰,先后在奉节城外江中停泊了一段时间。奉节县地下党员孙明义通过关系结识了同心舰上的中尉电报员唐志隆。在接触中,唐志隆时常流露出思念长江下游早已获得解放的家乡,不愿再替蒋介石集团卖命。万县中心县委掌握这一情况后,指示孙明义抓紧工作,动员他们在舰上起义。孙明义在与唐志隆的接触中,经常向他讲解放战争的形势及党的起义政策,后来孙明义进一步向唐志隆透露了自己共产党员的身份,并说明地下党组织负责人要他利用广播,作舰上官兵的鼓动工作,待时机成熟时举行起义。唐志隆为人正直,对国民党反动派的腐败早已不满,加之在电台工作,常常听到共产党的广播,对解放战争形势和时局发展有一定认识。因此他答应愿尽一切力量,做好舰长江淦三的工作,完成军舰起义的任务。

同心舰舰长江淦三与唐志隆是江苏同乡,平时两人关系较好。唐志隆接受万县中心县委策反军舰起义的任务后,趁江淦三到报房闲谈之机,常常故意收听共产党的广播,以此对他进行试探,江没有表现出反感。不久,同心舰奉命由奉节下驶巫山县的碚石,那里离解放区湖北巴东县仅百余里。启航前,孙明义向唐志隆传达党组织的意图,要求他抓紧做通江舰长的工作,乘同心舰开往碚石的机会,伺机起义,直接下驶开赴巴东或宜昌。唐志隆经过耐心工作,促使江淹三答应待时机成熟,就举行起义,他们随即开展相关准备工作。此后唐志隆向孙明义转达了江淹三舰长的态度。

11月底,同心舰停泊忠县,等候装陆军部队和军需品驶运丰都。此时,国民党海军部的永安、郝穴两艘军舰,被地下党组织成功策反,于11月27日在万县武陵起义,冲出国民党沿江防地,驶向湖北宜昌解放区。国民党反动派对此十分震惊,对其余军舰加紧了防范,派出数十名陆军官兵上同心舰武装押运。同心舰驶至丰都后,国民党二十二集团军怕军舰发生变故,将该舰副舰长叶春华当作人质,扣押于军部。12月1日,叶春华被允许返舰。12月2日,江淹三舰长趁押运官兵上岸去丰都城尚未返舰之机,当即命令全舰官兵各就各位,戒备开舰,急速下驶万县。军舰驶至忠县江面,即收到国民党江防司令部十万火急电报,命令"江舰长立即沉舰,速领全舰官兵,携带轻武器,赶赴梁山机场搭飞机"①。江淹三和唐志隆看了电令后,感到形势紧急,决定抗拒沉舰的电令,立即起义。遂召集全体官兵集中开会,江淹三讲明形势和军舰的危急处境,唐志隆进行起义动员,最后大家一致同意弃暗投明,举行起义,并决定由唐志隆到万县后,与地下党取得联系。军舰驶抵万县后,中共万县中心县委热烈欢迎同心舰官兵起义行动,随后派人上舰进行联系,并与驻湖北宜昌的解放军四十二军取得联系,听从四十二军的调遣,投入到解放下川东的运输任务。

六、达县地区的解放

1949年11月,人民解放军第四野战军第四十二军一二四师奉命配合第二野战军进军西南,越过三峡天险,先后解放了巫山、奉节、云阳、万县等地后,于12月10日抵达开江县境。一二四师三七二团在开江县东部与敌"川东救国军"第七师独立支队前沿阵地接上火,在解放军的猛烈攻击下,敌独立支队不支,退入县城东门顽抗。解放军使用"六〇"炮连续打入城北大操场,以示警告。在强大火力掩护下,解放军尖兵直抵城墙,搭人梯登城,进入城内。敌师长罗德才率残部从县府后门翻越城墙向永兴场、太和场方向逃窜。当天,一二四师副师长苏克之率大部队入城,并以书信方式通知罗德才率部限期回城投诚。13日,敌师长罗德才率领所属支队分两路打着白旗进城向解放军缴械投

---

① 杜之祥著,《三峡风雷——下川东中共党史采珍》,四川民族出版社1992年版,第179—194页。

降。开江县宣告和平解放。

11月30日重庆解放后,离重庆较近的大竹县政府官员惶惶不可终日。12月8日,高光文将县长一职让给县府四科科长田席丰(中共地下党员)代理,自己则悄无声息地离开大竹,其他局长、科长等绝大多数也纷纷逃离。大竹的国民党政权已土崩瓦解,解放军这时还没有到达,大竹一时出现了政治"真空"。12月11日,人民解放军镇江第二支队进入大竹县城,大竹县宣告和平解放。12日,大竹县人民解放委员会成立,主任游炳文,副主任王若,负责接管旧政权,维持社会治安,宣传党的政策和支援前线等工作。24日,大竹县人民政府成立,人民解放委员会工作结束。[1]

大竹解放后,专员邱仲丕率大竹保安团10多个连逃窜至渠县。11日夜,人民解放军挥师挺进,直取渠县,在距县城10里处与敌哨兵接火,解放军迅速包围了哨兵排,将其全部俘虏。12日晨,在政委金振钟、司令员李平野的率领下,部队赶到渠江东岸,兵分两路进攻县城,以一队沿河上进,从流江溪渡河,另一队组织突击班由共产党员李培率领,乘着大雾强占浮桥,为大部队开辟道路。经过激战夺得浮桥后,解放军乘胜强占交通要道,大部队由李平野率领,跨过浮桥开进县城,宣告渠县解放。解放军占领县城后,乘胜追歼国民党残兵,历时一天一夜的战斗,歼灭了邱仲丕10多个连队,缴获了大批武器、弹药和20多辆汽车。12日下午,渠县人民解放委员会成立。25日,渠县人民政府成立,县长余之光,副县长张景山。[2]

在达县解放前夕,一二四师副师长苏克之打电话给十五行政督察区专员李放六,令其投降。李放六表面同意,暗地则从凤凰山向平昌方向潜逃。达县县长冯英听说专员李放六已逃走,也于当晚向石桥、平昌方向逃跑。达县城实际上成为一座空城。12月12日,达县城各界人士代表在县商会召开会议,成立达县临时治安委员会,推举洪秀笙为主任委员,李海渠、曾辑五为副主任委员,负责维护社会治安,同时派遣人员前往开江请求解放军速来解放达县。12月15日上午,解放军一二四师三七一团周参谋率领先头部队30余人先行到

---

[1] 中共达州市委党史研究室著,《中国共产党达州历史》(第一卷),中共党史出版社2009年版,第261页。

[2] 中共达州市委党史研究室著,《中国共产党达州历史》(第一卷),中共党史出版社2009年版,第261页。

达。下午,由副师长苏克之、师政治部主任汤从烈、三七二团团长魏化杰、副政委周湘帆等率领三七二团及三七一团一部约5000人由通川桥南头浩浩荡荡进入达县城,受到达县各界群众上万人夹道欢迎。临时治安委员会在文庙礼堂举行了隆重的欢迎大会。苏克之、周湘帆、洪秀笙、李海渠分别讲话,正式宣告达县和平解放。[①]

12月11日,宣汉县在旧县府会议室成立临时治安维护委员会,准备欢迎解放军的到来,一方面拟好欢迎解放军迅速进军宣汉的电报,交电报局发至开江的苏克之副师长;一方面通知本县各机关学校及区乡公所,保护好公物、档案、粮谷、武器等,等待解放军接收。14日,宣汉县翻印百余张《中国人民解放军布告》张贴在城区。17日上午,解放军先头部队从南岸草街子进入县城,随后一二四师三七二团在团长赵欣然率领下入城,受到数千群众热烈欢迎,宣汉县和平解放。

随着达县、宣汉等县相继解放,毗邻的万源县城内一时人心惶惶。时任万源县县长兼自卫总队长杜兴中心存一线生机,但仍怀恐惧。12月10日,宣汉县临时治安维持会给杜兴中打来电话,劝其弃暗投明,迎接解放。12月15日,杜兴中与参议会议长高宏声联合发出通电,欢迎解放军前来。苏克之当即指示:"各守工作岗位,维持地方治安,听候接收。"[②]杜兴中随即召开会议,决定委派贺安澜、谢辉、王敬中为代表赴镇巴迎接解放军。12月29日,陕南军区驻镇巴团团长孙宝山率部进入万源县城,全城欢腾,万源县解放。至此,从1949年12月10日开江解放,至29日解放万源,一个月内达县地区所属各县全部解放。

七、清剿匪特,保卫人民政权

下川东万县地区各县解放后,中共万县地委在川东区党委的领导下开始接管建政工作。但是,国民党反动派残余并不甘心退出历史舞台,他们勾结地主封建势力,纠集残匪、散兵游勇,组织大小股匪,凭借复杂的地形地势,乘我政权刚建立,群众尚未发动之机,组织反革命暴乱,攻打人民政府,洗劫场镇,

---

① 中共达州市委党史研究室著,《中国共产党达州历史》(第一卷),中共党史出版社2009年版,第258页。
② 中共达州市委党史研究室著,《中国共产党达州历史》(第一卷),中共党史出版社2009年版,第262页。

掳掠民财,杀害征粮干部和群众,疯狂地进行垂死挣扎。

1950年全区先后出现大股土匪60多股,匪众达万余人。其中大股土匪有奉节县以三青团干事、特务分子王增祺为首的"川湘鄂边区游击纵队";以大恶霸地主王学初、曹耀斌为首的"中国讨共救国革命军"等,匪众达2000余人,枪820支,活动于奉云交界的七曜山区安坪、吐祥一带。王学初股匪被我军歼灭一部后,5月又重新组织了"反共救国军",王学初自称师长,曹耀斌任副师长,共250余人,分散活动在甲高坝、毛垭子、庙湾、三角坝一带。巫山县有以鸳鸯乡宋大湘为司令的"川鄂边区人民自卫军",恶霸地主、政治土匪共800余人,枪400支,活动在巫(山)巴(东)交界处。开县有以孙文臣为首的"中国人民救国会",以伪县长、督察室主任肖鸿九为首的股匪,共500余人,重机枪1挺,轻机枪2挺,枪200支,活动于开县与宣汉、开江交界处之黑天池一带。忠县有以匪特丁永福任师长、陶天泰任副师长的"中国人民反共救国军独立第137师";以黄松廷为首的"中国救国救民游击独立营",还有以张麻子、陈和尚为首的股匪300余人,枪100支,活动于针逢山及垫江大河西南之任家庙地区。云阳县有以国民党师长余化东为司令的"西南第二路游击军川东区先遣司令部",下设两个支队,余伯周为第一支队长,马忠云为第二支队长,各支队下设4个团,共400余人,枪200余支,活动于万云交界地区及云阳西北盐渠乡地区。巫溪县有以杨慧章、许祯祥为首的股匪270人,枪180支,活动于巫溪县北徐爱坝与陕西镇坪、湖北竹溪接壤地带,还有以恶霸地主王伯武为首的股匪等。万县则有专区最大的潜伏武装特务熊其侠为司令的"反共救国军"第九师四支队,以国民党乡长王冠南为队长的"川东区游击先遣司令部第三支队",以国民党中统特务头子、万县站站长段启高为首的股匪及活动于万县武陵区的"反共促进会"股匪,以及以向光荣、向廷清为首的股匪500余人,枪400余支,主要活动于与云阳及湖北利川接界一带。城口县有以魏道生等为首的股匪700余人,枪300余支,活动于城口与陕西紫阳县交界处。

这些股匪头目均以国民党军、政、警、宪、特人员为主。其活动形式主要有两种:一种是大肆造谣不断煽动与欺骗群众,进行反动宣传。由于解放初期,我党亟待解决军需民用的粮食问题,组织了征粮干部下乡开展征粮工作。他们乘我征粮之机,借党的政策尚未深入人心之时,提出煽惑群众的口号,欺骗群众,以此扩大力量。另一种是潜伏酝酿组织力量,实行武装叛乱,威胁利诱群众加入匪伙,利用旧有关系掌握尚未经我改造的旧地方武装,拉拢惯匪,并由秘密组织到公开活动,发动反革命暴乱,妄图推翻新生的人民政权。

1950年上半年,下川东万县地区发生了几起较大的土匪暴乱:1月19日,奉节伪县基干团长、三青团主要负责人、特务分子王增祺指挥反革命骨干分子黄泽国、叶志高、王凤祥等在该县草堂、奇峰、东溪等乡聚集匪众千余人,分三股攻击县城,一股攻击所辖区政府。攻击县城的土匪遭到驻城解放军一二四师部队的顽强反击,大刀会首领等60余人被击毙,俘虏50余人。攻击区政府一股,因区委麻痹大意,未作防备,丢失枪支77支,子弹4500发,党内文件指示等10余份。2月19日,忠县发生土匪暴动,中岭乡恶霸地主谢铸九勾结匪首陈朝完、陈朝海、黄家穆等,纠集匪众50多人,当晚攻打六区区政府,打死新立乡工作队长单策勋。3月12日,奉节匪首王学初利用乡、保、甲长和地主恶霸,胁迫群众参加暴动,并指使匪首曹玉之、曹继福等首先在奉节甲高乡暴动,接着攻打安坪区政府,杀害了安坪区区长郭学文,之后匪众以红布条为信号联络新安乡匪首王竿舟、王曙东和高雅乡匪首江松森等攻打高雅乡公所,杀害我干部陈纯智、梅舟发、刘莲(女)等3人,并将刘莲一岁多的小孩摔死。随后,五马乡匪首曹琼林、曹耀斌,吐祥乡匪首仲汝均,朝阳乡匪首陈端甫等均于13日聚众暴乱,杀害吐祥区区委书记兼区长王起先等干部,曹耀斌在攻打青龙乡公所时,杀害奉节县人民政府副县长韩广民等10多人。3月16日,云阳县匪"西南第二路游击军川东区先遣司令部"司令余化东纠集国民党散兵游勇、地主恶霸、土匪流氓和一些受骗群众上千人,先在盐渠乡暴动,杀害中共云阳县委组织部长刘寿山等5人;17日龙潭乡以李念成为首的百余人暴动,杀害我干部张殿顺等人;18日江口乡公所被暴动匪徒捣毁;19日,路阳、沙沱等乡大刀会暴乱;20日鱼泉土匪暴动;21日农坝乡500多土匪暴动,杀害我干部张志峰等17人。开县清泉乡匪首严千伯于3月17日,勾结农坝乡恶霸地主许伯纯、谢月三等策划组织暴动。3月21日云阳农坝暴动后,严千伯匪积极配合,聚集匪众60多人组成一个中队,当晚攻打清泉乡公所,杀害我工作干部和群众积极分子各一人,抢走公粮3万公斤。3月21日,巫溪县恶霸地主王伯武纠集土匪120多人,攻击在下泽协助征粮的人民解放军,打死战士2人,打伤3人,抢走步枪2

支和部分子弹及衣物等。

4月11日,原国民党开县侦缉队长孙交武、乡长彭国祯在原国民党万县专区党务督察室主任肖鸿九指挥下,纠集匪众200多人,在临江区三汇口发动暴乱,杀害我联防队长及地下党员陈崇禄和4名群众积极分子。

在此期间,据不完全统计,匪特暴动涉及范围共7个区、22个乡镇,参与暴动的匪徒达4500余人,其中,被欺骗裹挟的持枪群众约占80%。这些反革命暴乱严重威胁新生的人民政权,给人民生命财产安全造成重大损失。

鉴于当时社会秩序混乱,土匪活动猖獗的严峻形势,地委、专署决定采取"征粮剿匪并重"的工作方针,二位一体结合进行。

1950年1月11日,地委召开全委扩大会议,研究部署全区征粮剿匪工作。1月12日,地委发出《关于今后一个月的工作指示》,对征粮剿匪作出部署,并抽调干部组成征粮工作队。由地委、专署领导人分别带领到各县开展征粮工作,宣传剿匪与合理负担征粮政策。1月25日地委又发出《征粮、剿匪工作中几个问题的补充指示》,要求"生产度荒、清剿匪特、完成征粮"三大任务紧密结合进行。清剿匪特,以政治攻势为主,以军事力量为后盾,各部队统一步调,统一指挥,坚决彻底地消灭敌人。征粮,必须一面征收,一面调整负担,适当照顾各阶层的负担能力。9月18日,地委发出指示,强调在征粮工作中加强政策宣传,发动群众,认真评定产量,组织农民进行秋耕秋种。

1950年2月24日,根据川东军区、川东行署发布的剿匪肃特《通告》,为统一组织指挥剿匪斗争,地委、专署和33师(军分区)联合作出决定,成立万县、开县、忠县、云阳、奉节、巫山、巫溪、城口等8县剿匪指挥部,并划分联防区,巫山、巫溪由奉节指挥部统一指挥,忠县、云阳由万县指挥部统一指挥,城口由开县指挥部统一指挥。同时还要求全区军民勇敢地向匪特开展斗争,党政军三位一体,集中优势兵力实行清剿。3月16日至22日,地委召开扩大会议,检查总结前一段征粮剿匪工作。会上,地委书记鲍先志传达川东区党委扩大会议决议,对全区今后剿匪、生产和财粮等方面的工作作出部署。会议制定了"军政结合""合理负担""剿抚兼施"的工作方针,号召全区人民坚决完成征粮任务,协助人民解放军剿灭土匪。

3月26日,成立万县地区剿匪委员会,鲍先志任主任,史景班、童国贵任副主任。同时发出通知,县、区、乡、保逐级成立剿匪委员会,原剿匪指挥部统归剿匪委员会领导。此后,11军33师组织军事力量多次对土匪进行清剿。7月中下旬,在地区剿匪委员会的统一指挥下,又实施大规模的清剿匪特军事行动。33师所属97团、98团、99团及奉节警卫营各调集一部分兵力,从万县、奉节分别向七曜山开进,实施军事合围。在强大的军事打击和政治攻势下,匪众闻风溃散,100人以上的股匪,大多数在这次军事行动中被消灭,打掉了土匪的反动气焰。

鉴于一部分匪特转入小股分散隐蔽活动,8月23日,地委、军分区联合发出指示,要求全区坚决贯彻执行一元化领导,地方与部队紧密配合,县区武装要成为清剿小股匪特的主要力量,形成对残余匪特不间断的打击。至12月,全区共歼匪44股(500人以上3股,100人以上12股,100人以下29股),3000多人。征粮2.76亿公斤[①],超额完成上级下达的任务。至此,全区基本上肃清了匪患。通过清剿匪特,有力地推动了征粮工作,也为稳定社会秩序、进行土地改革奠定了基础。在清剿匪特的斗争中,有200多名解放军战士、公安干警和征粮队员光荣牺牲,将他们年轻的生命永远留在了下川东地区这片土地上。

夺取新民主主义革命在下川东的全面胜利,让饱受帝国主义凌辱和封建反动统治者剥削的下川东人民翻身得解放,是下川东党组织在这一时期的主要使命。面对国民党反动派最后的垂死挣扎,下川东各地在党的领导下,迅速恢复和发展党的各级组织,积极开展保卫城乡、迎接解放、配合接管的斗争,深入进行统战策反,进一步瓦解和打击国民党反动派地方力量,最终在人民解放军大军压境、势如破竹的强大攻势下,迎来了下川东地区的全面解放。随着中共万县地委的成立,标志着人民民主专政的政权在下川东得以建立,也标志着几千年来受压迫、受奴役的下川东人民从此成了新国家、新社会的主人。"没有共产党,就没有新中国。"这是下川东人民在历经磨难后基于自己的切身体验所确认的客观真理。近代下川东的历史经验表明,没有无产阶级及其政党——中国共产党的坚强领导,下川东人民革命的胜利是不可能实现的。党领导的下川东地区的武装斗争及解放初期的清剿国民党残余匪特,只是20世纪

---

① 中共重庆市万州移民开发区工委党史研究室编,《中共万县地区(万县市)历史大事记(1949.10—1998.6)》,四川人民出版社1999年版,第7页。

党领导中国人民争取民族独立和自身解放的伟大斗争中的一部分,在斗争中,正是坚持党的领导,坚持革命的武装斗争,坚持团结和依靠广大人民,下川东的历史从此翻开了崭新的篇章。

附录：

下川东武装斗争大事记

1919年

5月24日　川东学生救国团在重庆正式成立。不久，万县组建学生联合会。

6月　在成渝两地抵制日货的猛烈冲击下，万县数百学生游行，铲除街市上的日本仁丹广告。万县的日本三菱公司雇力夫运桐油上船，经学生劝阻，力夫散去。

夏　下川东一批青年知识分子，为了寻求救国救民的真理，冲出夔门，赴法国勤工俭学。从1919年夏到1920年底，下川东先后留法勤工俭学的有：左绍先、陈师（万县）；吴从龙、朱锡恩、杨明镜、唐运鸿（开县）；沈士麟、傅智涵（忠县）；孙倬章、罗永纯（云阳）；李季达（巫山）；陈良柏（巫溪）等12人。

1920年

夏　刘伯承任川军第二混成旅第一团团长，驻防开县赵家场、陈家场，倡办刘氏族学，设置《共和教材》等新课程。

冬　刘伯承率部在奉节夔府与北洋军阀吴佩孚部王安南、黎天才两支队伍激战两个多小时，赶走了王安南、黎天才，缴枪300多支，弹药200多箱，收编残军100多人。后于1922年6月，再次在奉节与四川军阀刘湘、杨森军激战，将杨森打出夔府。

是年　豫鄂军在下川东地区与川军激战。各路军阀大肆烧杀掠夺，殃及万县、云阳、奉节、巫溪、忠县等城乡人民。夔渝一线土匪乘机疯狂抢劫，梗阻水道，200余艘船只被迫泊万数月。

1921年

3月　万县、利川交界处爆发"神兵"运动,号召农民抗税抗捐,并分两路攻入万县城,后被驻军镇压。

8月至9月　中共一大闭幕不久,董必武受党组织派遣,以湖北全省自治筹备处代表身份,参与指挥讨伐北洋军阀湖北督军王占元的川军援鄂之役。9月下旬,援鄂军由于孤立无援,退至巫山,董必武于急难之际代理鄂西军总司令部秘书长,率军在巫山、夔府(奉节)和湖北建始、施南一带活动,直至1922年5月。这是中共党员在下川东最早开展的一次军运。

冬　秦正树留学日本后回到忠县,与同盟会会员、忠县中学校长马仁庵共同创办《忠县旬刊》,开始在忠县传播马克思主义和革命思想。

1922年

1月　川军援鄂失败,刘湘率二军驻防万县一带。

8月7日　杨森部队进入万县。9日,川军第一军但懋辛部与驻万县第二军杨森部在万县交战,杨森败走宜昌投靠吴佩孚,余部溃入施南。从此,万县成为军阀争夺的焦点,交战频繁。

是年　万县海关税收为18.63万海关两。

1923年

1月　中共早期革命活动家萧楚女,以中央特派员身份来万县,在省立第四师范学校任教并从事革命活动,发展一批学生加入社会主义青年团。6月,萧楚女离开万县到重庆任《新蜀报》主笔。

2月中旬　杨森在北洋军阀支持下率部由湖北利川进攻万县。3月8日攻占万县城。

3月14日　杨森与刘存厚、陈遐龄、邓锡侯、田颂尧、彭远跃等在万县联合发出讨伐熊克武、但懋辛的通电。

3月16日　杨森率部从万县出发进攻梁山、垫江。6月,孙中山令熊克武讨杨,杨森败回万县。

夏　中共早期革命活动家恽代英路过万县,到省四师作题为《中国向何处去》的演讲,号召青年学生走俄国十月革命的道路。

10月25日　刘湘在万县通电就任四川善后督办。

1924年

6月19日　川楚船帮木船工人在万县陈家坝爆发反对英帝国主义垄断桐油运输的斗争,英国安利英洋行大班郝莱(华雷)在殴斗中失足落水溺毙。北洋政府屈从于英帝国,竟将川楚船帮会首向国源、船工崔邦兴无辜杀害以抵偿郝莱一命,此即万县事件。全国舆论对此一片哗然。中共中央机关报《向导》周报先后在74、75期上,发表萧楚女署名文章和京内外50多个团体的联名公函,抗议英帝国制造万县事件。万县人民团结一心,断绝安利英洋行的一切生活日用必需品,断绝与该行的一切贸易往来,迫使该行不久即关门撤离万县。苏联作家铁捷克以这次事件为素材,编写了话剧《怒吼吧,中国!》在世界各地上演,均获成功。

夏　万县省四师爆发驱逐校长孟坤泰的学潮。后学潮失败,组织领导者牟偶仁被学校当局开除,转学重庆川东师范学校,结识重庆团地委负责人杨闇公,加入国民党(左派)。

秋　共产党员黄君尧受组织派遣,从成都到忠县中学任教,在学生中组织学行励进会,积极传播革命思想。

1925年

春　牟偶仁回万县教小学,创办《朝暾》周刊,以笔作投枪,揭露黑暗,宣传进步思想。

5月9日　共产党员黄君尧在忠县中学借"五九"国耻纪念日全校师生集会之机,精心绘制一幅革命导师列宁像挂在学校,并在大会上发言,颂扬十月革命的伟大胜利,响亮地提出"以俄为师""打倒帝国主义,打倒封建军阀"等革命口号。

7月23日　万县由北洋军阀政府公布开埠,成为四川第二个直接报关出口的通商口岸。

11月23日　一艘载兵木船在鱼嘴沱遭"美仁"轮枪击沉没。12月14日，我渡河木船在盘龙又遭"其平"轮浪沉，淹毙士兵百姓数人。驻万第三混成旅长向成杰带兵将该轮扣留。

是年　动工修建万县至梁山县公路。

1926年

3月1日　军阀杨森奉吴佩孚之命，由汉口返回万县重召旧部，旋即成立"四川讨贼联军第一路总司令部"。

春　共产党员秦正树受中共重庆地委书记杨闇公派遣到万县，打入杨森部任司令部秘书，秘密从事兵运工作。

8月11日　朱德受中共中央派遣，以国民党代表身份，从上海经武汉到万县，动员杨森易帜，支持北伐。25日，陈毅受中共北方区委派遣来万县与朱德一起做杨森的工作。

8月14日　军阀杨森在万县通电就任军阀吴佩孚委任的四川省长职。电文称："本年5月24日奉讨贼联军总司令吴敬电：特任杨森为四川省长等因。森遵于8月15日在万县行署就职视事。"

8月29日　英国太古公司"万流"轮在云阳江面浪沉杨森运送军饷物资木船2只、划子1只，淹死官兵58人、民夫10余人，沉没饷银8.5万元，步枪56支，子弹5000余发。9月4日，"万县英轮惨毙同胞雪耻会"成立。在西较场召开数万人参加的群众大会，会上通过陈毅参加起草的《万县雪耻会宣言》，并举行声势浩大的抗英示威游行。

9月5日　英舰"嘉禾""柯克捷夫"和"威警"号，炮轰万县城，历时两个多小时，发弹300余发，南津街、鸡公岭、陈家坝等33处均遭炮击，死伤1000余人，击毁房屋千多间，损失达2000多万银元，制造了震惊中外的"万县九五惨案"。

9月24日　武汉国民革命军总政治部委任杨森为国民革命军第二十军军长兼川鄂边防督办，朱德任第二十军国民党党代表并代理政治部主任。朱德从武汉抽调40名政工人员到万县第二十军工作，并在军内建立中共组织。

10月5日　中共中央发出通告，并紧急部署各级党组织，追悼万县死难民众,声援万县人民的抗英斗争。

冬 中共重庆地委候补委员李嘉仲和共产党员牟炼先、雷德沛在万县建立第一个党组织,负责人李嘉仲。共青团员江琬、李允、李冏等回到家乡万县武陵乡开展革命活动,组织农民与封建势力开展斗争。

12月 共青团万县县委建立,书记雷德沛。

1927年

1月 朱德被杨森以"考察黄埔军校教育设施"为借口,礼送离万出川,返回武汉。

4月 重庆"三三一"惨案发生后,投靠国民党蒋介石的军阀杨森开始"清共"。李嘉仲、牟炼先、雷德沛和国民党二十军军事政治学校副校长兼教育长秦青川、政治总教官卢振纲等党的负责人,相继撤离。万县地方党的工作由牟偶仁负责。

8月 中共四川临时省委派刘宗沛来万县建立下川东第一个县级党组织——中共万县特支,负责人刘宗沛。9月,刘宗沛调临时省委任监察委员。万县党的工作交由任志云(任天衢)暂时负责。

同月 巫山、开县、奉节、巫溪等县先后爆发声势浩大的"神兵"起义。"神兵"一度发展到3万余人,攻打巫山、奉节县城,攻占巫溪县城。1930年在军阀镇压下失败。

秋 万县特支派党员吕在和去达县蒲家、黄都一带开展革命活动,发展党员,建立了达县的第一个党支部。

9月 梁山特支正式成立,这是梁山第一个县级组织。12月,特支升格为县委。特支和县委的书记均为范纪曼。县委成立时,全县共有党员26人。

10月 梁山虎城乡党组织通过选举夺取了虎城乡乡政权。党组织决定:以办"冬防"为名,组建起一支由共产党员控制的600多人的民团武装,领导人是共产党员蔡奎。

同月 四川临时省委派刘愿庵来万县清理组织,专门到省四师召集任志云、江琬等10多个留在学校的党员秘密集会,传达中央八七会议精神,动员党团员参加"实行土地革命,武装反抗国民党反动派"的斗争。

1928年

2月 中共万县地方组织派代表参加四川临时省委扩大会,会议根据中共中央八七会议精神,制定《四川省暴动行动大纲》。

6月16日 组织领导万县第一次兵变的中共万县县委书记曾润百和县委委员周伯仕、雷震寰及骨干分子共21人被杨森部枪杀于万县鸡公岭。共产党员、二十军军部秘书秦正树(后改名秦伯卿)逃返忠县,组建革命武装"平民革命军"。

夏 中共忠县第一届县委建立。9月,县委书记范新畴在任主编的《忠县报》上因公开撰文反对军阀杨森被捕,后在万县被杀害。

10月 中共梁山县委于10月创办梁山公学,由共产党员、县教育局长陈克农兼校长,县委书记李聚奎作副校长。教务长、训育主任和老师,都是共产党员。学校即是县委机关,也是党的中心交通站。

11月15日 万县商埠局改建为万县市政府,杨森兼任市长。

冬 下川东各县党团组织大力发展党团员,迅速开展农民运动,积极进行各种有关群众切身利益的斗争。梁山县委利用社会关系,由共产党员李光华、王一贯出面,掌握了太平、龙沙两乡的壮丁队伍共700余人枪,并由李、王2人分别担任乡的团总。梁山县委向省委的报告说:"我们的工作已到紧张时期,已举行过几次经济的政治的日常斗争,已有13个以上的支部,已有同志130余人,已领导有10个以上农协会和1500多名的农协会员,实是一个大县委的规模。"

11月22日 贺龙率部从利川县汪家营到奉节县柏杨坝开仓济贫、张贴标语。然后回湖北鹤峰县开辟湘鄂西革命根据地,使万县反动当局十分惊恐。

1929年

1月 杨森离万。第二十一军军长刘湘委派其第三师师长王陵基驻防万县,兼任万县市市长。

同月 中共四川省委派苟永芳(方明)来忠县整顿组织,重建忠县县委,书记陈云庵,委员周若梦等。7月,县委改组,张西垣任书记,委员陈云庵分管组织、易觉先分管宣传,戴士昆、饶衡峰、周成才等任委员。

　　同月　中共川东特委军委派黄岭生来梁山,与梁山县委共同举办游击战术训练班。培训梁山、达县和开江的游击干部、农运骨干300多人。

　　2月　王陵基组织"清共委员会",中共万县党团组织受到严重破坏。

　　4月27日　共产党员王维舟、李家俊、唐伯壮等发动和领导革命群众在万源县固军坝举行武装起义,正式宣告成立川东游击军第一路军,活动于万源、城口一带。1930年1月下旬,川东游击军正式命名为"四川红军第一路游击队"(简称"一路红军游击队")。

　　5月30日　中共梁山县委领导城区各中小学师生和农民2000余人在南门操坝集会,反对国民党县指导委员会不准纪念"五卅惨案"的禁令。反动当局逮捕了以李次华为首的9人,其中4人是共产党员。中共梁山县委积极领导群众继续进行斗争,斗争延续近10天,至6月8日,以被捕的人全部无条件释放,县指导委员会有关委员自动辞职而获得胜利。

　　11月中旬　中共四川省委在重庆召开第二次全委会,决定成立成华、自井、万县特别区委。后由于革命形势发生变化,万县特别区委未建立起来。

　　冬　中共四川省委派彭觉非(江津人)来万县清理党组织,在省四师恢复和发展了部分党员,建立了省四师党支部。

　　12月1日　中共忠县县委领导由民团组织的冬防游击队,遭到军阀部队"围剿",是日在后乡被迫宣布起义。起义队伍又遭到驻军五团"围剿",次日凌晨在苏家场附近观音桥接火激战,寡不敌众,起义失败。总指挥陈云庵及部分战士撤往深山或梁山,得到中共梁山县委的掩护。

1930年

　　1月初　宣(汉)达(县)城(口)万(源)4县行动委员会正式成立,书记文强(李哲生)、副书记李家俊,委员唐仲民、徐永士、李世秀(女)。行委的主要任务是领导四川红军第一路游击队开展武装斗争。

　　3月21日　四川红军第一路游击队总指挥李家俊率部攻克城口县城,开展土地革命,处决土豪劣绅10余人。7月,红军在突围中失败。

　　4月　中共忠县县委重建,县委机关由县城迁往石宝寨。书记吴逸僧,委员周若梦、牟弗苏、邓南薰、任正炳。

5月　中共四川省委先后派邵平阶、熊羽峰到万县清理组织,发展党员,重建万县特支。不久,熊羽峰被捕叛变,特支解体。

7月初　中共四川省委指示梁山县委在梁山召开川东党团活动分子会议(又称党代会),研究川东地区游击战争问题。

7月　根据省委指示,四川工农红军第三路游击队在忠县黄钦坝组建,总指挥李光华,副总指挥王维舟。三路红军游击队下辖3个大队,第一大队(虎南大队)队长石怀宝,副队长袁树森,政治委员蔡奎;第二大队(太平大队)队长李次华;第三大队(龙沙大队)队长王一贯,政治委员李维。

同月　中共四川省委决定将全省划为5个军区,组织17路红军。下川东为第一军区,以梁(山)万(县)为中心。限各地3个月内先后发动暴动,以配合全国红军集中进攻武汉。

8月　三路红军游击队按照省委指示开始东征。东征途中,平民革命军司令秦伯卿率队参加三路红军游击队,并任副总指挥。在石柱县西乐坪,受到军阀陈兰亭部和地方团阀的重兵围攻,总指挥李光华、第二大队队长李次华被捕,不久在丰都就义。

同月　中共四川省委批示再建万县特支,调原来在三路红军游击队工作的汤萍生到万县任特支书记,委员陈良(分管宣传)、吴青云(分管工运)。1931年初,汤萍生、陈良、吴青云先后被捕,特支解体。

9月　根据中共四川省委决定,中共下川东行动委员会(简称下川东行委,11月改称特别委员会)在万县建立。苏爱吾(苏幼农、项鼎、刘寿琪)任行委主席。行委辖下川东及川北部分地区的梁山县委、万县特支、开江、达县县委宣汉特支、城口、丰都县委、忠县县委、石柱特支、渠县特支、开县、云阳、奉节、巫山和巫溪等17个县。

10月　忠县行动委员会建立,主席李家俊。11月,李家俊调离忠县,潘乾元继任县行委主席。年底,行委遭敌人破坏,潘乾元被捕牺牲。

11月　根据中共四川省委指示,撤销下川东行委,建立下川东特委。特委书记苏爱吾(兼管宣传),委员冯缉熙(分管组织)、朱又新(工运部长)、杨锡蓉(女,秘书长)、黄曼谷(女,秘书长)、余治平(余国桢,省团委特派员)、李忠义

（兼下川东团特委书记）、王牛儿（交通）。特委军委书记为陈劲言（陈进、陈静思、鲍叔）。特委建立后，立即派李忠义、吴季侠、朱友仁等分别去下川东各县清理和恢复党的组织。

1931年

1月　国民党第二十一军侦缉组来万县，先后将原共产军第二路军政委李叔昭、第一路军政委严振（严觉生）及廖时敏抓捕，三人叛变投敌，下川东地方党组织遭破坏。

1月28日　下川东特委军委书记陈劲言被捕后，受尽酷刑，宁死不屈，英勇就义，年仅22岁。曾留下绝命诗两首："江风狂怒号／遍地卷赤潮／万州洒热血／铸我杀敌刀／洒热血鲜红／拼筋骨铁铮／迸自由之花／开光明之路／开光明之路！""C是我唯一的仍留恋者／她，开辟了革命的新纪元／唉！豺狼当道，猛兽横行／猎网四张，一触即获／不能任人俘虏、宰割／同志们，永别了／同志们，前进！前进！"

1月29日　中共四川省委派人到万县组建中共万县市委，市委成员由下川东特委成员兼任。2月初，特委遭破坏，市委解体。

3月　中共四川省委决定成立梁（山）、万（县）中心县委，加强武装斗争领导。

4月2日　国民党万县党务指导委员会布置公安局及各校校长组织"清共"检查队，检查各校师生的言行、思想、书籍、著述。

4月16日　遵照省委指示，中共梁山中心县委成立，书记曾莱（秋林、兰瑞卿、曾永忠），组织部长王希柏、宣传部副部长金方勋（金长毛）。中心县委依靠原三路红军游击队骨干，重新组织武装，建立虎南大赤区。

4月　王陵基在万县进行大搜捕，逮捕共产党员和其他进步人士70余人，其中40多人被押送重庆反省院监禁。

5月20日　四川善后督办处"为肃清共党"，通令各县县长会同驻军，组织"清共"委员会，并颁布"清共条例"。万县市、万县"清共"委员会于8月3日成立。

5月28日　中共四川省委在成都召开常委会，讨论"国际路线"和六届四中全会决议,接受了王明路线。会议认为,全川革命运动"必然迅速的继续的高涨"。为此,党在四川的中心和策略路线是发展农民运动和农民武装斗争;加强兵士运动,造成兵变的前提,并视之为目前的中心任务,尤其是川东党组织"目前最严重的任务"。同时,省委决定"重组川东游击军,王维舟同志任中共川东军委书记兼游击军总指挥,在川东发动第三次游击战争"。

8月12日　党中央致四川省委信提议撤销川东、川南两个特委,成立重庆、合川、梁山3个中心县委。省委即派张云禄、盛易平同蔡奎组建梁山中心县委,书记蔡奎,组织部长张云禄,秘书盛易平。中心县委随即整顿组织,扩大游击队,坚持游击战争。

11月6日　二十一军下令区乡镇间邻实行连坐法。

12月24日　王陵基召集川东、鄂西9县县长讨论"剿共绥靖"事宜。

1932年

1月　中共万县县委重建,陈云庵任书记。6月,陈云庵在万县武陵组织农民暴动时暴露,被迫转移,后由廖德顺(罗继禹)继任县委书记。

4月21日　云阳县在上海、南京读书的进步青年学生谭林(谭右铭)、陶闿等二三十人,由于上海"一·二八"事变的影响,回到故乡云阳开展抗日救亡活动,创办《国难周刊》,积极宣传抗日救亡,在云阳产生很大影响,激发了广大青年的爱国主义和抗日救亡的热情,周刊共出13期,到8月停止。

4月29日　刘湘任命王陵基为长江上游剿匪总司令,兼任万县保安司令部司令。

7月22日　梁山"清共"委员会与驻军营长封骏密谋,指使叛徒金方勋、邓洁安收买游击军战士王惠廷,在游击队集中地水碾子煮饭时,将烈性毒药投入饭内,使指战员中毒达25人。中心县委常委金方贵、汪国清、省委特派员中心县委秘书盛易平、手枪队长周仁山和10多名战士严重中毒,汪、盛、周3人不久牺牲。其余战士在蔡奎、张云禄领导下疏散转移。次日,蔡奎等遭到敌人伏击不幸负伤被俘,不久均被敌人杀害,虎南赤区遭到严重破坏。

同月　赵唯受党的上海法南区委派遣回到云阳县农坝乡老家后,积极开展活动,发展赵腾芳、陈国宾入党,10月,建立了云阳县第一个党组织——农坝党支部。

12月15日　贺龙率领红三军经巫溪白鹿区向湖北巴东进发,18日进入巫溪通城坝,19日,经巫山县槐花、白云、七里,直插大昌镇,再到湖北巴东。沿途宣传土地革命,破仓分粮,严守群众纪律,对群众秋毫无犯。

12月18日　红四方面军翻越大巴山,从陕南进入川北,迅速解放通(江)南(江)巴(中),建立了川陕革命根据地。

1933 年

2月　红军转至鄂西,万县团务委员会召开治安会议,部署筑碉堡,严保甲等防共措施。

3月　根据武装斗争形势的需要,中共四川省委将梁山中心县委改名为梁(山)达(县)中心县委,书记杨克明(洪桃儿)、组织刘胡子、委员王维舟、蒋群林、牟永恪、谭吉晋等,中心县委机关由梁山虎城迁往达县蒲家场,负责领导宣汉、达县、开江、梁山等县党的工作。

夏　万县县委书记廖德顺因叛徒出卖被捕,由吴体珂代理县委书记。

7月15日　王陵基下令全县大清乡,20名村民被控"匪"嫌遭逮捕。7月23日,王陵基复令整饬团练,防范"赤匪"。

同月　刘湘下令按照全年粮额摊募"剿匪"公债,万县征缴149850元。年底,又在万县发行"剿匪"奖券3000张。

10月　红军攻占宣汉、达县。刘湘调兵舰两艘和飞机第一队驻万县,王陵基宣布下川东各县市戒严。

11月2日　川东游击军正式改编为中国工农红军第三十三军。军长王维舟,政委杨克明,下辖九七、九八、九九3个师。次年4月至9月,在军长王维舟的指挥下,攻占城口县。9月建立中共城口县委和苏维埃政府。1935年1月撤离城口,参加长征。

冬　中共四川省委特派员邓述明(邓和坤)、朱斌受省委派遣来万县,打入驻万军阀王陵基部,邓述明任军医,朱斌任某营营副。邓、朱参加党的万县县委,邓述明任书记,朱斌任委员,委员还有原代理书记吴体珂和何超腾、曹世新。县委的主要任务是组织兵变,与红二方面军建立联系。

冬　受上海党组织派遣,党员谭林(谭右铭)、邓友民、孔繁祜回到云阳开展工作,先后在盘沱、县城建立支部,并与在农坝乡开展活动的赵唯取得联系。

1934年

1月4日　贺龙率红三军攻克湖北利川县城后,第二次到达奉节县柏杨坝进行休整,红军军纪严明,打富济贫,将范章亭、胡必成等8家大地主的粮仓打开,分粮食给穷人。部队休整3天后,即出发去攻打石柱县城。

同月　国民党第五路"剿总"成立万县伕站处,县长林维干任处长,在万县、梁山、云阳、开县各县强征民伕万余人,为"围剿"川北红军运送军粮达900多吨。

3月　王陵基"剿共"失败,刘湘委派唐式遵继任五路"剿匪"总司令,委旅长许绍宗兼第三师师长,驻防万县及下川东地区。

春　中共开县中心县委在开县义和乡建立,省委派来郭代林(郭立常、郭履平)任书记,副书记熊治平,委员梁汝果、李继坤、杨幼文(杨启明)。中心县委建立后,立即组织一支30多人拥有20多支枪的游击队,并建立有800多人参加的赤色贫农团,积极在义和、太平、临江一带开展工作。

春　重庆党组织介绍党员薛其禄到万县与县委书记邓述明接上组织关系,打入敌第三路清乡司令部特务排当兵。接着在部队中建立党的军队支部,封其速任书记,薛其禄任委员。

4月　贺龙领导的红军在川鄂交界的万县谋道溪与国民党部队激战,敌八五师师长谢彬被击毙。

7月　中共万县县委组织武装起义,因龙国璋被捕叛变,参与起义的中共党员、士兵、群众80多人先后被捕。邓述民等5位起义领导人被王陵基下令枪杀于县城大操坝,其余多人被秘密处死。

8月　中共云阳县工委正式建立,这是云阳的第一届县级党组织。书记谭林,委员陶阎、邓友民、赵禹。

9月17日　城口县第一届工农兵代表大会在万源县大竹河召开,选举组成城口县苏维埃。主席陆朝轩(红三十三军二九六团二营副政治教导员)。

同月　中共城口县委正式建立,县委机关设万源县大竹河,县委书记何志宇,10月,王朝禄接任县委书记。

12月下旬　中共万县县委书记陈云庵在沙河子因叛徒跟踪被捕,不齿劝诱、不畏酷刑,被杀害于南门口。

下半年　万县党组织成员遭到大逮捕、大屠杀,受到彻底破坏,仅存的数名党员无法与上级组织取得联系,党的活动从此中断。

1935年

1月19日　中共云阳县工作委员会领导"一·一九"工农武装起义。由于与军阀力量对比悬殊,起义失败。参加起义的赵禹、谭端生、张公武、蔡明典等11人被公开枪杀,几十人被逮捕关押。武装起义领导人谭林、赵唯、陶阊、温作民等先后出走上海。这是土地革命战争时期在川东地区进行的最后一次武装起义。

1月23日　国民党第三十四军上官云相部到万县驻防。同日,中央炮兵第一团乘富华轮抵万。

3月　中共城口县委、城口县苏维埃政权结束工作,大部分工作人员随红军北上。

4月　开县中心县委遭破坏。

5月　国民革命军第八十八师孙元良部驻防川东。6月,下川东地区被划为四川省第九行政督察区(简称"第九区"),川政统一,军阀防区制终结。

10月　中共云奉边区特委重建。特委书记谭林、委员赵唯(分管组织)、张述成(分管宣传)。12月,特委升格为川东工作委员会,仍属上海党组织领导。川东工委仍设于云阳农坝乡,领导成员除谭林、赵唯、张述成外,增补了赵腾芳、赵学做、陈汉书3人。

秋　国民党在万县建立特务组织。办公处设在国民党万县党务指导委员会内。

12月　北平爆发党领导的"一二·九"爱国学生运动。万县学生热烈响应,积极发动群众,宣传抗日。一部分隐蔽的共产党员,更努力团结积极分子,共同开展抗日活动,进一步推动了万县抗日救亡运动的发展。

12月　第九区各县实行"联保甲"制度,乡镇公所改为联保办公处。

1936年

2月10日　万县政府奉令整修陈家坝飞机场。

3月6日　成立万县壮丁总队部,县长罗经猷为总队长。

4月14日　国民政府军事委员会委员长蒋介石同由宜昌乘民生轮抵万,由专员罗经猷陪同去西山公园游览,后返轮离万赴渝。

11月1日　蒋介石任命徐源泉为川鄂湘黔边区绥靖公署主任,徐在万县宣誓就职。

12月23日　川鄂公路万县至梁山段通车。

12月　"西安事变"使万县广大群众特别是青年学生异常振奋,"救亡图存""抗日救国"成了人们的中心话题。省万师等学校的进步学生,纷纷组织读书会,阅读进步书刊,研讨救国之道,抗日救亡运动逐步深入。

1937年

8月1日　万县警备司令部奉令成立防空委员会,并组建万县防护团。

8月9日　万县数万民众集会,发表《为抗日救国告民众书》,提出立即发动全民族对日抗战,倡导立即对日经济绝交。

9月2日晚　万县城区举行防空大演习。

10月25日　万县5万多人举行盛大欢送会,欢送一四六师5万将士出川抗日。

10月　万县救国会成立,各抗日救亡组织纷纷成立,开展抗日宣传、集会、筹资等各种活动,抵制日货,支援抗日。

11月14日　国民政府主席林森乘民生公司民风轮抵万,专署派7位代表上轮进见。

12月19日　万县新生书店首次公开出售延安出版的《解放》《毛泽东自传》《第八路军》《西线的血战》《抗战必胜论》以及《联合战线论》等抗战书刊。

是年　先后有中央陆军大学、金陵大学、济南大学、山东大学、光华大学、山东医专、工业职校等大专院校迁到万县或觅址待迁。

1938年

2月13日　万县城举行反日侵略集会游行和开展反侵略宣传周活动。

3月　中共四川省工委恢复在万县活动的李聚奎、欧阳克明、刘孟伉、李英才等人的党组织关系,正式建立万县特支,欧阳克明任书记。万县特支受省工委领导。

4月　活动在云阳农坝乡一带原受上海党组织领导的川东工委委员赵唯,与万县特支接上组织关系。从此,云阳地方党组织的活动,便在四川党组织统一领导下进行。

同月　万县特支在市郊观音阁创办国本小学,由党员鲁济舟任董事长兼名誉校长,成为党组织的活动中心。

5月　中共四川省工委委员罗世文到万县检查工作,将万县特支改组为万县县委,由欧阳克明、李聚奎、郭汶组成常委会,欧阳克明任书记,李聚奎分管组织,郭汶分管宣传。这是抗日战争时期万县及下川东地区恢复建立的第一个县级党组织。中共万县县委建立后,党组织发展很快,到万县中心县委建立时,党员达400余人,建立20多个党支部,并组建龙驹、三正、沙河3个区委。

同月　中共开县特别支部建立。书记黄楠材,委员张仲屏、许寅宾、鄢开元、宁克成。开县特支属万县县委领导。

6月　《万州日报》成为党组织在下川东开展抗日救亡运动的舆论阵地,在报纸上连载了毛泽东著《论持久战》。中共万县县委随即组织力量广泛宣传《论持久战》。

8月　中共梁山特别支部改组为梁山县委。书记犹凤歧,委员李光普、赵章明、陈冠峨、颜伯秋(女)、朱凯,仍受省工委领导。

夏　中共万县县委协助上级开展党建工作,先后在下川东建立云阳县委、城口、奉节、巫山和巫溪特支,并领导这些县级组织开展党的工作。

11月21日　中共四川省工委召开扩大会议,根据中共中央南方局决定,撤销省工委,在成都、重庆分别建立川西特委(后改为川康特委)、川东特委。川东特委书记廖志高。万县县委属川东特委领导。

1939年

1月 中共川东特委候补委员、秘书长李维来万县建立万县中心县委。书记欧阳克明,常委李聚奎(组织部长)、郭汶(宣传部长),委员李英才(工运)、刘孟伉(统战)、胡昌治(青运)、犹凤歧(兼梁山县委书记)、牟曼悦。万县中心县委受川东特委领导。中心县委辖梁山、达县、大竹、开江、开县、忠县、城口、云阳、奉节、巫山、巫溪等11个县。万县党的工作由中心县委直接负责。2月,川东特委从重庆调黄蜀澄到万县任中心县委书记,欧阳克明改任组织部部长。5月,又增加张国钧为中心县委常委,任宣传部部长。

2月 中共万县中心县委创办以延安抗大为榜样的国华中学,发展党员,建立党的组织,在下川东为党培养和造就一大批抗日救亡人才。6月,被国民政府教育部强行查封。

春 中共开县县委建立,受万县中心县委领导。

6月 中共城口特别支部建立。书记王灵山,委员颜石伟、温作民。

8月 中共巫溪特别支部重建。书记戴正贵、委员吴季常,受万县中心县委领导。年底,戴、吴离开巫溪,巫溪党组织与上级失掉联系。

9月 中共奉节特别支部建立。书记卫才珍,委员吴耕历、江克钦、王剑端(女),候补委员何天祥,受万县中心县委领导。

同月 中共巫山特别支部重建。书记周行野(周宜村、周尚怀),委员黄世元、刘远春(刘希乐),后由于周行野身份暴露转移,书记由黄世元代理。12月,黄世元转移外地,中心县委派何成烈接任巫山特支书记,委员刘远春、彭忠德。

10月 李莫止任万县中心县委书记。

同月 中共川东特委书记廖志高到万县龙驹坝农村和云阳县云安镇盐工中开展调查研究,总结在农民、工人中发展党员及加强党员政治思想工作的经验,积极在川东地区推广。

11月 中共川东特委召开扩大会议。会上根据中央关于巩固党的方针和南方局的指示,拟定了一系列适应新形势的组织措施和工作方法;动员川东全体党员行动起来,为完成巩固党的任务而斗争。会议作出了巩固党的若干规定:(1)加强党内思想工作;(2)公开工作与秘密工作必须严格分开;(3)审查干部;(4)改变党在1937年到1938年大发展时期大搞群众运动的工作方法和工作作风;(5)撤退已暴露的党员和干部。

年底 国民党公开掀起反共高潮。党所领导的抗日救亡运动,遭到迫害和压制,被迫逐渐转入低潮。

1940年

1—2月 中共梁(山)大(竹)中心县委书记欧阳克明因一起工作的同志被捕而暴露,川东特委随即调欧阳克明任江北县委书记。2月初,川东特委调蒋歌浪(蒋可然)到梁山,于春节前建立梁山中心县委,蒋歌浪任书记。梁山中心县委所辖范围有梁山、大竹、达县、宣汉、开江等地。从此,梁山党的工作全部由梁山中心县委领导。

4月8日 中共奉节特支遭破坏。

8月 中共万县中心县委派谭悌生、赵国光先后到云阳县云安镇领导盐场党的活动。由于环境日渐恶劣,不久,谭、赵与在盐场活动的党员赖德国、师韵文、荀明善等相继撤出云安,去外地隐蔽。

同月 中共万县中心县委派王明智(王民治、王雪樵、王元、王德康)到巫溪大宁盐厂重建巫溪特支并任书记。

同月 中共川东特委派蒲华辅(郑理中、陈栋梁)来万县任中心县委书记。冉益智(冉启熙、冉毛、肖青)任中心县委委员,分管组织工作,掩护职业是北山观小学教师。

是年 下川东地区100余名进步青年,在中共地方组织的精心安排下,先后奔赴延安,走上革命道路。

1941年

1月 国民党中统特务组织在国民党万县县党部内设中统川东区室。

3月 万县实行政教合一制,乡镇长兼任各中心学校校长。

春 中共川东特委调周明波、唐虚谷、杨虞裳到万县中心县委任委员,贯彻执行中共中央关于在国统区实行"隐蔽精干、长期埋伏、积蓄力量、以待时机"的方针,扎根群众"勤学、勤业、勤交友"。至年底,下川东地区保存下来的党员有350多人。

8月　中共万县中心县委派郭西城(郭毛铁、郭鉴汾)带领郭也鸣(郭里怡、郭季淑)、陶冰纨(湛冲寰)、刘玉卿等从万县转移到巫溪,准备作长期埋伏。郭西城接替王明智任特支书记。10月,陶冰纨暴露,郭西城带领王明智、郭里怡、陶冰纨、刘玉卿等一同撤回万县中心县委,巫溪党组织中断与上级联系。

9月　中共巫山特支遭破坏。巫山特支书记何成烈和党员杨友鑫等6人被捕,特支解体。

10月　夔绥师管区改组为万忠师管区,司令部设县城白岩书院。

1942年

年初　根据中共中央南方局指示,共产党员苏云从重庆来万县开办中永贸易商行,后又沿长江重镇设立分号,获利甚丰,保证了党在重庆各机构所需的部分费用和紧缺物资。

5月4日　万县青年为"中国青年号滑翔机队"募捐购滑翔机4架,分别命名为"万县金陵中学号""万县青年号""万县女成青年号""万县大公中学号"。

9月12日　万县召开第一届临时参议会第一次会议。

12月23日　国民参政会经济策进会川东区办事处在万县设立。但懋辛任办事处主任。

是年　国民党掀起第二次反共高潮。下川东地区中共组织按照中共中央"隐蔽精干、长期埋伏、积蓄力量、以待时机"方针,转入地下活动。

1943年

2月　上海私立法学院商业专修科迁到万县开办,后增设本科部,设政治、经济、法律3个系。1947年8月改为私立辅成法学院。

春　中共川东特委决定周明波任万县中心县委书记。不久,周明波离万去达县找掩护职业,到渠江矿冶公司做股长,后又做力业公司经理。万县中心县委随迁达县。

8月　四川省万县高级职业学校创办,校址初在县城北山观。1944年秋迁枇杷坪,1947年春迁沱口。

9月　下川东特委成立。

11月　原中共万县中心县委交通员郭西城(郭鉴汾、毛铁)在万县市被捕叛变,使万县、开县、云阳、巫山、巫溪等地党组织遭到不同程度的破坏。

12月　中共万县中心县委委员唐虚谷到云阳竹溪小学任教,后又开办辅民煤厂作掩护,领导双江、云安等地党员开展隐蔽斗争。

是年　国民党中统万县川东区室撤销,另设国民党中统万县区室。

1944年

1月　第九区各县学生参加青年远征军,编入青年军第二〇四师,开赴缅甸远征前线抗日。

夏初　日军占领贵州独山和湖北三斗坪,中共中央南方局派遣一批党员到达川东各县,准备开展抗日游击战争。

9月25日　日机最后一次轰炸万县。

秋　中共万县中心县委成员分头开展工作。杨虞裳和冉益智到宣汉县以教书作掩护。唐虚谷在云阳县云安盐场重建云安特支,后又转移到万县长滩乡创办生活合作社,开展农民运动。

10月　共产党员范硕默由重庆回到家乡忠县,为党组织筹集活动经费。范硕默在家乡九亭组织请愿团,向县参议会请愿。次年2月初,县参议会开会时,他又设法列席参议会,就清办土地陈报问题,与反动当局展开面对面的斗争。

冬　受中共中央南方局青委派遣,巫溪籍卢光特、贺德明(杨成栋)、何国太、陈世富、廖万清、王国裕、周道纯、张光朝及外地的李纯思(李汝为)、邹予明(周仲祥、周开莲)、喻晓晴等10多人,组成奉大巫农村工作组,先后到奉节、巫山、巫溪等地农村开展革命活动。

1945年

5月　万县奉调民工6000人参加修筑梁山机场。

8月中旬　中共中央南方局工作组到忠县县城建立联络点。解放战争爆发后,工作组由县城转移到蒲家场,设立联络点,领导川鄂边区的武装斗争。

8月23日　万县召开抗日战争胜利庆祝大会,当晚,县城群众举行火炬游行。

9月　中共中央南方局将万县中心县委驻地由达县迁回万县,派唐麟(唐少梅)接任中心县委书记,领导开展党的地下斗争。

同月　中共中央南方局青年工作组派胡晓风、吴让能、胡拓3人组成农村工作小组,到万县开展工作,组长胡晓风。他们到万县武陵朝阳寺,以办学为掩护,在忠、万两县交界地进行活动。年底被调回重庆。

10月18日　万县参议会正式成立。

1946年

1月　抗战期间迁入万县的大批机关、学校、企事业单位纷纷迁回原籍,万县经济逐渐萧条,各业凋零,民生艰难。

年初　中共中央南方局调万县中心县委委员唐虚谷、杨虞裳分别从万县、达县去重庆,参加南方局学习班学习。

4月　中共万县中心县委改为下川东区工作委员会,受四川省委领导。书记唐麟,副书记涂孝文,委员唐虚谷、杨虞裳、冉益智。

5月　共产党员徐尧琴、向云冕(向晓)和进步青年杨圣希、唐艺(唐必达)、杜诗馥(女)、熊道光、冯秋、李明、陈端(女)、陈惠(女)、万宝仁、何海若等10多人,先后从昆明、重庆、乐山等地返回万县开展革命活动。

初夏　为了加强党在国统区的工作,出席党的七大代表涂孝文(涂万鹏、杜谦益、王果夫),被中共四川省委派来下川东工作。

6月　中共云安特支发动组织工人开展"抗丁"斗争,借"盐工缓役"为由,反对国民党反动派强拉盐工当壮丁,进行全场大罢工。迫使国民党有关当局释放了强拉的20多名壮丁,罢工取得胜利。

8月　中共万县中心县委委员刘孟伉受彭咏梧派遣,回云阳老家清水塘,在川鄂边七曜山区开辟第二战场,进行武装斗争的准备。

11月22日　重庆海关万县分关奉命撤销。

1947年

年初　云安盐场党组织发动云安镇工人、居民、学校师生数千人,在津口河坝拦截国民党反动派运往内战前线的4船军米,斗争获得成功。后云阳反动当局无理抓捕工人汤友金等,党组织立即发动工人举行全场大罢工,斗争持续3天,迫使当局释放了汤友金等人,并赔偿关押期间的一切费用。

2月　中共下川东区工委书记唐麟调回四川省委,原副书记涂孝文任书记,委员唐虚谷、杨虞裳。原任委员的冉益智调重庆市委。

3月　梁山党组织通过小学教师联合会,开展全县性的"反饥饿、争温饱"罢教运动,迫使反动当局答应增薪百分之二十的要求。罢教运动取得胜利。

4月17日　党的鱼泉总支组织领导鱼泉煤矿区1000余工人,进行反饥饿的罢工斗争,迫使地方当局和资方答应工人提出的增加工资、改善生活待遇等条件,使历时3天的罢工斗争取得胜利。

同月　中共云阳汤溪特支建立。书记唐廷璐,委员李汝为(分管云阳)、卢光特(分管奉大巫)、联络员刘德彬。

7月　刘孟伉在湖北利川组建游击队。

8月11日　国民党动员"戡乱建国",万县开始实行《四川省各县(市局)办理联保联坐实施办法》。

8月22日　刘孟伉在七曜山区组织的游击队,出击万县白土乡卸任乡长黄佐中家。首战告捷,缴获长短枪9支,子弹数百发,法币8000万元。

10月　中共川东临时工作委员会(简称"川东临委")建立。随即在万县建立中共下川东地区工作委员会(简称"下川东地工委"),领导万县、开县、云阳、奉节、巫山、巫溪、石柱和湖北宜昌等地党的工作。下川东地工委先后建立万县县委、忠(县)石(柱)万(县)南岸工委(又称川东南岸工委)、宜昌特支、开县工委、汤溪特支与汤溪工委、七曜山临工委与云奉南岸工委、奉大巫工委。

11月5日　中共川东临委委员兼下川东地工委副书记彭咏梧在云阳县农坝乡组织召开"鹿塘坪会议",组建川东民主联军下川东纵队(亦称"川东游击纵队"),赵唯任司令,彭咏梧任政治委员。

12月17日　川东民主联军第三支队(即奉大巫支队)在奉节县花乡母圣

垭田湾正式建立。参加成立大会的有奉节、巫山、巫溪和云阳边境的代表共170余人。陈太侯任奉大巫支队司令员,彭咏梧兼任政委、蒋仁风任参谋长。支队下设4个中队,有游击队员和积极分子近千人。

1948年

1月9日　国民党政府成立万(县)开(县)云(阳)三县联防办事处。

1月16日　中共川东游击纵队政委兼奉大巫支队政委彭咏梧率领奉(奉节)大(大宁,现巫溪县)巫(巫山)支队第一大队从奉节青莲乡老寨子向巫溪转移时被敌军包围,突围时壮烈牺牲。

1月24日　巴北支队在云阳农坝乡正式成立。司令员赵唯(兼),政委李汝为。

1月　四川省第八行政督察区石柱县划入第九行政督察区管辖。

2月2日　国民党反动当局组织正规军两个团和5个保安队开始对梁达的虎南和大竹的山后两个游击区进行"围剿"。

2月26日　第九区专员兼保安司令李鸿焘下令各县加强民众组训,统一军政指挥,缉获"匪徒"立地处决。

2月　川东游击纵队第四支队(即七南支队)正式组建,司令刘孟伉,政治委员吴子见。

2月　忠(县)石(柱)万(县)南岸工委(即川东南岸工委)建立。书记唐虚谷、副书记秦禄廷。同时,正式组建川鄂边游击队,在万县、忠县、石柱、利川边区开展武装斗争。

3月29日　开县城厢党组织为了反饥饿、反内战,发动数千群众,到大地主兼资本家何成之家"吃大户",捣毁了何家碗铺。当晚全城戒严,反动当局出动大批警察、特务,搜捕共产党员和参与"吃大户"的群众等72人。

3月　忠梁垫工委正式建立,直属中共川东临委领导,书记陈以文、副书记谭绪。

4月7日　中共开县工委建立,直属下川东地工委领导,书记杨虞裳(兼)、副书记温可久,委员荣世正、吴子见、陈仕仲。

4月9日　万县成立清除"共匪"委员会。

4月20日　国民党"川湘鄂边区清剿指挥部"在万县成立,陆军新编第七旅旅长田鄂云为指挥官,李鸿焘为副指挥官,大肆搜捕中共地下党员,下川东地区中共组织遭受严重破坏。

4—6月　中共下川东地工委书记涂孝文、委员冉益智先后被捕叛变。地工委委员兼开县工委书记杨虞裳,地工委委员兼川东南岸工委书记唐虚谷,万县县委书记雷震、副书记李青林(女),联络员江竹筠(女)等20余人先后被捕。

5月26日　国民党万县"戡乱建国"委员会成立,陈希柏任主任。

7月　川西特委副书记马识途派四川大学下川东籍学生饶顺照、何懋金、蒋开萍、郝耀卿、崔干平、唐万宇(女)、余泽民(女)等7人组成川东工作队,回下川东开展党的工作。

8月19日　川鄂绥靖公署饬令万县成立民众自卫总队。

10月11日　万县税捐处对全县契税、营业税、屠宰税、土地增值税、市场使用税、娱乐税等分别按原征数20倍、40倍和60倍追征。

10月24日　万县政府发布管理粮食实施办法,饬令各乡办理存粮登记,规定凡存粮在300石以上者,由政府统一收购,若不登记者要严惩。

12月5日　陆军罗广文部二四一师驻防万县,师长为李维勋。

1949年

4月1日　国民党四川省政府积极贯彻蒋介石"以四川为反共最后据点"的旨意,通令全川发动"春季大清剿",并于5月中旬,全川实行反共"联保连坐法"。

4月15日　巴北、七南两支游击队的50多名队员,在赵唯、陈仕仲指挥下,合力出击开县温泉盐场。击毙税警2人、伤10多人、被俘16人,缴获枪支15支、子弹2000多发。巴北支队副司令员陈恒之身负重伤,游击队员苏安、邓顺才、郭伯川英勇牺牲。

4月　中共川东临委派杨建成赴万县重建党的组织,准备迎接解放。国民党川鄂边区绥靖公署由宜昌迁到万县,孙震任主任。

5月　中共下川东临工委建立,杨建成任书记,领导万县、云阳、开县、奉节、巫山、巫溪党的工作。

6月中旬　川鄂边区绥靖公署主任孙震令川东联防"清剿"指挥官、第十六兵团司令孙元良,将部队开赴奉节、巫山一带布防,妄图阻挡人民解放军入川。同时增设川鄂边区万利云奉石五县联防办事处。7月,孙元良又在云阳南北两岸,分别设立"清剿"指挥部。8月,又在奉节县吐祥坝成立七曜山"清剿"指挥部,统一指挥云奉巫石万各县地方团防,"清剿"和捕杀游击队员、共产党员和革命群众。

7月初　国民党中央党员通讯局万县据点,奉命改为"内政部调查局重庆调查处万县调查分处"。

7月10日　中共长寿中心县委正式建立,辖长寿、忠县、梁山、垫江、邻水、大竹、开江和石(柱)利(川)边区游击队。书记朱挹清、副书记范硕默,委员王炳南、徐春轩、罗永晔、钟鼎铭。

7月　中共两巫特支建立,受下川东临工委领导。书记谭悌生,委员卢恺言、卢少衡。

8月　中共下川东临工委改建为万县中心县委,杨建成任书记。中心县委在清理、恢复组织的同时,积极发展党员。至月底,党员已发展到2200多人,并采取多种方式对党员开展革命形势教育和革命气节教育。

9月6日　川鄂边游击队队员黎克文(共产党员、临溪乡乡长)、黎永定(临溪乡乡民代表主席)被专员李鸿焘抓捕后,押到万县杀害于万安桥下。

9月上中旬　四川省第九区行政督察专员公署专员兼万县保安司令李鸿焘和独立营营长谢果成,积极执行四川省政府"厉行秋季大清剿"的指示,率一营兵力,到石万利交界的临溪"清剿"游击队,10天抓捕100余人,30多名游击队员和统战人士被杀害。

10月5日　川鄂绥靖公署民训督导团开始在万县集训反共义勇基干队。

10月下旬　由孙震指挥的国民党一二七军和孙元良的四十一军、四十七军,共约4万余人在下川东布防,妄图阻挡人民解放军解放下川东。

10月28日　县内国民党、民社党、三青团组成反侵大联盟。

11月14日　蒋介石由台湾飞重庆,严令川湘鄂边区绥靖主任宋希濂、国民党十五兵团司令罗广文、川鄂边区绥靖主任孙震固守川东。

同日　国民党川鄂边区绥靖公署主任孙震在万县颁布《罢工、罢市者处以死刑条例》;17日,川鄂边区绥靖公署宣布万县城进入战备状态,令城内非战斗人员疏散,并将所有船只集中在县城北岸,妄图阻挡解放军渡江。

11月15日　国民党十六兵团孙元良部,在奉节县城大水井,集体枪杀了云阳汤溪工委委员赵学稼等17人。

11月21日　中国人民解放军镇江三支队在川鄂边游击队配合下,一举解放石柱县西界沱(西沱镇)。22日成立忠石万边区治安委员会。

同日　蒋经国携蒋介石亲笔函到万会晤孙震,督促其加强川东北地区防御力量,妄图阻挡人民解放军入川。

11月25日　中国人民解放军先头部队越过谋道溪,并与国民党军队交火。

11月29日　国民党海军江防舰队"永安号""郝家号"二舰在忠县宣布起义。

11月30日　中国人民解放军第四野战军第一二四师在巫山县三会铺击败国民党驻防部队。

12月2日至14日　万县地区各县相继解放。12月7日,国民党第九区行政督察专员公署专员兼保安司令李鸿焘在云阳小江宣布起义,电告各县迎接人民解放军接管政权。

12月15日　川东人民行政公署万县区行政专员公署(简称万县专署)成立,所属各县先后建立人民政府。

12月25—26日　万县专署、万县市军事管制委员会召开地下党万县中心县委负责人会议,布置西南服务团三支队与地下党会师,共同做好接管工作。

12月28日　中共万县地委正式建立。鲍先志任书记,夏戎任副书记,郑国仲、史景班、石清玉、曹登益、姚大非、杨国宇任委员,并决定中共万县市委由中共万县地委代管。

1950年

1月1日　万县市各界群众4万多人在西山公园广场举行解放后第一个元旦庆祝大会。会议号召全市人民团结起来,肃清敌人残余势力,建立革命新秩序,恢复和发展生产,为建设人民的新万县努力奋斗。

1月11日　中共万县地委召开全委扩大会议,部署全区剿匪、征粮工作。12日发出《关于今后一个月的工作指示》,强调剿匪、征粮工作是当前一切工作的中心,二者必须密切结合。会后,从地专机关抽调300余人组成工作队,由石清玉、李谦恭、燕汉民带领分赴开县、忠县、万县协助征粮和剿匪。25日,地委又发出《征粮、剿匪工作中几个问题的补充指示》,对若干政策问题作了具体规定。

1月19日　土匪武装"大刀会"1000余人,围攻奉节县城,经驻军奋勇歼击,及时粉碎了这次土匪武装暴乱,保卫了新生的人民政权。不久,全区除城口外,其他各县先后发生多起土匪暴乱,抢枪、抢粮、抢物,杀害干部、群众和解放军战士,严重影响了各项任务的完成和社会秩序的安定。为此,全区各级党委、政府和人民解放军驻军联合开展了声势浩大的剿匪运动。

1月28日　中国人民解放军第二野战军司令员刘伯承、政治委员邓小平发布命令:第十一军三十三师驻防万县,并兼任万县军分区工作。任命师长童国贵兼任万县军分区司令员,十一军政委、万县地委书记鲍先志兼任万县军分区政委。三十三师所属九十七团、九十八团、九十九团即分赴忠县、开县、云阳、奉节、巫溪、巫山等县参加剿匪肃特斗争。

2月24日　根据川东军区、川东行署发布的剿匪肃特八项《通告》精神,为统一组织指挥剿匪斗争,地委、专署三十三师(军分区)联合作出《决定》,成立开县、城口、云阳、奉节、巫山、巫溪、万县、忠县等8县剿匪指挥部,并划分联防区:巫山、巫溪由奉节指挥部统一指挥;忠县、云阳由万县指挥部统一指挥;城口由开县指挥部统一指挥。《决定》还要求全区军民勇敢地向匪特开展斗争,党政军三位一体,集中优势兵力实行清剿,彻底打垮土匪的进攻和破坏活动。3月26日,地区成立剿匪委员会,鲍先志任主任,史景班、童国贵任副主任。并通知各县迅速成立县、区、乡、保剿匪委员会,原剿匪指挥部统归剿匪委员会领导。

2月25日　中共万县地委发出《对一个半月征粮、剿匪工作的检查与对当前工作的指示》。提出"生产度荒、清剿匪特、完成征粮"三大任务应结合进行。

3月16—22日　中共万县地委召开扩大会议,鲍先志传达川东区党委扩大会议决议,部署全区整编、剿匪、生产和财粮等方面工作。

3月23日　军分区制定"五要""八不"剿匪公约,要求各地广为宣传、散发、张贴。

4月6日　中共万县地委召开公安工作会议,研究贯彻中共中央3月18日《关于镇压反革命活动的指示》,要求各县县委坚决执行中央宽大与镇压相结合的方针,镇压反革命分子既要反对彷徨又要反对多杀的偏向。此期间,各县先后破获了多起阴谋组织武装暴乱的反革命组织,镇压了一批首要的罪大恶极的反革命分子。

7月中旬至下旬　在地区剿匪委员会统一指挥下,全区实施了大规模的清剿匪特军事行动,三十三师所属九十八团、九十九团及奉节警卫营调集四个连兵力从奉节向川鄂交界的七曜山开进;九十七团、九十八团各一部从万县向七曜山实施军事合围。在强大的军事打击和政治攻势下,匪众闻风而溃、土崩瓦解,100人以上股匪,大多数在这次军事行动中被击垮。

8月19日　按照西南军政委员会颁布的《减租暂行条例》,中共万县地委在万县周溪区进行减租退押、清匪反霸试点工作。9月20日,地委对全区开展减租退押清匪反霸运动作出部署。

8月23日　中共万县地委、军分区联合发出指示:鉴于一部分匪特转入小股分散隐蔽活动的情况,要求全区坚决贯彻执行一元化领导,地方与部队应紧密配合,县区武装要成为清剿小股匪特的主要力量。至12月,全年共歼匪44股(500人以上3股,100人以上12股,100人以下29股)。从此,全区基本上肃清匪患,为稳定社会秩序、进行土地改革奠定了基础。

11月5日　中共万县地委制定参加减租退押、清匪反霸工作干部八项纪律:(1)严格执行人民政府减租退押、清匪反霸的一切政策法令,不得歪曲,不准违犯;(2)坚决拥护减租退押,坚持人民立场,不准欺压人民,不准包庇地主;(3)廉洁奉公,不准徇私受贿、贪污浪费和私吞果实;(4)尊重人民民主权利,倾听群众意见和批评,凡事和群众商量,不得独断专行和强迫命令;(5)一切重要问题和大家商量决定,然后进行,不要个人决定,强迫推行;(6)依法律手续办事,严禁乱捕、乱打、乱杀现象发生;(7)坚决服从上级指示,不准消极抵抗,阳奉阴违,或擅自改变;(8)严格执行请示报告制度,不得擅作主张,不得虚报情况,反对无组织无纪律行为。

12月14日 中共万县地委针对万县减租退押反恶霸运动出现的情况,及时发出有关政策性指示:注意斗争策略,集中力量打击恶霸、大地主,对小业主和农民之间的租佃问题要妥善解决;在处理恶霸、大地主财物中,不能以"献果实""乐捐"等名义损害中农的利益;在坚决克服"和平减租退押"思想的同时,应避免乱斗、乱捕、扩大恶霸的范围。

后　记

2019年5月,根据中共重庆市委党史研究室转发的《中央党史和文献研究宣传专项引导资金项目2019年度申报指南》,原万州区委党史研究室以"下川东武装斗争史研究"为题申报了专项课题。8月,项目委托方(中央党史和文献研究宣传专项引导资金办公室)、项目监管方(中共重庆市委党史研究室)、项目受托方(中共重庆市万州区委党史研究室)签订项目委托协议书,明确各方职责。11月,项目受托方提交了初步研究成果,此后按照委托方审读意见进行修改,数易其稿,于2020年6月结项。在此基础上,按照出版要求,进一步打磨完善,并报请委托方审读同意,得以公开出版《下川东武装斗争史研究》一书。

在本书编写、审读、出版过程中,万州区党史和地方志研究室(2019年12月因机构改革更为现名)组成项目课题组,由室党组书记、主任吴立明任负责人,熊世忠、朱杰、何林、李喆为主要成员,深入原下川东云阳、奉节及达州市等地征集史料,访谈知情人,听取有关专家学者、老同志意见建议,综合运用多年积累的相关资料,坚持去伪存真,深入辨析研究,并得到了中共重庆市万州区委宣传部领导的高度重视和细致审核。中央党史和文献研究宣传专项引导资金办公室对书稿进行了严格审读把关并给予经费支持。中共重庆市委党史研究室给予了精心指导和有效监管,并组织党史专家对书稿进行了细致严谨的审读,提出全面具体的修改意见。出版单位的领导和编辑们为本书的编辑、出版付出了艰辛劳动。在此一并表示衷心感谢!

由于编写时间紧迫,编者水平有限,加之史实距今久远,难免存在疏漏之处,欢迎广大读者批评指正。

重庆市万州区党史和地方志研究室
2021年1月